Dr. F. P. Datterer & Cie., Freising-München

Str

für

nebst Einführ
insbes. a

Tex
mer

Zum praktisch

D

Oberlandes

4. durc

M

J. Schwe

Druck vo

Deckblätter zum Strafgesetzbuch.

Auf Grund der Änderungen aus dem

Gesetz zur Bekämpfung der Geschlechtskrankheiten.

Vom 18. Febr. 1927 (RGBl. I S. 61).
(In Kraft ab 1. Okt. 1927).

Das Strafgesetzbuch wird abgeändert wie folgt:

§ 180 erhält folgenden zweiten und dritten Absatz:

Als Kuppelei gilt insbesondere die Unterhaltung eines Bordells oder eines bordellartigen Betriebs.

Wer einer Person, die das achtzehnte Lebensjahr vollendet hat, Wohnung gewährt, wird auf Grund des Absatz 1 nur dann bestraft, wenn damit ein Ausbeuten der Person, der die Wohnung gewährt ist, oder ein Anwerben oder ein Anhalten dieser Person zur Unzucht verbunden ist.

Im **§ 184** wird hinter Nr. 3 folgende Vorschrift eingefügt:

3a) wer in einer Sitte oder Anstand verletzenden Weise Mittel, Gegenstände oder Verfahren, die zur Verhütung von Geschlechtskrankheiten dienen, öffentlich ankündigt, anpreist oder solche Mittel oder Gegenstände an einem dem Publikum zugänglichen Orte ausstellt.

§ 361 Nr. 6 erhält folgende Fassung:

wer öffentlich in einer Sitte oder Anstand verletzenden oder andere belästigenden Weise zur Unzucht auffordert oder sich dazu anbietet;

Vorbemerkung.

Das „Strafgesetzbuch für das Deutsche Reich" in der Fassung des Gesetzes vom 15. Mai 1871 — ursprünglich als Strafgesetzbuch für den Norddeutschen Bund vom 31. Mai 1870 gemäß dem Einführungsgesetz hierzu vom gleichen Tag am 1. Januar 1871 in Kraft getreten — hat seit seinem Bestehen zahlreiche, im folgenden berücksichtigte Änderungen durch eine Reihe von Gesetzen erfahren, die in meinem „Dtsch. Strafrecht" I S. 11—13 aufgezählt sind. Neueren Datums sind:

Gesetz gegen das Glücksspiel vom 23. Dezember 1919 (RGBl. S. 2145), das die §§ 284, 285 StGB. durch die neuen §§ 284 bis 285a ersetzt, in § 360 die Nr. 14 gestrichen und den Abs. 2 entsprechend geändert hat;

Gesetz zum Schutze der Republik vom 21. Juli 1922 (RGBl. I S. 585) § 25 hat den § 49b StGB. geschaffen und den § 111 Abs. 2 StGB. ergänzt;

Jugendgerichtsgesetz vom 16. Febr. 1923 (RGBl. I S. 135, 252) § 47 hat die §§ 55—57 StGB. aufgehoben;

Gesetz zur Änderung des StGB. vom 23. Mai 1923 (RGBl. I S. 296) hat den § 107a eingeschoben;

Verordnung über Vermögensstrafen und Bußen vom 6. Febr. 1924 (RGBl. I S. 44) hat die Geldstrafengesetzgebung von 1921—1923 aufgehoben, in Art. I die §§ 1, 27—29, 70, 78 StGB. neugefaßt und in Art. IV Mindest- und Höchstbetrag der Buße allgemein festgesetzt;

Zweite Verordnung zur Durchführung des Münzgesetzes vom 12. Dez. 1924 (RGBl. I S. 775) § 2 hat die „Goldmark" durch die „Reichsmark" ersetzt;

Gesetz über die Bestrafung des Zweikampfes vom 30. April 1926 (RGBl. I S. 201) Art. I hat den § 210a eingefügt;

Gesetz zur Abänderung des StGB. vom 18. Mai 1926 (RGBl. I S. 239) hat die §§ 218—220 durch einen neugefaßten § 218 ersetzt;

ArbeitsgerichtsG. v. 23. Dezember 1926 (RGBl. I S. 507) § 113 fügt im § 334 hinter „Schiedsrichter" im Abs. 1 u. 2 „Beisitzer einer Arbeitsgerichtsbehörde" ein.*)

Außerdem sind nicht wenige Strafbestimmungen, ohne bisher ausdrücklich aufgehoben oder geändert worden zu sein, durch die Verfassungsumwälzung im Reich und in den „Ländern" (den deutschen Einzelstaaten) ganz oder teilweise gegenstandslos geworden (RV. vom 11. August 1919 Art. 1, 17, 109, 178 f.). Auf den Abdruck bedeutungslos gewordener Vorschriften ist tunlichst verzichtet.

---

*) Über die Entwicklung des Strafrechts i. J. 1926 s. Jahreskurse f. jur. Fortbildg. I. Bd. 2. Heft.

Inhalt.

III. Anhang.

Verzeichnis

der in den Anmerkungen zu den einzelnen Paragraphen des StGB. und des EinfGes. abgedruckten strafrechtlichen Nebengesetze:

I.

Einführungsgesetz zum StGB.

Vom 31. Mai 1870.[1])

(BGBl. S. 195.)

Zeitpunkt des Inkrafttretens.

§ 1. Das Strafgesetzbuch für den Norddeutschen Bund tritt im ganzen Umfange des Bundesgebietes mit dem 1. Januar 1871 in Kraft.

Verhältnis zw. Reichs- u. Landesstrafrecht.

§ 2. Mit diesem Tage tritt das Bundes- und Landesstrafrecht, insoweit dasselbe Materien betrifft, welche Gegenstand des Strafgesetzbuchs für den Norddeutschen Bund sind, außer Kraft[2]).

In Kraft bleiben die besonderen Vorschriften des Bundes- und Landesstrafrechts, namentlich über strafbare Verletzungen der Preßpolizei-[3]), Post-, Steuer-,

---

[1]) Das Einführungsgesetz wurde nicht wie das StGB. für das Reich neu redigiert. S. aber § 2 Abs. 2 des Gesetzes, betr. die Verfassung des Deutschen Reichs, vom 16. April 1871 (RGBl. 1871 S. 63 ff.), wo es mit Bezug auf die in Art. 80 der Verfassung des Deutschen Bundes genannten Gesetze, darunter das Einführungsgesetz zum StGB., heißt: „Die dort bezeichneten Gesetze sind Reichsgesetze. Wo in denselben von dem Norddeutschen Bunde, dessen Verfassung, Gebiet, Mitgliedern oder Staaten, Indigenat, verfassungsmäßigen Organen, Angehörigen, Beamten, Flagge usw. die Rede ist, sind das Deutsche Reich und dessen entsprechende Beziehungen zu verstehen."

[2]) Vgl. RV. v. 1871 Art. 2, 4^{13}, v. 1919 Art. 7^{2}, 12 f.

[3]) PreßG. v. 7. Mai 1874 (RGBl. S. 65):

II. Ordnung der Presse.

§ 6. Auf jeder im Geltungsbereich dieses Gesetzes erscheinenden Druckschrift muß der Name und Wohnort des Druckers und, wenn sie für den Buchhandel oder sonst zur Verbreitung bestimmt ist, der Name und Wohnort des Verlegers oder — beim Selbstvertriebe der Druckschrift — des Verfassers oder Herausgebers genannt sein. An Stelle des Namens des Druckers oder Verlegers genügt die Angabe der in das Handelsregister eingetragenen Firma.

Ausgenommen von dieser Vorschrift sind die nur zu den Zwecken des Gewerbes und Verkehrs, des häuslichen und geselligen Lebens dienenden Druckschriften, als: Formulare, Preiszettel, Visitenkarten und dergleichen, sowie Stimmzettel für öffentliche Wahlen, sofern sie nichts weiter als Zweck, Zeit und Ort der Wahl und die Bezeichnung der zu wählenden Personen enthalten.

§ 7. Zeitungen und Zeitschriften, welche in monatlichen oder kürzeren, wenn auch unregelmäßigen Fristen erscheinen (periodische Druckschriften im Sinne dieses Gesetzes), müssen außerdem auf jeder Nummer, jedem Stücke oder Hefte den Namen und Wohnort des verantwortlichen Redakteurs enthalten.

Die Benennung mehrerer Personen als verantwortliche Redakteure ist nur dann zulässig, wenn aus Form und Inhalt der Benennung mit Bestimmtheit zu ersehen ist, für welchen Teil der Druckschrift jede der benannten Personen die Redaktion besorgt.

§ 8. Verantwortliche Redakteure periodischer Druckschriften dürfen nur Personen sein, welche verfügungsfähig, im Besitze der bürgerlichen Ehrenrechte sind und im Deutschen Reiche ihren Wohnsitz oder gewöhnlichen Aufenthalt haben.

§ 9. Von jeder Nummer (Heft, Stück) einer periodischen Druckschrift muß der Verleger, sobald die Austeilung oder Versendung beginnt, ein Exemplar gegen eine ihm sofort zu erteilende Bescheinigung an die Polizeibehörde des Ausgabeorts unentgeltlich abliefern.

Diese Vorschrift findet keine Anwendung auf Druckschriften, welche ausschließlich Zwecken der Wissenschaft, der Kunst, des Gewerbes oder der Industrie dienen.

§ 10. Der verantwortliche Redakteur einer periodischen Druckschrift, welche Anzeigen aufnimmt, ist verpflichtet, die ihm von öffentlichen Behörden mitgeteilten amtlichen Bekanntmachungen auf deren Verlangen gegen Zahlung der üblichen Einrückungsgebühren in eine der beiden nächsten Nummern des Blattes aufzunehmen.

§ 11. Der verantwortliche Redakteur einer periodischen Druckschrift ist verpflichtet, eine Berichtigung der in letzterer mitgeteilten Tatsachen auf Verlangen einer beteiligten öffentlichen Behörde oder Privatperson ohne Einschaltungen oder Weglassungen aufzunehmen, sofern die Berichtigung von dem Einsender unterzeichnet ist, keinen strafbaren Inhalt hat und sich auf tatsächliche Angaben beschränkt.

Der Abdruck muß in der nach Empfang der Einsendung nächstfolgenden, für den Druck nicht bereits abgeschlossenen Nummer und zwar in demselben Teile der Druckschrift und mit derselben Schrift, wie der Abdruck des zu berichtigenden Artikels geschehen.

Die Aufnahme erfolgt kostenfrei, soweit nicht die Entgegnung den Raum der zu berichtigenden Mitteilung überschreitet; für die über dieses Maß hinausgehenden Zeilen sind die üblichen Einrückungsgebühren zu entrichten.

§ 12. Auf die von den deutschen Reichs-, Staats- und Gemeindebehörden, von dem Reichstage oder von der Landesvertretung eines deutschen Bundesstaats ausgehenden Druckschriften finden, soweit sich ihr Inhalt auf amtliche Mitteilungen beschränkt, die Vorschriften der §§ 6 bis 11 keine Anwendung.

§ 13. Die auf mechanischem oder chemischem Wege vervielfältigten periodischen Mitteilungen (lithographierte, autographierte, metallographierte, durchschriebene Korrespondenzen) unterliegen, sofern sie ausschließlich an Redaktionen verbreitet werden, den in diesem Gesetze für periodische Druckschriften getroffenen Bestimmungen nicht.

§ 14. Ist gegen eine Nummer (Stück, Heft) einer im Auslande erscheinenden periodischen Druckschrift binnen Jahresfrist zweimal eine Verurteilung auf Grund der §§ 41 und 42 des Strafgesetzbuchs erfolgt, so kann der Reichskanzler innerhalb zwei Monaten nach Eintritt der Rechtskraft des letzten Erkenntnisses das Verbot der ferneren Verbreitung dieser Druckschrift bis auf zwei Jahre durch öffentliche Bekanntmachung aussprechen.

— — — — — — — — — —

§ 16. Öffentliche Aufforderungen mittels der Presse zur Aufbringung der wegen einer strafbaren Handlung erkannten Geldstrafen und Kosten, sowie öffentliche Bescheinigungen mittels der Presse über den Empfang der zu solchen Zwecken gezahlten Beiträge sind verboten.

Das zufolge solcher Aufforderungen Empfangene oder der Wert desselben ist der Armenkasse des Orts der Sammlung für verfallen zu erklären.

§ 17. Die Anklageschrift oder andere amtliche Schriftstücke eines Strafprozesses dürfen durch die Presse nicht eher veröffentlicht werden, als bis dieselben in öffentlicher Verhandlung kundgegeben worden sind oder das Verfahren sein Ende erreicht hat.

§ 18. Mit Geldstrafe .... oder mit Haft oder mit Gefängnis bis zu sechs Monaten werden bestraft:

1. Zuwiderhandlungen gegen die in den §§ 14, 16 und 17 enthaltenen Verbote;
2. Zuwiderhandlungen gegen die Bestimmungen der §§ 6, 7 und 8, welche durch falsche Angaben mit Kenntnis der Unrichtigkeit begangen werden.

Dieselbe Strafe trifft den Verleger einer periodischen Druckschrift auch dann, wenn er wissentlich geschehen läßt, daß auf derselben eine Person fälschlich als Redakteur benannt wird.

§ 19. Mit Geldstrafe bis zu einhundertundfünfzig Reichsmark oder mit Haft werden bestraft:

1. Zuwiderhandlungen gegen die §§ 6, 7 und 8, welche nicht durch § 18 Ziffer 2 getroffen sind;
2. Zuwiderhandlungen gegen den § 9;
3. Zuwiderhandlungen gegen die §§ 10 und 11.

In den Fällen der Ziffer 3 tritt die Verfolgung nur auf Antrag ein, und hat das Strafurteil zugleich die Aufnahme des eingesandten Artikels in die nächstfolgende Nummer anzuordnen. Ist die unberechtigte Verweigerung im guten Glauben geschehen, so ist unter Freisprechung von Strafe und Kosten lediglich die nachträgliche Aufnahme anzuordnen.

III. Verantwortlichkeit für die durch die Presse begangenen strafbaren Handlungen.

§ 20. Die Verantwortlichkeit von Handlungen, deren Strafbarkeit durch den Inhalt einer Druckschrift begründet wird, bestimmt sich nach den bestehenden allgemeinen Strafgesetzen.

Ist die Druckschrift eine periodische, so ist der verantwortliche Redakteur als Täter zu bestrafen, wenn nicht durch besondere Umstände die Annahme seiner Täterschaft ausgeschlossen wird.

§ 21. Begründet der Inhalt einer Druckschrift den Tatbestand einer strafbaren Handlung, so sind

der verantwortliche Redakteur,
der Verleger,
der Drucker,
derjenige, welcher die Druckschrift gewerbsmäßig vertrieben oder sonst öffentlich verbreitet hat (Verbreiter),

soweit sie nicht nach § 20 als Täter oder Teilnehmer zu bestrafen sind, wegen Fahrlässigkeit mit Geldstrafe ... oder mit Haft oder mit Festungshaft oder Gefängnis bis zu einem Jahre zu belegen, wenn sie nicht die Anwendung der pflichtgemäßen Sorgfalt oder Umstände nachweisen, welche diese Anwendung unmöglich gemacht haben.

Die Bestrafung bleibt jedoch für jede der benannten Personen ausgeschlossen, wenn sie als den Verfasser oder Einsender, mit dessen Einwilligung die Veröffentlichung geschehen ist, oder, wenn es sich um eine nicht periodische Druckschrift handelt, als den Herausgeber derselben, oder als einen der in obiger Reihenfolge vor ihr Benannten eine Person bis zur Verkündigung des ersten Urteils nachweist, welche in dem Bereich der richterlichen Gewalt eines deutschen Bundesstaats sich befindet, oder falls sie verstorben ist, sich zur Zeit der Veröffentlichung befunden hat; hinsichtlich des Verbreiters ausländischer Druckschriften außerdem, wenn ihm dieselben im Wege des Buchhandels zugekommen sind.

IV. Verjährung.

§ 22. Die Strafverfolgung derjenigen Verbrechen und Vergehen, welche durch die Verbreitung von Druckschriften strafbaren Inhalts begangen werden, sowie derjenigen sonstigen Vergehen, welche in diesem Gesetze mit Strafe bedroht sind, verjährt in sechs Monaten.

V. Beschlagnahme.

§ 23. Eine Beschlagnahme von Druckschriften ohne richterliche Anordnung findet nur statt:

1. wenn eine Druckschrift den Vorschriften der §§ 6 und 7 nicht entspricht, oder den Vorschriften des § 14 zuwider verbreitet wird,
2. wenn durch eine Druckschrift einem auf Grund des § 15 dieses Gesetzes (jetzt SpionG. § 10) erlassenen Verbot zuwider gehandelt wird,
3. wenn der Inhalt einer Druckschrift den Tatbestand einer der in den §§ 85, [95], 111, 130 oder 184 des deutschen Strafgesetzbuchs mit Strafe bedrohten Handlungen begründet, in den Fällen der §§ 111 und 130 jedoch nur dann, wenn dringende Gefahr besteht, daß bei Verzögerung der Beschlagnahme die Auf-

forderung oder Anreizung ein Verbrechen oder Vergehen unmittelbar zur Folge haben werde.

§ 24. Über die Bestätigung oder Aufhebung der vorläufigen Beschlagnahme hat das zuständige Gericht zu entscheiden.

Diese Entscheidung muß von der Staatsanwaltschaft binnen vierundzwanzig Stunden nach Anordnung der Beschlagnahme beantragt und von dem Gericht binnen vierundzwanzig Stunden nach Empfang des Antrags erlassen werden.

Hat die Polizeibehörde die Beschlagnahme ohne Anordnung der Staatsanwaltschaft verfügt, so muß sie die Absendung der Verhandlungen an die letztere ohne Verzug und spätestens binnen zwölf Stunden bewirken. Die Staatsanwaltschaft hat entweder die Wiederaufhebung der Beschlagnahme mittels einer sofort vollstreckbaren Verfügung anzuordnen, oder die gerichtliche Bestätigung binnen zwölf Stunden nach Empfang der Verhandlungen zu beantragen.

Wenn nicht bis zum Ablaufe des fünften Tages nach Anordnung der Beschlagnahme der bestätigende Gerichtsbeschluß der Behörde, welche die Beschlagnahme angeordnet hat, zugegangen ist, erlischt die letztere und muß die Freigabe der einzelnen Stücke erfolgen.

§ 25. Gegen den Beschluß des Gerichts, welcher die vorläufige Beschlagnahme aufhebt, findet ein Rechtsmittel nicht statt.

§ 26. Die vom Gericht bestätigte vorläufige Beschlagnahme ist wieder aufzuheben, wenn nicht binnen zwei Wochen nach der Bestätigung die Strafverfolgung in der Hauptsache eingeleitet worden ist.

§ 27. Die Beschlagnahme von Druckschriften trifft die Exemplare nur da, wo dergleichen zum Zwecke der Verbreitung sich befinden. Sie kann sich auf die zur Vervielfältigung dienenden Platten und Formen erstrecken; bei Druckschriften im engeren Sinne hat auf Antrag des Beteiligten statt Beschlagnahme des Satzes das Ablegen des letzteren zu geschehen.

Bei der Beschlagnahme sind die dieselbe veranlassenden Stellen der Schrift unter Anführung der verletzten Gesetze zu bezeichnen. Trennbare Teile der Druckschrift (Beilagen einer Zeitung usw.), welche nichts Strafbares enthalten, sind von der Beschlagnahme auszuschließen.

§ 28. Während der Dauer der Beschlagnahme ist die Verbreitung der von derselben betroffenen Druckschrift oder der Wiederabdruck der die Beschlagnahme veranlassenden Stellen unstatthaft.

Wer mit Kenntnis der verfügten Beschlagnahme dieser Bestimmung entgegenhandelt, wird mit Geldstrafe ... oder mit Gefängnis bis zu sechs Monaten bestraft.

VI. Schlußbestimmungen.

§ 30. Die für Zeiten der Kriegsgefahr, des Krieges, des erklärten Kriegs- (Belagerungs-) Zustandes oder innerer Unruhen (Aufruhrs) in bezug auf die Presse bestehenden besonderen gesetzlichen Bestimmungen bleiben auch diesem Gesetze gegenüber bis auf weiteres in Kraft.

Das Recht der Landesgesetzgebung, Vorschriften über das öffentliche Anschlagen, Anheften, Ausstellen, sowie die öffentliche, unentgeltliche Verteilung von Bekanntmachungen, Plakaten und Aufrufen zu erlassen, wird durch dieses Gesetz nicht berührt.

Zoll-, Fischerei-, Jagd-, Forst- und Feldpolizei-Gesetze ... und über den Holz- (Forst-) Diebstahl.

(Abs. 3 ist gegenstandslos.)

§ 3. Wenn in Landesgesetzen auf strafrechtliche Vorschriften, welche durch das Strafgesetzbuch für den Norddeutschen Bund außer Kraft gesetzt sind, verwiesen wird, so treten die entsprechenden Vorschriften des letzteren an die Stelle der ersteren.

Kriegsrecht.

§ 4 (gegenstandslos)[4].

Landesrechtl. Strafdrohungen.

§ 5. In landesgesetzlichen Vorschriften über Materien, welche nicht Gegenstand des Strafgesetzbuchs für den Norddeutschen Bund sind, darf[5]) nur Gefängnis bis zu zwei Jahren, Haft, Geldstrafe, Einziehung einzelner Gegenstände und die Entziehung öffentlicher Ämter angedroht werden.

Strafarten.

§ 6. Vom 1. Januar 1871 ab darf nur auf die im Strafgesetzbuche für den Norddeutschen Bund enthaltenen Strafarten erkannt werden.

Wenn in Landesgesetzen anstatt der Gefängnis- oder Geldstrafe Forst- oder Gemeinde-Arbeit angedroht oder nachgelassen ist, so behält es hierbei sein Bewenden.

Verjährung.

§ 7. Vom 1. Januar 1871 ab verjähren Zuwiderhandlungen gegen die Vorschriften über die Entrichtung der Branntweinsteuer, der Biersteuer und der Postgefälle in drei Jahren.

§ 8 (bedeutungslos).

Dasselbe gilt von den Vorschriften der Landesgesetze über Abgabe von Freiexemplaren an Bibliotheken und öffentliche Sammlungen.

Vorbehaltlich der auf den Landesgesetzen beruhenden allgemeinen Gewerbesteuer findet eine besondere Besteuerung der Presse und der einzelnen Preßerzeugnisse (Zeitungs- und Kalenderstempel, Abgaben von Inseraten usw.) nicht statt.

[4]) Vgl. MilStGB. §§ 9 f., 155, 158, 160, RV. v. 1919 Art. 48.

[5]) scil. künftighin. Vgl. EG. §§ 2, 6.

II.

Strafgesetzbuch

für das Deutsche Reich.

Vom 15. Mai 1871.

(RGBl. 1871 S. 127.)

Einleitende Bestimmungen.

Begriffsbestimmung von „Verbrechen", „Vergehen" und „Übertretung".

§ 1. Eine mit dem Tode, mit Zuchthaus oder mit Festungshaft von mehr als fünf Jahren bedrohte Handlung ist ein Verbrechen.

Eine mit Festungshaft bis zu fünf Jahren, mit Gefängnis oder mit Geldstrafe von mehr als einhundertfünfzig Reichsmark oder mit Geldstrafe schlechthin bedrohte Handlung ist ein Vergehen.

Eine mit Haft oder mit Geldstrafe bis zu einhundertfünfzig Reichsmark bedrohte Handlung ist eine Übertretung.

Für die Qualifizierung der strafb. Handlung (einschl. Unterlassung) kommt nur die schwerste Art (bei Festungshaft und Geldstrafe das Höchstmaß) der gesetzl. angedrohten Strafe in Betracht. Unter mildernden Umständen (vgl. z. B. §§ 85 ff., 118, 146, 171, 174, 176 f., 217 f., 243 f.) oder von Jugendlichen begangene oder versuchte „Verbrechen" werden nicht zu „Vergehen".

Zeitl. Herrschaft der Strafgesetze.

§ 2. Eine Handlung kann nur dann mit einer Strafe belegt werden, wenn diese Strafe gesetzlich bestimmt war, bevor die Handlung begangen wurde.

Bei Verschiedenheit der Gesetze von der Zeit der begangenen Handlung bis zu deren Aburteilung ist das mildeste Gesetz anzuwenden.

Abs. 1 = RV. Art. 116: Nulla poena sine lege: Strafgesetze haben grundsätzlich weder nach- noch rückwirkende Kraft (s. aber Abs. 2); Bestrafung nach Analogie oder Gewohnheitsrecht ist ausgeschlossen. **Abs. 2** findet auf temporäre Strafgesetze mit einer von vornherein zeitlich begrenzten Geltungsdauer und auf Gesetzänderungen während des Verlaufs einer einheitl. Tat keine Anwendung. Auch ein Zwischengesetz ist anzuwenden, wenn es „das mildeste", dem Beschuldigten günstigste ist.

Räuml. Herrschaft der Strafgesetze: Posit. Territorialitätsprinzip.

§ 3. Die Strafgesetze des Deutschen Reichs finden Anwendung auf alle im Gebiete desselben begangenen strafbaren Handlungen, auch wenn der Täter ein Ausländer ist.

Reichsgebiet: RV. Art. 2; Konsulargerichtsbezirke und Kolonien (KGG. v. 7. IV. 00 § 19, SchGG. v. 10. IX. 00 § 3, jetzt gegenstandslos), Küstengewässer, Staats- und Kriegsschiffe, ferner Handelsschiffe auf See (nicht in fremdem Hoheitsgebiet) sind Inland (vgl. § 8). Auch teilweise Begehung im Inland genügt.

Verbrechen und Vergehen im Ausland.

§ 4. Wegen der im Auslande begangenen Verbrechen und Vergehen findet in der Regel keine Verfolgung statt.

Jedoch kann nach den Strafgesetzen des Deutschen Reichs verfolgt werden:

1. ein Deutscher oder ein Ausländer, welcher im Auslande eine hochverräterische Handlung gegen das Deutsche Reich oder einen Bundesstaat, oder ein Münzverbrechen, oder als Beamter des Deutschen Reichs oder eines Bundesstaats eine Handlung begangen hat, die nach den Gesetzen des Deutschen Reichs als Verbrechen oder Vergehen im Amte anzusehen ist;
2. ein Deutscher, welcher im Auslande eine landesverräterische Handlung gegen das Deutsche Reich oder einen Bundesstaat . . . begangen hat;
3. ein Deutscher, welcher im Auslande eine Handlung begangen hat, die nach den Gesetzen des Deutschen Reichs als Verbrechen oder Vergehen anzusehen und durch die Gesetze des Orts, an welchem sie begangen wurde, mit Strafe bedroht ist.

Die Verfolgung ist auch zulässig, wenn der Täter bei Begehung der Handlung noch nicht

Deutscher war. In diesem Falle bedarf es jedoch eines Antrages der zuständigen Behörde des Landes, in welchem die strafbare Handlung begangen worden, und das ausländische Strafgesetz ist anzuwenden, soweit dieses milder ist.

Abs. 1: Negatives oder exklusives Territorialitätsprinzip; Ausnahmen in §§ 102, 298, MStGB. § 7 und mehreren strafrechtl. Nebengesetzen.
Abs. 2: Personalitätsprinzip (Verbr. u. Verg. von Inländern im Ausland), Realitätsprinzip (Verbr. v. Ausländern im Ausland gegen inländ. Rechtsgüter) und Universalitätsprinzip (Täter, Begehungsort und angegriff. Rechtsgut können dem In- oder Ausland angehören; so ist z. B. nach Nr. 1 nicht erforderlich, daß das Münzverbrechen „gegen das Reich oder einen Bundesstaat" begangen wird, also deutsches Geld zum Gegenstand hat). „Deutscher" (RV. Art. 110, StAngG. v. 22. VII. 13) zur Zeit der Begehung.
Nr. 1: §§ 80—86, 146, 147, 149, 331 ff., SprengstoffG. § 12 (§ 311 N. *), RepSchutzG. § 11 usw.
Nr. 2: §§ 87 ff.; SpionG. § 16.
Nr. 3: Ausnahmen s. § 5. Deutsche können auch wegen Verbrechen und Vergehen verfolgt werden, die sie im staatenlosen Gebiet begehen (KonsGG. § 77).

§ 5. Im Falle des § 4 Nr. 3 bleibt die Verfolgung ausgeschlossen, wenn

1. von den Gerichten des Auslandes über die Handlung rechtskräftig erkannt und entweder eine Freisprechung erfolgt oder die ausgesprochene Strafe vollzogen,
2. die Strafverfolgung oder die Strafvollstreckung nach den Gesetzen des Auslandes verjährt oder die Strafe erlassen, oder
3. der nach den Gesetzen des Auslandes zur Verfolgbarkeit der Handlung erforderliche Antrag des Verletzten nicht gestellt worden ist.

Nr. 1: Gerichte des Auslandes sind nicht die bisherigen deutschen Konsular- und Schutzgebietsgerichte. „Vollzogen" = ganz vollstreckt; bei teilweiser Vollstreckung: § 7. Nachträgl. Aberkennung der bürgerl. Ehrenrechte: § 37.
Nr. 3: „nicht gestellt" = überhaupt nicht oder nicht in der nach ausländ. Recht vorgeschrieb. Form und Frist gestellt.

Übertretungen im Ausland.

§ 6. Im Auslande begangene Übertretungen sind nur dann zu bestrafen, wenn dies durch besondere Gesetze oder durch Verträge angeordnet ist.

Vgl. SeemO. v. 2. VI. 02 § 121, Verträge über Feld- und Forstdelikte in Grenzgebieten.

Anrechnung ausländ. Strafen.

§ 7. Eine im Auslande vollzogene Strafe ist, wenn wegen derselben Handlung im Gebiete des Deutschen Reichs abermals eine Verurteilung erfolgt, auf die zu erkennende Strafe in Anrechnung zu bringen.

Ne bis gilt ausländ. Urteilen gegenüber nur in beschränktem Umfang (§ 5 [1], [2]). Anrechnung auch teilweise vollzogener ausländ. Strafen.

Begriffsbestimmung von „Ausland".

§ 8. Ausland im Sinne dieses Strafgesetzes ist jedes nicht zum Deutschen Reich gehörige Gebiet.

Über „Inland" s. § 3 Anm. Gerichtsstand: StPO. § 10.

Nichtauslieferung Deutscher.

§ 9. Ein Deutscher darf einer ausländischen Regierung zur Verfolgung oder Bestrafung nicht überliefert werden.

RV. Art. 112 III. Ablieferung zwischen den deutschen Bundesstaaten: GVG. §§ 156 ff. Die Auslieferung von Ausländern an das Ausland ist in Auslieferungsverträgen geregelt.

Militärpersonen.

§ 10. Auf deutsche Militärpersonen finden die allgemeinen Strafgesetze des Reichs insoweit Anwendung, als nicht die Militärgesetze ein anderes bestimmen.

MilStGB. ist im Anhang abgedruckt.

Parlamentarische Immunität.

§ 11 ist ersetzt durch RV. Art. 36: „Kein Mitglied des Reichstags oder eines Landtags darf zu irgendeiner Zeit wegen seiner Abstimmung oder wegen der in Ausübung seines Berufs getanen Äußerungen gerichtlich oder dienstlich verfolgt oder sonst außerhalb der Versammlung zur Verantwortung gezogen werden." Persönl. StrafausschlGrund; Teilnahme von Nichtmitgl. bleibt strafbar.

Parlaments-Berichterstattung.

§ 12 ist ersetzt durch RV. Art. 30: „Wahrheitsgetreue Berichte über die Verhandlungen in den öffentlichen Sitzungen des Reichstags, eines Landtags oder ihrer Ausschüsse bleiben von jeder Verantwortlichkeit frei." Auch das objektive Strafverfahren (§ 42) ist ausgeschlossen. Nur „Berichte" (erzählende Darstellungen), nicht Besprechungen von Reden usw. sind straflos.

Erster Teil.

Von der Bestrafung der Verbrechen, Vergehen und Uebertretungen im allgemeinen.

Erster Abschnitt.

Strafen.

Todesstrafe.

§ 13. Die Todesstrafe ist durch Enthauptung zu vollstrecken.

Todesstr.: § 211, SprengstoffG. § 5 III, SklavRG. § 1 II. Vollstr.: StPO. §§ 453 f.; MStGB. § 14 (Erschießen).

Zuchthausstrafe.

§ 14. Die Zuchthausstrafe ist eine lebenslängliche oder eine zeitige.

Der Höchstbetrag der zeitigen Zuchthausstrafe ist fünfzehn Jahre, ihr Mindestbetrag Ein Jahr.

Wo das Gesetz die Zuchthausstrafe nicht ausdrücklich als eine lebenslängliche androht, ist dieselbe eine zeitige.

Lebensl. Zuchth.: §§ 87, 90, wahlweise mit zeit. Z.: §§ 178, 214 f., 229, 251, 307, 312, 315, 322—324, NahrMittelG. § 13, SprengstG. § 5 II, SpionG. § 1 III; wahlweise mit lebenslängl. Festung: §§ 81, 88 (20). Bemessung der zeit. Z.: §§ 19 (nach vollen Kalendermonaten), 21 (8 Mon. Zuchth. = 1 Jahr Gef.), 74 III und 79. Einzelhaft: § 22; vorläuf. Entlassung: §§ 23 ff.; Ehrenstr.: §§ 31 ff.

§ 15. Die zur Zuchthausstrafe Verurteilten sind in der Strafanstalt zu den eingeführten Arbeiten anzuhalten.

Sie können auch zu Arbeiten außerhalb der Anstalt, insbesondere zu öffentlichen oder von einer Staatsbehörde beaufsichtigten Arbeiten verwendet werden. Diese Art der Beschäftigung ist nur dann zulässig, wenn die Gefangenen dabei von anderen freien Arbeitern getrennt gehalten werden.

Gefängnisstrafe.

§ 16. Der Höchstbetrag der Gefängnisstrafe ist fünf Jahre, ihr Mindestbetrag Ein Tag.

Die zur Gefängnisstrafe Verurteilten können in einer Gefangenanstalt auf eine ihren Fähigkeiten und Verhältnissen angemessene Weise beschäftigt werden; auf ihr Verlangen sind sie in dieser Weise zu beschäftigen.

Eine Beschäftigung außerhalb der Anstalt (§ 15) ist nur mit ihrer Zustimmung zulässig.

Abs. 1: Höchstbetrag für Jugendliche: 10 J. (JugGG. § 9 II), bei Realkonkurrenz: 10 J. (§ 74 III), Zusammentreffen mit Festungshaft: § 75. Bemessung nach vollen Tagen: § 19. Verhältnis zu Zuchth. u. Festungshaft: 1 J. Gef. = 8 Mon. Zuchth. = 1 J. 6 Mon. Festung (§ 21). Ehrenstr.: §§ 32 ff. Einschränkg. der kurzen Freiheitsstr.: § 27 b.

Festungshaft.

§ 17. Die Festungshaft ist eine lebenslängliche oder eine zeitige.

Der Höchstbetrag der zeitigen Festungshaft ist fünfzehn Jahre, ihr Mindestbetrag Ein Tag.

Wo das Gesetz die Festungshaft nicht ausdrücklich als eine lebenslängliche androht, ist dieselbe eine zeitige.

Die Strafe der Festungshaft besteht in Freiheitsentziehung mit Beaufsichtigung der Beschäftigung und Lebensweise der Gefangenen; sie wird in Festungen oder in anderen dazu bestimmten Räumen vollzogen.

Abs. 1—3: Festungshaft (custodia honesta) bei politisch. Verbrechen und Vergehen, Zweikampf, Amtsvergehen (§ 345 II). Lebensl. Festung nur wahlweise mit lebensl. Zuchth.: §§ 81, 88 (20). Ausschl. Festung: §§ 102, 201, 206. Bemessung: §§ 19 (nach vollen Tagen), 21 (Verhältnis zu Zuchth. u. Gef.), 74 III u. 75 (Realkonk.). Nebenstr.: §§ 81, 83 f., 87—90. Einschränkg. der kurzen Freiheitsstr.: § 27 b.
Abs. 4: Arbeitszwang ausgeschlossen.

Haft.

§ 18. Der Höchstbetrag der Haft ist sechs Wochen, ihr Mindestbetrag Ein Tag.

Die Strafe der Haft besteht in einfacher Freiheitsentziehung.

Abs. 1: Übertretungsstrafe (§§ 1 III, 360 ff.), ausnahmsweise bei Vergehen, z. B. §§ 185, 186, GewO. § 147, Ges. betr. nichtöff. GerVerh. v. 5. IV. 88. Höchstbetrag bei Realkonkurr.: 3 Mon. (§§ 77 II, 78 II), Zusammentreffen mit andern Freiheitsstr.: § 77 I. Bemessung nach vollen Tagen: § 19. Überweisung an die Landespolizeibehörde: § 362.
Abs. 2: Kein Arbeitszwang; Ausn. bei geschärfter Haft: § 362 I.

Strafzeitbemessung.

§ 19. Bei Freiheitsstrafen wird der Tag zu vierundzwanzig Stunden, die Woche zu sieben Tagen, der Monat und das Jahr nach der Kalenderzeit gerechnet.

Die Dauer einer Zuchthausstrafe darf nur nach vollen Monaten, die Dauer einer anderen Freiheitsstrafe nur nach vollen Tagen bemessen werden.

Abs. 1: Anrechnung von Untersuchungshaft vor dem Urteil (§ 60), nach dem Urteil (StPO. § 450), von Krankheit (StPO. § 461). Abs. 2: Zuchthaus von weniger als 1 Mon. (bis auf 1 Tag herab) zulässig bei Umwandlung v. Gef. (od. Geldstr.) in Zuchth.: §§ 21, (29), 74, 79, aber nicht als Gesamtstrafe mehrerer Einzel-Zuchthausstrafen. Bruchteile von Monaten (statt Wochen oder Tage) sind unzulässig.

Wahl zwischen Zuchthaus u. Festungshaft.

§ 20. Wo das Gesetz die Wahl zwischen Zuchthaus und Festungshaft gestattet, darf auf Zuchthaus nur dann erkannt werden, wenn festgestellt wird, daß die strafbar befundene Handlung aus einer ehrlosen Gesinnung entsprungen ist.

Vgl. §§ 81, 83—86, 88 f., 105 f. Ehrlose Gesinnung ist straferhöhender Umstand i. S. § 50.

Wertverhältnis von Zuchthaus, Gefängnis u. Festgshaft.

§ 21. Achtmonatliche Zuchthausstrafe ist einer einjährigen Gefängnisstrafe, achtmonatliche Gefängnisstrafe einer einjährigen Festungshaft gleich zu achten.

Vgl. §§ 44 IV, 49 II, 74, 79, 157 II, 158, StPO. § 460. Umwandlung von Festung in Gefängnis oder von Haft in eine andere Freiheitsstrafe findet nicht statt; deshalb hat das Gesetz auch kein Wertverhältnis von Haft zu andern Freiheitsstrafen festgelegt. Ebenso ist § 21 bei Anrechnung von Untersuchungshaft nicht anwendbar (§ 60, StPO. § 450).

Einzelhaft bei Zuchth. u. Gefängnis.

§ 22. Die Zuchthaus- und Gefängnisstrafe können sowohl für die ganze Dauer, wie für einen Teil der erkannten Strafzeit in der Weise in Einzelhaft vollzogen werden, daß der Gefangene unausgesetzt von anderen Gefangenen gesondert gehalten wird.

Die Einzelhaft darf ohne Zustimmung des Gefangenen die Dauer von drei Jahren nicht übersteigen.

Vorläuf. Entlassung bei Zuchth. u. Gefängnis.

§ 23. Die zu einer längeren Zuchthaus- oder Gefängnisstrafe Verurteilten können, wenn sie drei Vierteile, mindestens aber Ein Jahr der ihnen auferlegten Strafe verbüßt, sich auch während dieser Zeit gut geführt haben, mit ihrer Zustimmung vorläufig entlassen werden.

„Auferlegte", nicht erkannte, sondern (außer der nach § 60 oder StPO. § 450 angerechneten U.-Haft) zu verbüßende Strafe.

Widerruf der vorläuf. Entlassung.

§ 24. Die vorläufige Entlassung kann bei schlechter Führung des Entlassenen oder, wenn derselbe den ihm bei der Entlassung auferlegten Verpflichtungen zuwiderhandelt, jederzeit widerrufen werden.

Der Widerruf hat die Wirkung, daß die seit der vorläufigen Entlassung bis zur Wiedereinlieferung verflossene Zeit auf die festgesetzte Strafdauer nicht angerechnet wird.

Zuständigkeit bei vorläuf. Entlassung u. Widerruf.

§ 25. Der Beschluß über die vorläufige Entlassung, sowie über einen Widerruf ergeht von der obersten Justiz-Aufsichtsbehörde. Vor dem Beschluß über die Entlassung ist die Gefängnisverwaltung zu hören.

Die einstweilige Festnahme vorläufig Entlassener kann aus dringenden Gründen des öffentlichen Wohls von der Polizeibehörde des Orts, an welchem der Entlassene sich aufhält, verfügt werden. Der Beschluß über den endgültigen Widerruf ist sofort nachzusuchen.

Führt die einstweilige Festnahme zu einem Widerrufe, so gilt dieser als am Tage der Festnahme erfolgt.

Strafzeitablauf ohne Widerruf.

§ 26. Ist die festgesetzte Strafzeit abgelaufen, ohne daß ein Widerruf der vorläufigen Entlassung erfolgt ist, so gilt die Freiheitsstrafe als verbüßt.

Geldstrafe. Strafrahmen.

§ 27. Die Geldstrafe ist in Reichsmark festzusetzen.

Sie beträgt:

1. bei Verbrechen und Vergehen, soweit nicht höhere Beträge oder Geldstrafe in unbeschränkter Höhe angedroht sind oder werden, mindestens drei Reichsmark und höchstens zehntausend Reichsmark;
2. bei Übertretungen mindestens eine Reichsmark, soweit nicht ein höherer Mindestbetrag angedroht ist oder wird, und höchstens einhundertfünfzig Reichsmark.

Die Vorschriften des Abs. 2 über Höchstbeträge gelten nicht, soweit die angedrohte Strafe in dem Mehrfachen, dem Einfachen oder dem Bruchteil eines bestimmten Betrags besteht. [Satz 2 ist gegenstandslos.]

Fassung der §§ 27—29 nach V. v. 6. II. und 12. XII. 24. — Der Mindestbetrag wird bei Versuch oder Beihilfe (§§ 44, 49 II) und bei Jugendlichen nicht ermäßigt. Mehrere verwirkte Geldstrafen werden addiert (§ 78); ein absoluter Höchstbetrag ist bei Realkonkurrenz nicht bestimmt.

§ 27a. Bei einem Verbrechen oder Vergehen, das auf Gewinnsucht beruht, kann die Geldstrafe auf einhunderttausend Reichsmark erhöht und auf eine solche Geldstrafe neben Freiheitsstrafe auch in denjenigen Fällen erkannt werden, in denen das Gesetz eine Geldstrafe nicht androht.

S. ferner § 27c II, III.

Geldstrafe statt Freiheitsstrafe.

§ 27b. Ist für ein Vergehen oder eine Übertretung, für die an sich eine Geldstrafe überhaupt nicht oder nur neben Freiheitsstrafe zulässig ist, Freiheitsstrafe von weniger als drei Monaten verwirkt, so ist an Stelle der Freiheitsstrafe auf Geldstrafe (§§ 27, 27a) zu erkennen, wenn der Strafzweck durch eine Geldstrafe erreicht werden kann.

Die Vorschriften des Militärstrafgesetzbuchs bleiben unberührt.

Abs. 1: Keine Gesamtfreiheitsstr. (RG. 59, 21).
Abs. 2: Das MilStR. kennt keine Geldstr.

Bemessung der Geldstrafe.

§ 27c. Bei der Bemessung einer Geldstrafe sind die wirtschaftlichen Verhältnisse des Täters zu berücksichtigen.

Die Geldstrafe soll das Entgelt, das der Täter für die Tat empfangen, und den Gewinn, den er aus der Tat gezogen hat, übersteigen.

Reicht das gesetzliche Höchstmaß hierzu nicht aus, so darf es überschritten werden.

Zahlungsfrist, Teilzahlungen.

§ 28. Ist dem Verurteilten nach seinen wirtschaftlichen Verhältnissen nicht zuzumuten, daß er die Geldstrafe sofort zahlt, so hat ihm das Gericht eine Frist zu bewilligen oder ihm zu gestatten, die Strafe in bestimmten Teilbeträgen zu zahlen.

Das Gericht kann diese Vergünstigung auch nach dem Urteil bewilligen. Es kann seine Entschließungen nachträglich ändern. Leistet der Verurteilte die Teilzahlungen nicht rechtzeitig, oder bessern sich seine wirtschaftlichen Verhältnisse wesentlich, so kann das Gericht die Vergünstigung widerrufen.

Auf die nach Abs. 2 zu treffenden Entscheidungen findet § 462 der Strafprozeßordnung Anwendung.

Abs. 1: Frist- und Teilzahlungsbewilligg. gehört hiernach zum Inhalt des StrAusspr. und damit in die UrtFormel (RG. 60, 16).

Beitreibung d. Geldstrafe.

§ 28 a. Soweit die Geldstrafe nicht gezahlt wird, ist sie beizutreiben.

Der Versuch, die Geldstrafe beizutreiben, kann unterbleiben, wenn mit Sicherheit vorauszusehen ist, daß sie aus dem beweglichen Vermögen des Verurteilten nicht beigetrieben werden kann.

Abs. 1: Vollstreckung der Geldstr. nach ZPO. §§ 704 ff., StPO. § 463; Vollstr. in den Nachlaß: § 30.

§ 28 b. Die Vollstreckungsbehörde kann dem Verurteilten gestatten, eine uneinbringliche Geldstrafe durch freie Arbeit zu tilgen.

Das Nähere regelt die Reichsregierung mit Zustimmung des Reichsrats. Soweit dies nicht geschieht, sind die obersten Landesbehörden ermächtigt, das Nähere zu regeln.

Abs. 2: Eine nähere Regelung fehlt noch.

Umwandlung der Geldstrafe.

§ 29. An die Stelle einer uneinbringlichen Geldstrafe tritt bei Verbrechen und Vergehen Gefängnis oder, wenn neben der Geldstrafe auf Zuchthaus erkannt wird, Zuchthaus, bei Übertretungen Haft. Auch bei Vergehen kann die Geldstrafe in Haft umgewandelt werden, wenn Geldstrafe allein oder an erster Stelle oder wahlweise neben Haft angedroht ist.

Die Dauer der Ersatzstrafe ist mindestens ein Tag und bei Gefängnis und Zuchthaus mindestens ein Jahr, bei Haft höchstens sechs Wochen. Ist neben der Geldstrafe wahlweise Freiheitsstrafe von geringerer Höhe angedroht, so darf die Ersatzstrafe deren Höchstmaß nicht übersteigen. Die Ersatzstrafe darf nur nach vollen Tagen bemessen werden.

Im übrigen richtet sich das Maß der Ersatzstrafe nach freiem Ermessen des Gerichts.

In den Fällen des § 27b ist Ersatzstrafe die verwirkte Freiheitsstrafe.

Der Verurteilte kann die Vollstreckung der Ersatzstrafe jederzeit dadurch abwenden, daß er den noch zu zahlenden Betrag der Geldstrafe entrichtet.

Kann die Geldstrafe ohne Verschulden des Verurteilten nicht eingebracht werden, so kann das Gericht anordnen, daß die Vollstreckung der Ersatzstrafe unterbleibt. § 462 der Strafprozeßordnung findet Anwendung.

Abs. 1: Umwandlung erfolgt gewöhnl. bereits im Urteil „für den Fall, daß die ausgesproch. Geldstrafe nicht beizutreiben ist"; nachträgl. Umwandlung: StPO. § 459. In einigen Nebengesetzen ist Umwandlung ausgeschlossen.

Abs. 2: Vgl. § 78 II.

Nachlaßhaftung.

§ 30. In den Nachlaß kann eine Geldstrafe nur dann vollstreckt werden, wenn das Urteil bei Lebzeiten des Verurteilten rechtskräftig geworden war.

Ebenso StPO. § 465 II bezügl. der Kosten.

Rechtsfolge der Zuchthausstr.: Heeres- und Amtsunfähigkeit.

§ 31. Die Verurteilung zur Zuchthausstrafe hat die dauernde Unfähigkeit zum Dienste in dem Deutschen Heere und der (Reichs-)Marine, sowie die dauernde Unfähigkeit zur Bekleidung öffentlicher Ämter von Rechts wegen zur Folge.

Unter öffentlichen Ämtern im Sinne dieses Strafgesetzes sind die Advokatur, die Anwaltschaft und das Notariat, sowie der Geschworenen- und Schöffendienst mitbegriffen.

Abs. 1: „Verurteilung" = rechtskräftige Verurteilung, ohne daß Strafverbüßung erforderlich. Vgl. §§ 34 Nr. 2 u. 3, 132 (unbefugte Ausübung eines öffentlichen Amtes); MStGB. § 31.

Abs. 2: Vgl. § 359 (Begriff des „Beamten").

Aberkennung der bürgerl. Ehrenrechte.

§ 32. Neben der Todesstrafe und der Zuchthausstrafe kann auf den Verlust der bürgerlichen Ehrenrechte erkannt werden, neben der Gefängnisstrafe nur, wenn die Dauer der erkannten Strafe drei Monate erreicht und entweder das Gesetz den Verlust der bürgerlichen Ehrenrechte ausdrücklich zuläßt oder die Gefängnisstrafe wegen Annahme mildernder Umstände an Stelle von Zuchthausstrafe ausgesprochen wird.

Die Dauer dieses Verlustes beträgt bei zeitiger Zuchthausstrafe mindestens zwei und höchstens zehn Jahre, bei Gefängnisstrafe mindestens Ein Jahr und höchstens fünf Jahre.

Abs. 1: Aberkennung usw. gegen Jugendliche unzulässig (JugGG. § 9 V), in §§ 161, 181, 302 d, e, AuswG. v. 9. VI. 97 § 48 und anderen Nebengesetzen vorgeschrieben, neben einer Gesamtgefängnisstrafe nur zulässig, wenn die Einzelstr., zu der sie ausgesprochen werden soll, mindestens 3 Mon. beträgt. (§ 76). Bei Versuch und Beihilfe: §§ 45, 49 II. Bei Gefängnis: § 35.
Abs 2: Berechnung der Zeitdauer: § 36. Bei Todesstrafe oder lebensl. Zuchthaus dauernder Ehrverlust. Wiedererlangung der Ehrenrechte (Rehabilitation) durch Begnadigung.

Wirkungen des Ehrenrechtsverlusts.

§ 33. Die Aberkennung der bürgerlichen Ehrenrechte bewirkt den dauernden Verlust der aus öffentlichen Wahlen für den Verurteilten hervorgegangenen Rechte, ingleichen den dauernden Verlust der öffentlichen Ämter, Würden, Titel, Orden und Ehrenzeichen.

„Öffentl. Ämter": § 31 II. Weitere Wirkungen sind in § 34 sowie in zahlreichen anderen Gesetzen (z. B. GVG. § 175 I, ZPO. § 1032, HGB. § 81, PreßG. § 8, GewO. §§ 53, 100 a II, 106 usw.) enthalten.

§ 34. Die Aberkennung der bürgerlichen Ehrenrechte bewirkt ferner die Unfähigkeit, während der im Urteile bestimmten Zeit

1. die Landeskokarde zu tragen;
2. in das Deutsche Heer oder in die (Reichs-)Marine einzutreten;
3. öffentliche Ämter, Würden, Titel, Orden und Ehrenzeichen zu erlangen;
4. in öffentlichen Angelegenheiten zu stimmen, zu wählen oder gewählt zu werden oder andere politische Rechte auszuüben;

5. Zeuge bei Aufnahme von Urkunden zu sein;
6. Vormund, Gegenvormund, Pfleger, Beistand der Mutter, Mitglied eines Familienrats (oder Kurator) zu sein, es sei denn, daß es sich um Verwandte absteigender Linie handele und die obervormundschaftliche Behörde oder der Familienrat die Genehmigung erteile.

Nr. 1, 2: Vgl. § 31, MStGB. § 31.
Nr. 3: §§ 31 II, 33; RV. Art. 109, 175.
Nr. 5 u. 6: BGB. §§ 1318, 1781[4], 2237[2], FGG. § 173[2].

Aberkennung der Fähigkeit zur Bekleidg. öff. Ämter.

§ 35. Neben einer Gefängnisstrafe, mit welcher die Aberkennung der bürgerlichen Ehrenrechte überhaupt hätte verbunden werden können, kann auf die Unfähigkeit zur Bekleidung öffentlicher Ämter auf die Dauer von Einem bis zu fünf Jahren erkannt werden.

Die Aberkennung der Fähigkeit zur Bekleidung öffentlicher Ämter hat den dauernden Verlust der bekleideten Ämter von Rechts wegen zur Folge.

§ 35 ist, wenn die Aberkennung der bürgerl. Ehrenrechte geboten ist (Anm. zu § 32 I), nicht und regelmäßig (Ausn. §§ 128 f., 358) nur anwendbar, wenn mindestens 3 Mon. Gef. ausgesprochen werden. Vgl. § 32.

Zeitberechnung bei Aberkenng. v. Ehrenrechten.

§ 36. Die Wirkung der Aberkennung der bürgerlichen Ehrenrechte überhaupt, sowie der Fähigkeit zur Bekleidung öffentlicher Ämter insbesondere, tritt mit der Rechtskraft des Urteils ein; die Zeitdauer wird von dem Tage berechnet, an dem die Freiheitsstrafe, neben welcher jene Aberkennung ausgesprochen wurde, verbüßt, verjährt oder erlassen ist.

§§ 32, 35. Zeitdauer: § 32 II.

Nachträgl. Aberkenng. v. Ehrenrechten.

§ 37. Ist ein Deutscher im Auslande wegen eines Verbrechens oder Vergehens bestraft worden, welches nach den Gesetzen des Deutschen Reichs den Verlust der bürgerlichen Ehrenrechte überhaupt oder einzelner bürgerlichen Ehrenrechte zur Folge hat oder zur Folge haben kann, so ist ein neues Strafverfahren zulässig, um gegen den in diesem Verfahren für schuldig Erklärten auf jene Folge zu erkennen.

Ausland: § 8. Nachträgl. Aberkennung ist auch in Fällen des § 5 [1], [2] zulässig, in denen wiederholte Strafverfolgung ausgeschlossen ist. Im neuen Verfahren ist die Schuldfrage unabhängig vom ausländ. Urteil zu prüfen.

Polizeiaufsicht.

§ 38. Neben einer Freiheitsstrafe kann in den durch das Gesetz vorgesehenen Fällen auf die Zulässigkeit von Polizei-Aufsicht erkannt werden.

Die höhere Landespolizeibehörde erhält durch ein solches Erkenntnis die Befugnis, nach Anhörung der Gefängnisverwaltung den Verurteilten auf die Zeit von höchstens fünf Jahren unter Polizei-Aufsicht zu stellen.

Diese Zeit wird von dem Tage berechnet, an welchem die Freiheitsstrafe verbüßt, verjährt oder erlassen ist.

Abs. 1: Polizei-Aufsicht (von Nebengesetzen abgesehen) zugelassen neben Zuchthaus: §§ 44 II, 115 f., 122, 125, 146 f., 181, 248, 256, 325, neben Gefängnisstrafe (unabhängig von deren Dauer): §§ 49 a, 180, 181 a, 184, 262, 294. Vgl. §§ 45, 49 II, 76 II. Bei Jugendlichen ausgeschlossen: JugGG. § 9 V.
Abs. 2: Zuständig: Landespol.-Beh. des Bezirks, in dem der Verurteilte Aufenthalt nimmt.
Abs. 3: Berechnung wie in § 36.

Wirkungen der Polizeiaufsicht.

§ 39. Die Polizei-Aufsicht hat folgende Wirkungen:

1. dem Verurteilten kann der Aufenthalt an einzelnen bestimmten Orten von der höheren Landespolizeibehörde untersagt werden;
2. die höhere Landespolizeibehörde ist befugt, den Ausländer aus dem Bundesgebiete zu verweisen;
3. Haussuchungen unterliegen keiner Beschränkung hinsichtlich der Zeit, zu welcher sie stattfinden dürfen.

Nr. 1: Zuwiderhandlung: § 361 [1].
Nr. 2: § 361 [2].
Nr. 3: StPO. §§ 103 II, 104 II, 105 III, 106 II (Durchsuchungen). — Weitere Wirkungen der Polizei-Aufsicht: StPO. § 113 (Verhaftung), GewO. § 57 [2], PreßG. §§ 4 f. usw.

Einziehung.

§ 40. Gegenstände, welche durch ein vorsätzliches Verbrechen oder Vergehen hervorgebracht, oder welche zur Begehung eines vorsätzlichen Verbrechens oder Vergehens gebraucht oder bestimmt sind, können, sofern sie dem Täter oder einem Teilnehmer gehören, eingezogen werden.

Die Einziehung ist im Urteile auszusprechen.

Abs. 1: Einziehung setzt als Nebenstrafe regelmäßig (Ausn.: §§ 42, 152) Hauptstrafe voraus; nicht anwendbar, wenn „eine strafbare Handlung nicht vorhanden" (§§ 51—54). Besondere Vorschr.: §§ 152, 295, 296a II, 335 (in diesen Fällen muß Einziehung erfolgen), 360 II, 367 II und Nebengesetze.
Abs. 2: Ausspruch im Urteilstenor, Strafbefehl usw. Vollstreckung: StPO. § 463. Mit der Rechtskraft der Entsch. ist die Einziehung wirksam (vgl. RAbgO. § 380).

Unbrauchbarmachung.

§ 41. Wenn der Inhalt einer Schrift, Abbildung oder Darstellung strafbar ist, so ist im Urteile auszusprechen, daß alle Exemplare, sowie die zu ihrer Herstellung bestimmten Platten und Formen unbrauchbar zu machen sind.

Diese Vorschrift bezieht sich jedoch nur auf die im Besitze des Verfassers, Druckers, Herausgebers, Verlegers oder Buchhändlers befindlichen und auf die öffentlich ausgelegten oder öffentlich angebotenen Exemplare.

Ist nur ein Teil der Schrift, Abbildung oder Darstellung strafbar, so ist, insofern eine Ausscheidung möglich ist, auszusprechen, daß nur die strafbaren Stellen und derjenige Teil der Platten und Formen, auf welchem sich diese Stellen befinden, unbrauchbar zu machen sind.

Vgl. § 42, PreßG. § 14 (s. oben S. 3).
Abs. 1, 3: „Strafbar": auch als Übertretung (anders § 40). Objektive Strafbarkeit des Inhalts genügt. §§ 40 und 41 können nebeneinander anwendbar sein.
Abs. 2: Die Maßregel ist auch gegen Personen anwendbar, die zu der Schrift usw. sonst in keiner strafbaren Beziehung stehen. Besitz: BGB. §§ 854 ff.

Objektives Verfahren.

§ 42. Ist in den Fällen der §§ 40 und 41 die Verfolgung oder die Verurteilung einer bestimmten Person nicht ausführbar, so können die daselbst vorgeschriebenen Maßnahmen selbständig erkannt werden.

Vgl. § 152, StPO. §§ 430—432, PreßG. § 14. Entscheidung erfolgt durch Urteil. Die Voraussetzungen der §§ 40 oder 41 müssen an sich vorliegen; Freisprechung einer bestimmten Person hindert nicht die Unbrauchbarmachung (§ 41). § 42 unanwendbar bei § 12, vorheriger Verurteilung einer Person oder Fehlen von Strafantrag oder Ermächtigung, sofern solche zur Verfolgung notwendig. Verfolgung oder Verurteilung usw. (im Inland) aus tatsächl. oder rechtl. Gründen nicht ausführbar bei Nichtermittlung, Nichtüberführung, Abwesenheit, Tod, nach der Tat eingetretener Unzurechnungsfähigkeit des Täters (Unzurechnungsf. z. Zt. der Tat s. § 40 Anm.), Verjährung (bestr.), Niederschlagung d. Verf. usw. Über die Verfolgbarkeit entscheidet die Staatsanwaltschaft (bestr.).

Zweiter Abschnitt.

Versuch.

Begriff des Versuchs.

§ 43. Wer den Entschluß, ein Verbrechen oder Vergehen zu verüben, durch Handlungen, welche einen Anfang der Ausführung dieses Verbrechens oder Vergehens enthalten, betätigt hat, ist, wenn das beabsichtigte Verbrechen oder Vergehen nicht zur Vollendung gekommen ist, wegen Versuches zu bestrafen.

Der Versuch eines Vergehens wird jedoch nur in den Fällen bestraft, in welchen das Gesetz dies ausdrücklich bestimmt.

Abs. 1: „Anfang der Ausführung" = teilweise Verwirklichung des gesetzl. Tatbestands, nicht bloße Vorbereitungshandlungen, die noch nicht zum Tatbestand des beabsichtigten Delikts gehören, aber in gewissen Fällen (wie §§ 49b, 86, 151, 201) ebenso wie das „Unternehmen" einer strafbaren Handlung (§§ 81f., 102, 105, 114, 122, 159, 357) selbständige Straftaten sind. Versuch der Anstiftung oder Beihilfe straflos, soweit nicht besondere Deliktstatbestände (vgl. §§ 49a, 85, 110—112, 141, 159f., 357) vorliegen. Nur vorsätzlicher Versuch zu vorsätzlichen (nicht fahrlässigen) Handlungen möglich. Versuch am untaugl. Objekt oder mit untaugl. Mitteln strafbar (RGer.).
Abs. 2: §§ 107, 120, 140f., 148, 150, 160, 169, 218, 240, 242, 246, 253, 263, 264a, 289, 303—305, 339, 350, 352. Versuch einer Übertretung ist straflos.

Bestrafung des Versuchs.

§ 44. Das versuchte Verbrechen oder Vergehen ist milder zu bestrafen, als das vollendete.

Ist das vollendete Verbrechen mit dem Tode oder mit lebenslänglichem Zuchthaus bedroht, so tritt Zuchthausstrafe nicht unter drei Jahren ein, neben welcher auf Zulässigkeit von Polizei-Aufsicht erkannt werden kann.

Ist das vollendete Verbrechen mit lebenslänglicher Festungshaft bedroht, so tritt Festungshaft nicht unter drei Jahren ein.

In den übrigen Fällen kann die Strafe bis auf ein Viertel des Mindestbetrages der auf das vollendete Verbrechen oder Vergehen angedrohten Freiheits- und

Geldstrafe ermäßigt werden. Ist hiernach Zuchthausstrafe unter Einem Jahre verwirkt, so ist dieselbe nach Maßgabe des § 21 in Gefängnis zu verwandeln.

Abs. 1: Ausnahme im bisherigen § 80, RAbgO. § 360.
Abs. 2, 3: Zuchthaus bzw. Festungshaft von 3 bis 15 J. (§§ 14, 17).
Abs. 4: Die Versuchsstrafe darf weder den Höchstbetrag der auf das vollendete Delikt angedrohten Strafe erreichen (Abs. 1), noch unter den Mindestbetrag der Strafart (1 Tag Gef. oder Festung, 3 RMk. Geldstrafe: §§ 14 II, 16 ff., 27) hinabgehen. Viertel eines Monats: 8 Tage, nicht 1 Woche (bestr.).

Ehrenrechtsverlust u. Polizeiaufsicht.

§ 45. Wenn neben der Strafe des vollendeten Verbrechens oder Vergehens die Aberkennung der bürgerlichen Ehrenrechte zulässig oder geboten ist, oder auf Zulässigkeit von Polizei-Aufsicht erkannt werden kann, so gilt Gleiches bei der Versuchsstrafe.

§§ 32 ff., 38 f.

Persönl. Strafaufhebungsgründe bei Versuch.

§ 46. Der Versuch als solcher bleibt straflos, wenn der Täter

1. die Ausführung der beabsichtigten Handlung aufgegeben hat, ohne daß er an dieser Ausführung durch Umstände gehindert worden ist, welche von seinem Willen unabhängig waren, oder
2. zu einer Zeit, zu welcher die Handlung noch nicht entdeckt war, den Eintritt des zur Vollendung des Verbrechens oder Vergehens gehörigen Erfolges durch eigene Tätigkeit abgewendet hat.

„Versuch als solcher" straflos — nicht ein etwa darin enthaltenes, insbes. ideell konkurrierendes (§ 73), anderes vollendetes Delikt. Nur der Täter oder Teilnehmer, in dessen Person die Voraussetzung der Straflosigkeit vorliegt, ist straffrei; der Rücktritt des einen berührt nicht die Strafbarkeit anderer Beteiligter. § 46 ist unanwendbar, soweit Versuchs- oder Vorbereitungshandlungen (Anm. zu § 43 I) selbständige Straftaten darstellen, die ihrerseits Versuch begrifflich ausschließen.

Nr. 1: Freiwilliger Rücktritt vom nicht beendigten Versuch. Vgl. § 204.

Nr. 2: Tätige Reue bei beendigtem Versuch. Nach RG. (ZStW. 46, HöchstRR. 1925, 241) ist die Handlung „entdeckt" (so daß kraft gesetzl. Vermutung die Unfreiwilligkeit des Rücktritts unwiderlegbar dargetan ist), wenn sie einem anderen (d. h. Nichtteilnehmer), von dem die Verhinderung ihres Erfolgs od. die Herbeiführung der Strafverfolgung zu erwarten ist, also auch dem Angegriffenen, offenbar wird. Abwendung des Erfolges durch eigene Tätigkeit: auch durch die Tätigkeit eines vom Täter hierzu Beauftragten. Vgl. §§ 163 II, 204, 310, RAbgO. § 374.

Dritter Abschnitt.

Teilnahme.

Vgl. §§ 257 ff. (Begünstigung u. Hehlerei), BGB. § 830.

Mittäterschaft.

§ 47. Wenn mehrere eine strafbare Handlung gemeinschaftlich ausführen, so wird jeder als Täter bestraft.

„Gemeinschaftliche Ausführung" des strafbaren Tatbestandes in bewußtem und gewolltem Zusammenwirken (gegenseitigem, auch stillschweigendem Einverständnis); fehlt die Willenseinigung, dann bloße (Mehr- oder) Nebentäterschaft. Mittäterschaft schließt Anstiftung, Beihilfe oder Hehlerei bezüglich derselben Straftat, nicht dagegen Begünstigung eines andern Teilnehmers aus. Verabredung oder Komplott: §§ 49 b, 83, SprengstG. § 6. In §§ 119, 123, 223 a I, 293 ist gemeinschaftliche Ausführung straferhöhender Umstand.

Anstiftung.

§ 48. Als Anstifter wird bestraft, wer einen anderen zu der von demselben begangenen strafbaren Handlung durch Geschenke oder Versprechen, durch Drohung, durch Mißbrauch des Ansehens oder der Gewalt, durch absichtliche Herbeiführung oder Beförderung eines Irrtums oder durch andere Mittel vorsätzlich bestimmt hat.

Die Strafe des Anstifters ist nach demjenigen Gesetze festzusetzen, welches auf die Handlung Anwendung findet, zu welcher er wissentlich angestiftet hat.

Abs. 1: Anstiftung auch zu vorsätzl. Übertretungen strafbar, ebenso zu einem vom Haupttäter begangenen strafbaren Versuch, nicht aber Versuch der Anstiftung (Anm. zu § 43 I) oder Anstiftung zur Beihilfe zur eigenen Straftat. Versuch der Anstiftung liegt dann vor, wenn diese nicht kausal ist, sei es, daß der Täter schon vorher zur Tat entschlossen war oder sich nicht bestimmen läßt. „Bestimmen" = Entschluß zur Begehung einer konkreten Tat hervorrufen. „Drohung", „Gewalt": Im Falle des § 52 ist der Nötigende mittelbarer Täter. Anstiftung konsumiert die Beihilfe zur gleichen Tat. **Abs. 2:** Vgl. § 50.

Beihilfe.

§ 49. Als Gehilfe wird bestraft, wer dem Täter zur Begehung des Verbrechens oder Vergehens durch Rat oder Tat wissentlich Hilfe geleistet hat.

Die Strafe des Gehilfen ist nach demjenigen Gesetze festzusetzen, welches auf die Handlung Anwendung findet, zu welcher er wissentlich Hilfe geleistet hat, jedoch nach den über die Bestrafung des Versuches aufgestellten Grundsätzen zu ermäßigen.

Abs. 1: Nur vorsätzliche Beihilfe zu vorsätzl. Straftaten ist strafbar, nicht zu Übertretungen oder versuchte Beihilfe (Anm. zu § 43 I), wohl aber Beihilfe zum strafbaren Versuch und ausnahmsweise zu an sich straflosen Handlungen (§§ 120 f., 180, 347, 354 f.). Möglich ist Beihilfe zur Anstiftung oder Beihilfe und Hehlerei bei derselben Tat, nicht aber Anstiftung zur Beihilfe zur eigenen Tat des Anstifters. Bis zur Beendigung der Tat ist Beihilfe möglich, nach diesem Zeitpunkt Begünstigung (§ 257).
Abs. 2: §§ 44 f.; Ausn.: §§ 50, 143 II, 203, 209, 218 IV, 354 f., RAbgO. § 361. Vgl. §§ 257 III, 363 II.

Auffordern od. Erbieten zu Verbrechen.

§ 49 a. Wer einen anderen zur Begehung eines Verbrechens oder zur Teilnahme an einem Verbrechen auffordert, oder wer eine solche Aufforderung annimmt, wird, soweit nicht das Gesetz eine andere Strafe androht, wenn das Verbrechen mit dem Tode oder mit lebenslänglicher Zuchthausstrafe bedroht ist, mit Gefängnis nicht unter drei Monaten, wenn das Verbrechen mit einer geringeren Strafe bedroht ist, mit Gefängnis bis zu zwei Jahren oder mit Festungshaft von gleicher Dauer bestraft.

Die gleiche Strafe trifft denjenigen, welcher sich zur Begehung eines Verbrechens oder zur Teilnahme an einem Verbrechen erbietet, sowie denjenigen, welcher ein solches Erbieten annimmt.

Es wird jedoch das lediglich mündlich ausgedrückte Auffordern oder Erbieten, sowie die Annahme eines solchen nur dann bestraft, wenn die Aufforderung oder das Erbieten an die Gewährung von Vorteilen irgend welcher Art geknüpft worden ist.

Neben der Gefängnisstrafe kann auf Verlust der bürgerlichen Ehrenrechte und auf Zulässigkeit von Polizei-Aufsicht erkannt werden.

Zuständ.: Schöffeng. oder AR. Sog. Duchesne-Paragraph, hat nur subsidiäre Bedeutung (Abs. 1: „... soweit nicht das Gesetz eine andere Strafe androht ...") und gilt nur bei „Verbrechen" (§ 1 I), die es auch z. Zt. der Aburteilung noch sind.
Abs. 3: Nicht notwendig Vermögensvorteil; „geknüpft": ausdrückl. od. stillschweigend.

Verabredung eines Mordes.

§ 49 b. Wer mit einem anderen ein Verbrechen des Mordes verabredet, wird schon wegen dieser Verabredung mit Gefängnis nicht unter einem Jahre bestraft; die Strafe ist Zuchthaus, wenn eine Person aus Gründen ermordet werden soll, die in ihrer Stellung im öffentlichen Leben liegen. Neben der Freiheitsstrafe kann auf Geldstrafe . . . erkannt werden.

Straffrei bleibt, wer der bedrohten Person oder der Behörde von der Verabredung Kenntnis gibt, bevor der Mord begangen oder versucht worden ist.

Eingefügt durch RepSchutzG. v. 21. Juli 1922. Zuständ.: SchöffG. od. AK. bzw. SchwurG.

Abs. 1: Versuch straflos (RG. 58, 392). Strafb. Teilnahme an d. Ausführg. des verabredeten Mordes konsumiert die Verabredg. (RG. 59, 376).

Einfluß persönl. Verhältnisse auf d. Strafbarkeit der Teilnahme.

§ 50. Wenn das Gesetz die Strafbarkeit einer Handlung nach den persönlichen Eigenschaften oder Verhältnissen desjenigen, welcher dieselbe begangen hat, erhöht oder vermindert, so sind diese besonderen Tatumstände dem Täter oder demjenigen Teilnehmer (Mittäter, Anstifter, Gehilfe) zuzurechnen, bei welchem sie vorliegen.

§ 50 durchbricht den Grundsatz der akzessorischen Natur der Teilnahme und die Regel der §§ 48, 49, bezieht sich nicht auch auf §§ 49 a, 257 und betrifft nur strafändernde, nicht strafbegründende (konstitutive, die beim Täter vorliegen müssen und dann auf Anstifter und Gehilfen zurückwirken) oder strafausschließende Umstände: Gesetzliche Strafschärfungs- und Milderungsgründe, wie strafserhöhende Gewerbs- und Gewohnheitsmäßigkeit, Rückfall, Beamteneigenschaft bei sog. gemischten oder unechten Amtsdelikten (z. B. Amtsunterschlagung), nahe Verwandtschaft, Jugend usw. Liegen solche (persönl.) qualifizierende oder privilegierende Momente nur in der Person des einen Teilnehmers vor, so bleiben sie bei den andern unberücksichtigt, bei denen sie nicht zutreffen. Vgl. § 59 I und Doerr in SeuffBl. f. RA. 1906 S. 342 ff.

Vierter Abschnitt.

Gründe, welche die Strafe ausschließen oder mildern.

Unzurechnungsfähigkeit.

§ 51. Eine strafbare Handlung ist nicht vorhanden, wenn der Täter zur Zeit der Begehung der Handlung sich in einem Zustande von Bewußtlosigkeit oder krankhafter

Störung der Geistestätigkeit befand, durch welchen seine freie Willensbestimmung ausgeschlossen war.

StPO. §§ 263, 267; BGB. § 827. Nicht jede, sondern nur eine die freie Willensbestimmung ausschließende Geisteskrankheit genügt zur Straflosigkeit. Zurechnungsfähigkeit zur Zeit der Handlung, nicht des Erfolges, notwendig. Keine strafbare Teilnahme (§§ 48 f.) an einer nach § 51 straflosen Tat, sondern möglicherweise mittelbare Täterschaft; auch keine Begünstigung und Hehlerei.

Zwang.

§ 52. Eine strafbare Handlung ist nicht vorhanden, wenn der Täter durch unwiderstehliche Gewalt oder durch eine Drohung, welche mit einer gegenwärtigen, auf andere Weise nicht abwendbaren Gefahr für Leib oder Leben seiner selbst oder eines Angehörigen verbunden war, zu der Handlung genötigt worden ist.

Als Angehörige im Sinne dieses Strafgesetzes sind anzusehen Verwandte und Verschwägerte auf- und absteigender Linie, Adoptiv- und Pflege-Eltern und -Kinder, Ehegatten, Geschwister und deren Ehegatten, und Verlobte.

Abs. 1: StPO. §§ 263, 267. Vis absoluta (Gewalt) und compulsiva (Drohung); vgl. § 48 I. „Gegenwärtige", auch unmittelbar bevorstehende Gefahr. Keine Teilnahme wie bei § 51.

Abs. 2 (durch BGB. §§ 1589 f. nicht berührt; EG. z. BGB. Art. 33): §§ 54, 213 232 II, 247, 257 f., 263, 292, 303. Auch unehel. Verwandtschaft ist strafrechtlich von Belang (ebenso BGB. § 1310 III). Schwägerschaft besteht (auch nach Auflösung der sie begründenden Ehe) zwischen einem Ehegatten (nicht dessen Verwandten) und den Verwandten des anderen (BGB. § 1590). „Pflegeeltern": Tatsächl. Verhältnis, kein Rechtsbegriff. „Geschwister und deren Ehegatten": Nicht Ehegatten von Geschwistern. Verlöbnis: Beiderseitiges ernstes (auch formloses) Eheversprechen.

Notwehr.

§ 53. Eine strafbare Handlung ist nicht vorhanden, wenn die Handlung durch Notwehr geboten war.

Notwehr ist diejenige Verteidigung, welche erforderlich ist, um einen gegenwärtigen, rechtswidrigen Angriff von sich oder einem anderen abzuwenden.

Die Überschreitung der Notwehr ist nicht strafbar, wenn der Täter in Bestürzung, Furcht oder Schrecken über die Grenzen der Verteidigung hinausgegangen ist.

StPO. §§ 263, 267; BGB. §§ 227 ff., 904 (228: Notwehr gegen Sachen, Tiere). Vermeintliche od. Putativnotwehr (irrige Annahme eines gegenwärtigen, rechtswidrigen Angriffs als Voraussetzung der Notwehr) schließt den Vorsatz aus (§ 59). Notwehr auch gegen

Geisteskranke oder im Irrtum Handelnde. „Gegenwärt." (auch unmittelbar bevorstehender, noch nicht beendigter oder abgeschlossener) „Angriff", gleichviel auf welches Rechtsgut. Keine Teilnahme wie bei §§ 51 f.

Notstand.

§ 54. Eine strafbare Handlung ist nicht vorhanden, wenn die Handlung außer dem Falle der Notwehr in einem unverschuldeten, auf andere Weise nicht zu beseitigenden Notstande zur Rettung aus einer gegenwärtigen Gefahr für Leib oder Leben des Täters oder eines Angehörigen begangen worden ist.

BGB. §§ 228, 904. „Unverschuldet": fehlt in §§ 52 f. „Gegenwärt." (oder unmittelbar bevorstehende) Gefahr, die auf irgend welchen Ereignissen, nur nicht auf dem Angriff von Menschen (§ 53) beruht. Eigentumsnotstand: § 313 II. „Angehörige": § 52 II.

§§ 55—57 sind durch JugGG. aufgehoben und ersetzt [1]).

---

[1]) Jugendgerichtsgesetz vom 16. Februar 1923 (RGBl. I S. 135, 252).

Erster Abschnitt.

§ 1. Ein Jugendlicher im Sinne dieses Gesetzes ist, wer über vierzehn, aber noch nicht achtzehn Jahre alt ist.

§ 2. Wer eine mit Strafe bedrohte Handlung begeht, ehe er vierzehn Jahre alt geworden ist, ist nicht strafbar.

§ 3. Ein Jugendlicher, der eine mit Strafe bedrohte Handlung begeht, ist nicht strafbar, wenn er zur Zeit der Tat nach seiner geistigen oder sittlichen Entwicklung unfähig war, das Ungesetzliche der Tat einzusehen oder seinen Willen dieser Einsicht gemäß zu bestimmen.

§ 4. Die Strafbarkeit des Anstifters und Gehilfen, des Begünstigers und Hehlers wird durch die Vorschriften der §§ 2, 3 nicht berührt.

§ 5. Hat ein Jugendlicher eine mit Strafe bedrohte Handlung begangen, so hat das Gericht zu prüfen, ob Erziehungsmaßregeln erforderlich sind.

Hält das Gericht Erziehungsmaßregeln für erforderlich, so hat es entweder selbst die Erziehungsmaßregel anzuordnen oder auszusprechen, daß Erziehungsmaßregeln erforderlich sind, ihre Auswahl und Anordnung aber dem Vormundschaftsgericht überlassen bleibt. Das Vormundschaftsgericht muß alsdann eine Erziehungsmaßregel anordnen. Die Fürsorgeerziehung soll das Gericht nur dann selbst anordnen, wenn in erster Instanz die Zuständigkeit dafür auch außerhalb des Strafverfahrens begründet ist.

Die vorstehenden Bestimmungen finden auch Anwendung, wenn das Gericht den Täter nach § 3 freispricht.

§ 6. Hält das Gericht Erziehungsmaßregeln für ausreichend, so ist von Strafe abzusehen.

§ 7. Als Erziehungsmaßregeln sind zulässig:

1. Verwarnung,
2. Überweisung in die Zucht der Erziehungsberechtigten oder der Schule,

3. Auferlegung besonderer Verpflichtungen,
4. Unterbringung,
5. Schutzaufsicht,
6. Fürsorgeerziehung. [vgl. dazu JugWohlfG. v. 9. Juli 1922 §§ 56 ff.]

Die Reichsregierung kann mit Zustimmung des Reichsrats auch andere Erziehungsmaßregeln für zulässig erklären.

Die Voraussetzungen, die Ausführung und Aufhebung sowie das Erlöschen der Schutzaufsicht und der Fürsorgeerziehung bestimmen sich nach dem Reichsgesetze für Jugendwohlfahrt. Für die anderen Erziehungsmaßregeln bestimmt das Erforderliche die Reichsregierung mit Zustimmung des Reichsrats; sie dürfen auch nach Vollendung des achtzehnten Lebensjahrs bis zum Eintritt der Volljährigkeit ausgeführt werden.

§ 8. Vor dem Urteil kann das Gericht vorläufige Anordnungen über die Erziehung und Unterbringung treffen. Vor der Entscheidung ist das Jugendamt zu hören. Von der Anhörung kann abgesehen werden, wenn sie wegen Gefahr im Verzug untunlich ist; in diesem Falle ist das Jugendamt nachträglich zu hören.

Im Urteil hat sich das Gericht darüber auszusprechen, ob die vorläufige Anordnung wegfallen oder bis zur endgültigen Entscheidung über die Anordnung einer Erziehungsmaßregel bestehen bleiben soll.

§ 9. Hat ein Jugendlicher eine mit Strafe bedrohte Handlung begangen, so gelten für die Strafbemessung folgende Vorschriften:

Statt auf Todesstrafe oder auf lebenslanges Zuchthaus ist auf Gefängnis von einem bis zu zehn Jahren, statt auf lebenslange Festungshaft ist auf Festungshaft von einem bis zu zehn Jahren zu erkennen.

Sind andere Strafen angedroht, so ist die Strafe zwischen dem gesetzlichen Mindestbetrage der anzuwendenden Strafart und der Hälfte des Höchstbetrags der angedrohten Strafe zu bestimmen. Ist Zuchthausstrafe angedroht, so tritt an ihre Stelle Gefängnisstrafe.

Ist die Tat ein Vergehen oder eine Übertretung, so kann in besonders leichten Fällen von Strafe abgesehen werden.

Auf Verlust der bürgerlichen Ehrenrechte überhaupt oder einzelner bürgerlicher Ehrenrechte, auf Überweisung an die Landespolizeibehörde sowie auf Zulässigkeit von Polizeiaufsicht darf nicht erkannt werden.

§ 10. Das Gericht kann die Vollstreckung einer Freiheitsstrafe im Urteil aussetzen, damit der Verurteilte sich durch gute Führung während einer Probezeit Straferlaß verdienen kann. Dies soll insbesondere dann geschehen, wenn der sofortige Strafvollzug eine Erziehungsmaßregel gefährden würde.

Wird die Vollstreckung der Strafe nicht ausgesetzt, so müssen die Urteilsgründe sich darüber aussprechen, ob die Strafe vollstreckt oder die Entscheidung über die Aussetzung vorbehalten werden soll.

§ 11. Werden nach Erlaß des Urteils Umstände bekannt, die eine Aussetzung der Vollstreckung der erkannten Freiheitsstrafe angezeigt erscheinen lassen, so kann die Vollstreckung nachträglich ausgesetzt werden. Die Strafaussetzung wird nicht dadurch ausgeschlossen, daß im Urteil die Aussetzung abgelehnt oder mit der Vollstreckung der Strafe bereits begonnen worden ist.

§ 12. Die Probezeit ist mindestens auf zwei und höchstens auf fünf Jahre zu bemessen. Ist sie auf weniger als fünf Jahre bemessen, so kann sie nachträglich bis auf fünf Jahre verlängert werden.

Dem Verurteilten können für die Dauer der Probezeit, und zwar auch über den Eintritt der Volljährigkeit hinaus, besondere Pflichten auferlegt, auch kann er unter Schutzaufsicht gestellt werden. Die Anordnungen können auch nachträglich getroffen oder geändert werden. Für die Ausführung der Schutzaufsicht gelten die Vorschriften des Reichsgesetzes für Jugendwohlfahrt; für die Zeit nach erreichter Volljährigkeit gelten sie entsprechend.

Während der Probezeit ruht die Verjährung der Strafvollstreckung.

Führt sich der Verurteilte während der Probezeit schlecht, so kann die Vollstreckung der Strafe angeordnet werden. Das gleiche gilt, wenn nachträglich Umstände bekannt werden, die, wenn sie bereits zur Zeit der Aussetzung der Strafe bekannt gewesen wären, bei Würdigung des Wesens der Aussetzung zur Versagung dieser Vergünstigung geführt haben würden.

Zu den Ermittlungen über die Führung des Verurteilten während der Probezeit ist das Jugendamt nach Möglichkeit zuzuziehen.

§ 13. Wird der Verurteilte, bevor über seine Bewährung entschieden ist, von neuem zu Strafe verurteilt, so bestimmt das Gericht in dem neuen Urteil, ob die frühere Strafe vollstreckt werden oder ausgesetzt bleiben soll. Die neue Strafe kann auch dann ausgesetzt werden, wenn der Verurteilte, als er die neue Tat beging, nicht mehr jugendlich war.

Lautet das neue Urteil auf Freiheitsstrafe, so darf der Wegfall oder die Fortdauer der früheren Strafaussetzung nur bestimmt werden, wenn die gleiche Entscheidung auch für die neue Strafe ergeht.

Ordnet das Gericht an, daß die frühere Strafe ausgesetzt bleibt, so kann es bestimmen, daß die alte Probezeit nicht vor der neuen abläuft. Es kann auch eine der im § 12 Abs. 2 vorgesehenen Anordnungen treffen oder eine nach dieser Vorschrift getroffene Anordnung ändern.

Hat das Gericht in dem neuen Urteil nicht bestimmt, ob die frühere Strafe vollstreckt werden oder ausgesetzt bleiben soll, so wird darüber nachträglich entschieden; dabei kann die Entscheidung über die Aussetzung der neuen Strafe geändert werden.

Das Gericht kann sich, falls es nicht auf Freiheitsstrafe erkennt, die Entscheidung darüber enthalten, ob die frühere Strafe vollstreckt werden oder ausgesetzt bleiben soll; in diesem Falle gilt § 12 Abs. 4.

Ist die frühere Strafe nicht ausgesetzt worden, so kann die Aussetzung in dem neuen Urteil nachträglich bewilligt (§ 11) werden. Die Abs. 2, 4 gelten entsprechend.

Als Urteil im Sinne vorstehender Bestimmungen gilt auch der Strafbefehl.

§ 14. Ist auf Geldstrafe erkannt worden, so ist, sobald die Ersatzfreiheitsstrafe vollstreckt werden kann, darüber zu entscheiden, ob die Vollstreckung der Ersatzfreiheitsstrafe ausgesetzt werden soll. § 11 Satz 2 und die §§ 12 und 13 gelten entsprechend.

Taubstumme.

§ 58. Ein Taubstummer, welcher die zur Erkenntnis der Strafbarkeit einer von ihm begangenen Handlung erforderliche Einsicht nicht besaß, ist freizusprechen.

Strafbarkeitseinsicht ist besonders festzustellen; im Falle der Feststellung wird aber die Strafe nicht wie bei Jugendl. ermäßigt. StPO. §§ 263, 267; 140 (notwend. Verteidigung). Zivilrechtl. Verantwortlichkeit Taubstummer: BGB. § 828 II.

Tatbestandl. Irrtum.

§ 59. Wenn jemand bei Begehung einer strafbaren Handlung das Vorhandensein von Tatumständen nicht kannte, welche zum gesetzlichen Tatbestande gehören oder die Strafbarkeit erhöhen, so sind ihm diese Umstände nicht zuzurechnen.

Bei der Bestrafung fahrlässig begangener Handlungen gilt diese Bestimmung nur insoweit, als die Unkenntnis selbst nicht durch Fahrlässigkeit verschuldet ist.

StPO. §§ 263, 265, 267. Reiner Strafrechtsirrtum berührt die Strafbarkeit nicht (error iuris criminalis nocet); ebenso Irrtum über die Person des Verletzten (error in obiecto; anders aberratio ictus: Idealkonk. zwischen Versuch der gewollten und der fahrläss. Handlg.). Beachtlich ist dagegen z. B. Unkenntnis der Verwandtsch. (§§ 173, 181², 215, 221 II, 223 II), der Beamtenqualität, der Fremdheit der Sache (§§ 242, 303) usw. § 59 schließt nur die Zurechnung zum Vorsatz unbedingt aus; s. Abs. 2. Vgl. IrrtumsV. v. 18. I. 17 (RGBl. S. 58); RAbgO. § 358 (453), wonach straffrei

---

§ 15. Nach Ablauf der Probezeit wird die Strafe erlassen, wenn sich der Verurteilte bewährt hat.

Hat der Verurteilte sich nicht bewährt, so wird die Vollstreckung der Strafe angeordnet.

§ 16. Der Strafvollzug gegen einen Jugendlichen ist so zu bewirken, daß seine Erziehung gefördert wird.

Beim Vollzuge der Freiheitsstrafen werden Jugendliche von erwachsenen Gefangenen vollständig getrennt gehalten.

Freiheitsstrafen von einem Monat oder mehr sollen in besonderen, ausschließlich für Jugendliche bestimmten Anstalten oder Abteilungen von Anstalten vollstreckt werden.

Verbüßt ein Jugendlicher in einer besonderen Anstalt oder in einer besonderen Abteilung einer Anstalt eine Freiheitsstrafe, so kann er mit Genehmigung der Aufsichtsbehörde bis zur Vollendung des einundzwanzigsten Lebensjahrs in der Anstalt oder in der Abteilung verbleiben.

Das Weitere über den Strafvollzug bestimmt die Reichsregierung mit Zustimmung des Reichsrats; dabei ist auf eine Mitwirkung des Jugendamts bei dem Strafvollzuge Bedacht zu nehmen.

Grundsätze f. d. Vollzug v. Freiheitsstr. (RGBl. 1923 II S. 263) §§ 196 ff.

bleibt, wer in unverschuld. Irrtum über Bestehen od. Anwendbarkeit steuerrechtl. Vorschr. die Tat für erlaubt gehalten hat.

Anrechnung der Unters.-Haft.

§ 60. Eine erlittene Untersuchungshaft kann bei Fällung des Urteils auf die erkannte Strafe ganz oder teilweise angerechnet werden.

§ 60 betrifft die vor Erlassung des Urt., StPO. § 450 die später erlittene U.-Haft. Anrechnung der vor dem Urt. (auch unschuldig) erlitt. U.-Haft ist nach der Urt.-Verkündung nicht mehr zulässig. „Erkannte (Haupt-) Strafe": auch Geldstrafe. Die angerechnete U.-Haft wird nicht etwa zuerst in Zuchthaus usw., die durch Anrechnung von U.-Haft unter 1 Jahr herabsinkende Zuchth.-Reststrafe nicht in Gef. umgewandelt.

Antragsfrist.

§ 61. Eine Handlung, deren Verfolgung nur auf Antrag eintritt, ist nicht zu verfolgen, wenn der zum Antrage Berechtigte es unterläßt, den Antrag binnen drei Monaten zu stellen. Diese Frist beginnt mit dem Tage, seit welchem der zum Antrage Berechtigte von der Handlung und von der Person des Täters Kenntnis gehabt hat.

StPO. §§ 127 III, 130 (Zulässigkeit der vorl. Festnahme und Verhaftg. vor der Antragstellung), 158 II (Form der Antragstellung), 260 II (Einstellung des Verfahrens bei Mangel des Antr.), 374 f. (Privatklage), 395 (Nebenklage), 470 (Kosten bei Antragszurücknahme). Antragsdelikte: §§ 102—104, 123, 170, 172, 179, 182, 185 ff. usw. Das Antragsrecht ist persönl. (unvererbl.), unverzichtbar und steht regelmäßig dem Verletzten zu (s. aber §§ 65, 102 f., 195 f., 232 III); Vertretg. des Berechtigten ist zulässig. Mangel eines Strafantr. hindert nicht die Verjährung: § 69 II. Beginn der Frist „mit dem Tage ...": Dieser Tag ist der 1. der Frist, also in diese einzurechnen. Antragstellung vor Fristbeginn zulässig. Bei Mehrheit der Täter od. Teilnehmer beginnt die Frist, sobald Antragsberechtigter einen der Beteiligten kennt. Vgl. BGB. § 852 I, UnlWG. § 21.

Mehrere Antragsberechtigte.

§ 62. Wenn von mehreren zum Antrage Berechtigten einer die dreimonatliche Frist versäumt, so wird hierdurch das Recht der übrigen nicht ausgeschlossen.

Vgl. aber §§ 198, 232 III; StPO. § 375.

Unteilbarkeit des Antrags.

§ 63. Der Antrag kann nicht geteilt werden. Das gerichtliche Verfahren findet gegen sämtliche an der Handlung Beteiligte (Täter und Teilnehmer), sowie gegen den

Begünstiger statt, auch wenn nur gegen eine dieser Personen auf Bestrafung angetragen worden ist.

Täter und Teilnehmer (§§ 47 ff.), auch Nebentäter (§ 47 Anm.). Begünstiger: § 257. § 63 gilt nicht für PrivKlage.

Zurücknahme des Antrags.

§ 64. Die Zurücknahme des Antrages ist nur in den gesetzlich besonders vorgesehenen Fällen und nur bis zur Verkündung eines auf Strafe lautenden Urteils zulässig.

Die rechtzeitige Zurücknahme des Antrages gegen eine der vorbezeichneten Personen hat die Einstellung des Verfahrens auch gegen die anderen zur Folge.

Abs. 1: §§ 102—104, 194, 232, 247, 248a, 263, 264a, 292, 303, 370 a. E. Zurücknahme der Privatklage bis zur Verkündg. des Urt. 2. Inst.: StPO. § 391.

Abs. 2: Folgen der Zurücknahme: Einstellg. des Verf. unter Überbürdung der Kosten auf Antragsteller (StPO. §§ 260 II, 470). „Vorbezeichnete Pers.": § 63 (Unteilbarkeit des Antr.); „gegen die anderen" Beteiligten: soweit auch sie nur auf Antrag verfolgt werden können. Widerruf der Zurücknahme und Erneuerung des zurückgenommenen Antrags ist unzulässig.

Antragsmündigkeit.

§ 65. Der Verletzte, welcher das achtzehnte Lebensjahr vollendet hat, ist selbständig zu dem Antrage auf Bestrafung berechtigt. Solange er minderjährig ist, hat unabhängig von seiner eigenen Befugnis auch sein gesetzlicher Vertreter das Recht, den Antrag zu stellen.

Ist der Verletzte geschäftsunfähig oder hat er das achtzehnte Lebensjahr noch nicht vollendet, so ist sein gesetzlicher Vertreter der zur Stellung des Antrages Berechtigte.

Berechnung des Lebensalters: BGB. § 187 II. „Ges. Vertreter": Vater, Mutter, Vormund, Pfleger (BGB. §§ 1630, 1634 f., 1676 ff.; 1684 f., 1696 ff.; 1793, 1897; 1909, 1915); „geschäftsunfähig": BGB. § 104. Antragsrechte des Ehemanns und des Vorgesetzten (§§ 195 f., 232 III) bleiben daneben bestehen. Erhebg. der Privatklage durch gesetzl. Vertreter: StPO. § 374 III.

Verjährung.

§ 66. Durch Verjährung wird die Strafverfolgung und die Strafvollstreckung ausgeschlossen.

Strafaufhebungsgrund, berührt nicht die Schuldfrage (StPO. § 263 III). Verjähr. ist in jeder Lage des Verf. von Amts wegen zu berücksichtigen. Ihr Eintritt führt zur Einstellung, nicht Freisprechung.

Verjährg. der Strafverfolgg.

§ 67. Die Strafverfolgung von Verbrechen verjährt,
wenn sie mit dem Tode oder mit lebenslänglichem Zuchthaus bedroht sind, in zwanzig Jahren;
wenn sie im Höchstbetrage mit einer Freiheitsstrafe von einer längeren als zehnjährigen Dauer bedroht sind, in fünfzehn Jahren;
wenn sie mit einer geringeren Freiheitsstrafe bedroht sind, in zehn Jahren.

Die Strafverfolgung von Vergehen, die im Höchstbetrage mit einer längeren als dreimonatlichen Gefängnisstrafe bedroht sind, verjährt in fünf Jahren, von anderen Vergehen in drei Jahren.

Die Strafverfolgung von Übertretungen verjährt in drei Monaten.

Die Verjährung beginnt mit dem Tage, an welchem die Handlung begangen ist, ohne Rücksicht auf den Zeitpunkt des eingetretenen Erfolges.

Besondere Bestimmungen über Verjährg. in EG. § 7 u. Nebengel., wie PreßG. § 22, GewO. § 145 II, LitUrhG. v. 19. VI. 01 §§ 50 ff., RAbgO. § 384 u. a.
Abs. 2: „Andere Vergehen", d. s. solche, die mit Gef. bis 3 Mon. od. mit Festung od. Geldstr. bedroht sind.
Abs. 4: Beginn der Verjährg. „mit dem Tage ...": Der Tag der Begehung der Handlung ist der 1. der Verjährungsfrist. Vgl. § 61. Ausn.: § 171 III. Bei Unterlassungen beginnt die Verjährung, sobald die Verpflichtung, zu handeln, aufhört, bei Dauerdelikten mit der Beendigung des rechtsw. Zustands, bei fortgesetzten und Kollektivdelikten mit dem in die Frist einzurechnenden Tage des Abschlusses der Tätigkeit, der Vollendung des zeitlich letzten Einzelakts.

Unterbrechg. der Verfolggsverjährg.

§ 68. Jede Handlung des Richters, welche wegen der begangenen Tat gegen den Täter gerichtet ist, unterbricht die Verjährung.

Die Unterbrechung findet nur rücksichtlich desjenigen statt, auf welchen die Handlung sich bezieht.

Nach der Unterbrechung beginnt eine neue Verjährung.

Abs. 1: „Gegen den Täter": Gegen eine bestimmte Person als Täter oder Teilnehmer. Der richterl. Handlung stehen gleich: Polizeil. Strafverfügg. und Strafbejch. der Verwaltungsbehörde (StPO. §§ 413 IV, 419 III), schon die Einleitung der Untersuchung und Erlaß eines Strafbejch. (RAbgO. § 384 II).

Abs. 3: Beginn der neuen Verjährungsfrist mit dem Tage der Unterbrechung.

Ruhen der Verfolggsverjährg.

§ 69. Die Verjährung ruht während der Zeit, in welcher auf Grund gesetzlicher Vorschrift die Strafverfolgung nicht begonnen oder nicht fortgesetzt werden kann. Ist der Beginn oder die Fortsetzung eines Strafverfahrens von einer Vorfrage abhängig, deren Entscheidung in einem anderen Verfahren erfolgen muß, so ruht die Verjährung bis zu dessen Beendigung.

Ist zur Strafverfolgung ein Antrag oder eine Ermächtigung nach dem Strafgesetz erforderlich, so wird der Lauf der Verjährung durch den Mangel des Antrages oder der Ermächtigung nicht gehindert.

Abs. 1: „Ges. Vorschr.": RV. Art. 37; §§ 164 II, 170, 171 III, 172, 191, 238; StPO. § 262.
Abs. 2: Antrag: §§ 61 ff.; Ermächtigg.: § 197.

Verjährg. der Strafvollstreckg.

§ 70. Die Vollstreckung rechtskräftig erkannter Strafen verjährt, wenn

1. auf Tod oder auf lebenslängliches Zuchthaus oder auf lebenslängliche Festungshaft erkannt ist, in dreißig Jahren;
2. auf Zuchthaus oder Festungshaft von mehr als zehn Jahren erkannt ist, in zwanzig Jahren;
3. auf Zuchthaus bis zu zehn Jahren oder auf Festungshaft von fünf bis zu zehn Jahren oder Gefängnis von mehr als fünf Jahren erkannt ist, in fünfzehn Jahren;
4. auf Festungshaft oder Gefängnis von zwei bis zu fünf Jahren erkannt ist, in zehn Jahren;
5. auf Festungshaft oder Gefängnis bis zu zwei Jahren oder auf Geldstrafe von mehr als einhundertfünfzig Reichsmark erkannt ist, in fünf Jahren;
6. auf Haft oder auf Geldstrafe bis zu einhundertfünfzig Reichsmark erkannt ist, in zwei Jahren.

Die Verjährung beginnt mit dem Tage, an welchem das Urteil rechtskräftig geworden ist.

Abs. 1 (Fassung v. 6. II. / 12. XII. 24): „Erkannte Strafen" ohne Rücksicht auf Anrechnung von U.-Haft (§ 60), ausländ. Strafe (§ 7) oder teilweisen Straferlaß im Gnadenweg. Verjährung von Nebenstr.:

§§ 36, 38. Der rechtskräftig festgestellte Bußanspruch verjährt in 30 J. (BGB. § 218).
Abs. 2: Dieser Tag ist der 1. der Verjährungsfrist. Vgl. § 67 IV.

Verjährg. der Geldstrafe neben Freiheitsstr.

§ 71. Die Vollstreckung einer wegen derselben Handlung neben einer Freiheitsstrafe erkannten Geldstrafe verjährt nicht früher, als die Vollstreckung der Freiheitsstrafe.

„Nicht früher", aber möglicherweise später, wenn die Verjährungsfrist der Freiheitsstr. kürzer ist.

Unterbrechung der Vollstreckungsverjährung.

§ 72. Jede auf Vollstreckung der Strafe gerichtete Handlung derjenigen Behörde, welcher die Vollstreckung obliegt, sowie die zum Zwecke der Vollstreckung erfolgende Festnahme des Verurteilten unterbricht die Verjährung.

Nach der Unterbrechung der Vollstreckung der Strafe beginnt eine neue Verjährung.

Abs. 1: Vollstreckungsbehörde: Staatsanwaltschaft oder Amtsrichter (StPO. § 451).
Abs. 2: Beginn der neuen Verjährungsfrist mit dem Tage der Unterbrechung; vgl. § 68 III.

Fünfter Abschnitt.

Zusammentreffen mehrerer strafbarer Handlungen.

Rechtl. Zusammentreffen, Idealkonkurrenz od. Tateinheit (Absorptionsprinzip).

§ 73. Wenn eine und dieselbe Handlung mehrere Strafgesetze verletzt, so kommt nur dasjenige Gesetz, welches die schwerste Strafe, und bei ungleichen Strafarten dasjenige Gesetz, welches die schwerste Strafart androht, zur Anwendung.

„Eine und dieselbe Handlung": auch eine aus mehreren Einzelakten bestehende, insbes. fortgesetzte Handlg. Gegensatz: „Mehrere selbständ. Handlgn." (§ 74). Bei ungleichartiger Idealkonk. (Verletzung verschiedener Strafgesetze): Anwendung des die nach Art und Maß schwerste Strafe (insbes. ein höheres Strafmaximum, auch bei niedrigerem Mindestmaß) androhenden Ges. Bei Tateinheit zwischen einer mit Geldstr. und Haft bedrohten Übertr. und einem nur mit Geldstr. bedrohten Verg. ist das ÜbertrGes. das härtere (JStW. 47, HöchstRR. 1926, 137). Die mehrfachen Gesetzesverletzungen sind in der Urteilsformel zu bezeichnen. Einschränkungen des Grundsatzes des § 73: WeinG. § 31 III. RAbgO. § 383 u. a. Über sog. Gesetzeskonkurrenz od. Gesetzeseinheit s. Doerr, Strafr. I S. 108 f.

Sachl. Zusammentreffen od. Realkonkurrenz (Gesamtstrafe, Asperationsprinzip).

§ 74. Gegen denjenigen, welcher durch mehrere selbständige Handlungen mehrere Verbrechen oder Vergehen, oder dasselbe Verbrechen oder Vergehen mehrmals begangen und dadurch mehrere zeitige Freiheitsstrafen verwirkt hat, ist auf eine Gesamtstrafe zu erkennen, welche in einer Erhöhung der verwirkten schwersten Strafe besteht.

Bei dem Zusammentreffen ungleichartiger Freiheitsstrafen tritt diese Erhöhung bei der ihrer Art nach schwersten Strafe ein.

Das Maß der Gesamtstrafe darf den Betrag der verwirkten Einzelstrafen nicht erreichen und fünfzehnjähriges Zuchthaus, zehnjähriges Gefängnis oder fünfzehnjährige Festungshaft nicht übersteigen.

Abs. 1, 2: „Mehrere selbständ. Handlgn." (Gegensatz: „eine und dieselbe Handlg." in § 73) sind nicht die Einzelakte eines zusammengesetzten, fortges. od. Kollektivdelikts. „Mehrere Verbr. od. Verg.": Wegen Übertretungen s. §§ 77 f. „Mehrere zeitige Freiheitsstrafen": Von der Gesamtstr. sind ausgeschlossen: Todesstrafe, lebenslängl. Zuchthaus oder Festung, Ehrenstr. (§ 76), Haft (§ 77), Geldstr. und deren Ersatzfreiheitsstr. (§ 78). „Erkennung" auf eine Gesamtstrafe, die allein in der Urteilsformel erscheint, während die verwirkten Einzelstrafen, von denen keine unter den gesetzlichen Straf-Mindestbetrag hinabgehen darf, nur aus den Urteilsgründen hervorgehen müssen. Asperation „der verwirkten schwersten Strafe", der sog. Einsatzstrafe, bei 2 Einzelstrafen ausgeschlossen, von denen eine nur 1 Tag beträgt (Abs. 3): 1 + 1 Tg. Gef. = 1 Tag Gesamtgef. Hier wird ausnahmsweise auch der angedrohte Mindestbetrag der Strafe des schwereren Delikts nicht überschritten. Zuchth. unter 1 Mon. zulässig bei Umwandlung von Gef. in Zuchth. (§ 19 II), nicht bei mehreren mit Zuchth. zu bestrafenden Verbr. Gesamtstr. bei späterer Verurteilung wegen einer vor der früheren Verurteilung begangenen Handlung: § 79.

Abs. 3: §§ 14 II, 16 I, 17 II. Der Höchstbetrag v. 10 J. Gef. gilt auch für Jugendliche. Höchstbetr. der Gesamtfreiheitsstr. nach RAbgO. § 383 III: 5 J.

Zusammentreffen von Festung u. Gefängnis.

§ 75. Trifft Festungshaft nur mit Gefängnis zusammen, so ist auf jede dieser Strafarten gesondert zu erkennen.

Ist Festungshaft oder Gefängnis mehrfach verwirkt, so ist hinsichtlich der mehreren Strafen gleicher Art so zu verfahren, als wenn dieselben allein verwirkt wären.

Die Gesamtdauer der Strafen darf in diesen Fällen fünfzehn Jahre nicht übersteigen.

Abs. 1 gilt nicht, wenn Festung mit Zuchthaus zusammentrifft.
Abs. 2: Gesamtstr. nur aus den gleichartigen Einzelstr.
Abs. 3 bezieht sich auf Abs. 1 und 2.

Ehrenrechtsverlust u. Polizeiaufsicht bei Gesamtstrafe.

§ 76. Die Verurteilung zu einer Gesamtstrafe schließt die Aberkennung der bürgerlichen Ehrenrechte nicht aus, wenn diese auch nur neben einer der verwirkten Einzelstrafen zulässig oder geboten ist.

Ingleichen kann neben der Gesamtstrafe auf Zulässigkeit von Polizei-Aufsicht erkannt werden, wenn dieses auch nur wegen einer der mehreren strafbaren Handlungen statthaft ist.

Abs. 1: Aberkennung neben der Gesamtstr. (wie in Abs. 2), nicht neben Einzelstr., und zwar neben Gesamtgefängnisstr. nur zulässig, wenn Einzelstr. 3 Mon. Gef. erreicht (§ 32).
Abs. 2: § 38. Pol.-Aufsicht ist (wie Ehrenrechtsverlust) stets nur einmal neben der Gesamtstr. auszusprechen.

Zusammentreffen von Haft mit Haft od. anderen Freiheitsstrafen.

§ 77. Trifft Haft mit einer anderen Freiheitsstrafe zusammen, so ist auf die erstere gesondert zu erkennen.

Auf eine mehrfach verwirkte Haft ist ihrem Gesamtbetrage nach, jedoch nicht über die Dauer von drei Monaten zu erkennen.

§ 77 gilt auch bei den Vergehen der §§ 185 f., aber nicht für mil. Arrest, der in Gesamtstr. eingerechnet wird (RG. 58, 65).
Abs. 2: § 18 I.

Zusammentreffen v. Geldstrafe mit Geldstr. od. Freiheitsstrafe.

§ 78. Sind mehrere Geldstrafen verwirkt, so ist auf jede gesondert zu erkennen.

Das gleiche gilt von den Freiheitsstrafen, die an die Stelle uneinbringlicher Geldstrafen treten. Ihre Gesamtdauer darf zwei Jahre nicht übersteigen; die Gesamtdauer mehrerer zusammentreffender Haftstrafen darf drei Monate nicht übersteigen.

Fassung v. 6. II. 24.
Abs. 2: Keine Gesamtstr. aus Ersatzfreiheitsstrafen, sondern Festsetzg. insges. auf höchstens 2 J. Gef. bzw. Zuchth. oder 3 Mon. Haft.

Nicht gleichzeitige Aburteilung.

§ 79. Die Vorschriften der §§ 74 bis 78 finden auch Anwendung, wenn, bevor eine erkannte Strafe verbüßt, verjährt oder erlassen ist, die Verurteilung wegen einer strafbaren Handlung erfolgt, welche vor der früheren Verurteilung begangen war.

§§ 74—78 betreffen zunächst die gleichzeitige, § 79 die sukzessive Aburteilung. StPO. §§ 460, 462. „Verbüßt", d. h. ganz verbüßt. „Frühere (inländ.) Verurteilung": Urteilsverkündung, nicht Rechtskraft; auch mehrere frühere Einzelverurteilungen. „Begangen", d. h. vollständig, nicht nur teilweise begangen, was bei fortges. und Sammeldel. wichtig ist.

Zweiter Teil.

Von den einzelnen Verbrechen, Vergehen und Uebertretungen und deren Bestrafung.

Erster Abschnitt.

Hochverrat und Landesverrat.

I. Hochverrat.

§ 80 (gegenstandslos).

§ 81. Wer . . . es unternimmt,

1. (gegenstandslos),
2. die Verfassung des Deutschen Reichs oder eines Bundesstaats . . . gewaltsam zu ändern,
3. das Bundesgebiet ganz oder teilweise einem fremden Staate gewaltsam einzuverleiben oder einen Teil desselben vom Ganzen loszureißen, oder
4. das Gebiet eines Bundesstaats ganz oder teilweise einem anderen Bundesstaate gewaltsam einzuverleiben oder einen Teil desselben vom Ganzen loszureißen,

wird wegen Hochverrats mit lebenslänglichem Zuchthaus oder lebenslänglicher Festungshaft bestraft.

Sind mildernde Umstände vorhanden, so tritt Festungshaft nicht unter fünf Jahren ein.

Neben der Festungshaft kann auf Verlust der bekleideten öffentlichen Ämter, sowie der aus öffentlichen Wahlen hervorgegangenen Rechte erkannt werden.

Zuständ.: Reichsger. bei Unternehmen gegen das Reich, sonst Schwurger. (GVG. §§ 134, 80). „Unternehmen": § 82. Nr. 2: „Verfassung" = fundamentale Einrichtgn. des Staates. Nr. 3: „Bundesgebiet“ = Reichsgebiet (RV. Art. 2). Vermögensbeschl.: § 93. Zuchth. nur bei ehrloser Gesinnung: § 20; Nebenstr.: Abs. 3, § 32, RepSchutzG. §§ 9 f. Hochverrat im Ausland: § 4 II [1].

Begriff des hochverr. Unternehmens.

§ 82. Als ein Unternehmen, durch welches das Verbrechen des Hochverrats vollendet wird, ist jede Handlung anzusehen, durch welche das Vorhaben unmittelbar zur Ausführung gebracht werden soll.

Zu § 81. Vgl. § 85. Versuch des „Unternehmens“ i. S. § 43 ist ausgeschlossen, infolgedessen auch Rücktritt nach § 46. Vorbereitungshandlgn.: §§ 83—86.

Vorbereitgshandlgn.: a) Hochverrät. Komplott.

§ 83. Haben mehrere die Ausführung eines hochverräterischen Unternehmens verabredet, ohne daß es zum Beginn einer nach § 82 strafbaren Handlung gekommen ist, so werden dieselben mit Zuchthaus nicht unter fünf Jahren oder mit Festungshaft von gleicher Dauer bestraft.

Sind mildernde Umstände vorhanden, so tritt Festungshaft nicht unter zwei Jahren ein.

Neben der Festungshaft kann auf Verlust der bekleideten öffentlichen Ämter, sowie der aus öffentlichen Wahlen hervorgegangenen Rechte erkannt werden.

Zuständ.: Reichsger. oder Schwurger. wie bei § 81.
Abs. 1: „Mehrere“, mindestens zwei. Vermögensbeschl.: § 93. Zuchth. nur bei ehrloser Gesinnung: § 20. Kein Versuch wie nach §§ 81 f., aber § 86 möglich.
Abs. 3: §§ 81 III, 32.

b) Konspiration mit auswärt. Regierungen usw.

§ 84. Die Strafvorschriften des § 83 finden auch gegen denjenigen Anwendung, welcher zur Vorbereitung eines Hochverrats entweder sich mit einer auswärtigen Regierung einläßt oder die ihm von dem Reich oder einem Bundesstaate anvertraute Macht mißbraucht oder Mannschaften anwirbt oder in den Waffen einübt.

Zuständ.: Reichsger. oder Schwurger. wie § 81. „Macht“: amtl. oder dienstl. Gewalt, nicht notwendig militär. Macht. Vermögensbeschl.: § 93. Idealkonk. mit §§ 127, 141.

c) Hochverrät. Aufforderung.

§ 85. Wer öffentlich vor einer Menschenmenge, oder wer durch Verbreitung oder öffentlichen Anschlag oder öffentliche Ausstellung von Schriften oder anderen Darstellungen zur Ausführung einer nach § 82 strafbaren

Handlung auffordert, wird mit Zuchthaus bis zu zehn Jahren oder Festungshaft von gleicher Dauer bestraft.

Sind mildernde Umstände vorhanden, so tritt Festungshaft von Einem bis zu fünf Jahren ein.

Zuständ.: Reichsger. oder SchöffG.
Abs. 1: Vgl. §§ 49 a, 110 f. (Gesetzeskonk.). Zuchth. bei ehrloser Gesinnung: § 20. Beschlagn. v. Druckschr.: PreßG. § 23[3].

d) Andere hochverrät. Vorbereitgshandlgn.

§ 86. Jede andere, ein hochverräterisches Unternehmen vorbereitende Handlung wird mit Zuchthaus bis zu drei Jahren oder Festungshaft von gleicher Dauer bestraft.

Sind mildernde Umstände vorhanden, so tritt Festungshaft von sechs Monaten bis zu drei Jahren ein.

Zuständ.: Reichsger. oder SchöffG.
Abs. 1: § 20.

II. Landesverrat: 1. Militärischer Landesverrat:

a) Verbindg. mit ausländ. Regierungen.

§ 87. Ein Deutscher, welcher sich mit einer ausländischen Regierung einläßt, um dieselbe zu einem Kriege gegen das Deutsche Reich zu veranlassen, wird wegen Landesverrats mit Zuchthaus nicht unter fünf Jahren und, wenn der Krieg ausgebrochen ist, mit lebenslänglichem Zuchthaus bestraft.

Sind mildernde Umstände vorhanden, so tritt Festungshaft von sechs Monaten bis zu fünf Jahren und, wenn der Krieg ausgebrochen ist, Festungshaft nicht unter fünf Jahren ein.

Neben der Festungshaft kann auf Verlust der bekleideten öffentlichen Ämter, sowie der aus öffentlichen Wahlen hervorgegangenen Rechte erkannt werden.

Zuständ.: Reichsger. (GVG. § 134).
Abs. 1: Vgl. § 4 II [2]; MStGB. §§ 57 ff. (Kriegsverrat), 7, 160. „Ausländisch" (§ 8), nicht „auswärtig" (§ 84). Ausländer: § 91. Vermögensbeschlagn.: § 93.
Abs. 3: §§ 81 III, 83 III, 32.

b) Kriegsdienst in der feindl. Macht.

§ 88. Ein Deutscher, welcher während eines gegen das Deutsche Reich ausgebrochenen Krieges in der feindlichen Kriegsmacht Dienste nimmt oder die Waffen gegen das Deutsche Reich oder dessen Bundesgenossen trägt, wird wegen Landesverrats mit lebenslänglichem Zuchthaus oder lebenslänglicher Festungshaft bestraft.

Sind mildernde Umstände vorhanden, so tritt Festungshaft nicht unter fünf Jahren ein.

Ein Deutscher, welcher schon früher in fremden Kriegsdiensten stand, wird, wenn er nach Ausbruch des Krieges in der feindlichen Kriegsmacht verbleibt oder die Waffen gegen das Deutsche Reich oder dessen Bundesgenossen trägt, wegen Landesverrats mit Zuchthaus von zwei bis zu zehn Jahren oder mit Festungshaft von gleicher Dauer bestraft. Sind mildernde Umstände vorhanden, so tritt Festungshaft bis zu zehn Jahren ein.

Neben der Festungshaft kann auf Verlust der bekleideten öffentlichen Ämter, sowie der aus öffentlichen Wahlen hervorgegangenen Rechte erkannt werden.

Zuständ.: Reichsger.
Abs. 1 u. 3: Zuchth. (§ 20); Vermögensbeschl.: § 93.
Abs. 4: §§ 81 III, 83 III, 87 III, 32.

c) Begünstigg. der feindl., Benachteiligg. der deutschen Kriegsmacht:

α) Einfacher Fall.

§ 89. Ein Deutscher, welcher vorsätzlich während eines gegen das Deutsche Reich ausgebrochenen Krieges einer feindlichen Macht Vorschub leistet oder der Kriegsmacht des Deutschen Reichs oder der Bundesgenossen desselben Nachteil zufügt, wird wegen Landesverrats mit Zuchthaus bis zu zehn Jahren oder mit Festungshaft von gleicher Dauer bestraft. Sind mildernde Umstände vorhanden, so tritt Festungshaft bis zu zehn Jahren ein.

Neben der Festungshaft kann auf Verlust der bekleideten öffentlichen Ämter, sowie der aus öffentlichen Wahlen hervorgegangenen Rechte erkannt werden.

Zuständ.: Reichsger. Vgl. im übr. §§ 87 f. Anm.; SpionG.*) Ausländer: § 91.

---

*) Ges. geg. den Verrat milit. Geheimnisse v. 3. Juni 1914 (RGBl. S. 195):

§ 1. Wer vorsätzlich Schriften, Zeichnungen oder andere Gegenstände, deren Geheimhaltung im Interesse der Landesverteidigung erforderlich ist, in den Besitz oder zur Kenntnis eines anderen gelangen läßt und dadurch die Sicherheit des Reichs gefährdet, wird mit Zuchthaus nicht unter zwei Jahren, bei mildernden Umständen mit Gefängnis nicht unter einem Jahre bestraft.

Ebenso wird bestraft, wer vorsätzlich Nachrichten, deren Geheimhaltung im Interesse der Landesverteidigung erforderlich ist, an eine ausländische Regierung oder an eine Person, die im Interesse einer ausländischen Regierung tätig ist, gelangen läßt und dadurch die Sicherheit des Reichs gefährdet.

Hat der Verrat einen schweren Schaden für die Sicherheit des Reichs zur Folge gehabt, so kann, wenn der Täter dies vorausgesehen und gegen Entgelt gehandelt hat, auf lebenslanges Zuchthaus erkannt werden.

§ 2. Wer ohne den Vorsatz, die Sicherheit des Reichs zu gefährden, vorsätzlich und rechtswidrig Gegenstände der im § 1 Abs. 1 bezeichneten Art in den Besitz oder zur Kenntnis eines anderen gelangen läßt, wird mit Gefängnis oder mit Festungshaft bis zu fünf Jahren bestraft.

Der Versuch ist strafbar.

§ 3. Wer sich den Besitz oder die Kenntnis von Gegenständen der im § 1 Abs. 1 bezeichneten Art in der Absicht verschafft, sie zu einer die Sicherheit des Reichs gefährdenden Mitteilung zu gebrauchen, wird mit Zuchthaus bis zu zehn Jahren, bei mildernden Umständen mit Gefängnis nicht unter sechs Monaten bestraft.

Ebenso wird bestraft, wer sich Nachrichten der im § 1 Abs. 2 bezeichneten Art in der Absicht verschafft, sie zu einer die Sicherheit des Reichs gefährdenden Mitteilung an eine ausländische Regierung oder an eine im Interesse einer ausländischen Regierung tätige Person zu gebrauchen.

Waren die Gegenstände oder Nachrichten dem Täter in seiner Eigenschaft als deutscher Beamter oder deutsche Militärperson zugänglich, so kann auf Zuchthaus bis zu fünfzehn Jahren erkannt werden.

§ 4. Wer sich vorsätzlich und rechtswidrig den Besitz oder die Kenntnis von Gegenständen der im § 1 Abs. 1 bezeichneten Art ohne die Absicht verschafft, sie zu einer die Sicherheit des Reichs gefährdenden Mitteilung zu gebrauchen, wird mit Gefängnis oder Festungshaft bis zu drei Jahren bestraft. Bei mildernden Umständen kann auf Geldstrafe ... erkannt werden.

Der Versuch ist strafbar.

§ 5. Wer ein Verbrechen der in den §§ 1, 3 bezeichneten Art mit einem anderen verabredet, wird, wenn es nicht zur Vollendung oder zu einem strafbaren Versuche des Verbrechens gekommen ist, mit Gefängnis nicht unter einem Jahre, bei mildernden Umständen mit Gefängnis nicht unter drei Monaten bestraft.

Der an einer Verabredung Beteiligte wird nicht bestraft, wenn er zu einer Zeit, in welcher die Verhütung des verabredeten Verbrechens noch möglich ist, freiwillig Anzeige bei der Behörde erstattet. Dies gilt nicht für den Beteiligten, der den anderen zu der Verabredung vorsätzlich bestimmt hat.

§ 6. Wer vorsätzlich mit einer Person, die im Interesse einer ausländischen Regierung tätig ist, Beziehungen anknüpft oder unterhält, welche die Mitteilung von Gegenständen oder Nachrichten der im § 1 Abs. 1, 2 bezeichneten Art zum Gegenstande haben, wird mit Gefängnis bestraft.

Ebenso wird bestraft eine Person, die im Interesse einer ausländischen Regierung tätig ist, wenn sie vorsätzlich mit einem anderen Beziehungen anknüpft oder unterhält, welche die Mitteilung von Gegenständen oder Nachrichten der im § 1 Abs. 1, 2 bezeichneten Art zum Gegenstande haben.

§ 7. Wer vorsätzlich in einer Festung, einem Reichskriegshafen oder einer militärischen Anlage, auf einem Schiffe der [Kaiserlichen] Marine oder innerhalb der deutschen Hoheitsgewässer gegenüber einer Behörde, einem Beamten oder einer Militärperson über seinen Namen, seinen Stand, seinen Beruf, sein Gewerbe, seinen Wohnort oder seine Staatsangehörigkeit eine unrichtige Angabe macht oder die Angabe verweigert, wird, wenn nach den Umständen anzunehmen ist, daß der Aufenthalt an dem Orte oder die unrichtige Angabe oder die Verweigerung der Angabe mit Zwecken der in den §§ 1, 3 bezeichneten Art zusammenhängt, mit Gefängnis bis zu einem Jahre oder mit Geldstrafe ... bestraft.

Einer Festung, einem Reichskriegshafen oder einer militärischen Anlage stehen gleich deren amtlich bekanntgemachte Sicherungsbereiche sowie gewerbliche Anlagen, in denen Gegenstände für die Bedürfnisse der inländischen Kriegsmacht hergestellt, ausgebessert oder aufbewahrt werden.

Die Tat ist nur strafbar, wenn die Behörde, der Beamte oder die Militärperson zuständig war.

§ 8. Wer fahrlässig Gegenstände der im § 1 Abs. 1 bezeichneten Art, die ihm kraft seines Amtes oder eines von amtlicher Seite erteilten Auftrags zugänglich waren, in den Besitz oder zur Kenntnis eines anderen gelangen läßt und dadurch die Sicherheit des Reichs gefährdet, wird mit Gefängnis oder Festungshaft bis zu drei Jahren oder mit Geldstrafe ... bestraft.

§ 9. Wer von dem Vorhaben eines der in den §§ 1, 3 bezeichneten Verbrechen zu einer Zeit, in welcher die Verhütung des Verbrechens möglich ist, glaubhafte Kenntnis erhält und es vorsätzlich unterläßt, hiervon der Behörde zur rechten Zeit Anzeige zu machen, wird, wenn das Verbrechen oder ein strafbarer Versuch desselben begangen worden ist, mit Gefängnis bestraft.

Diese Vorschrift findet keine Anwendung, wenn die Anzeige gegen einen Angehörigen oder von einem Geistlichen in Ansehung desjenigen, was ihm bei Ausübung der Seelsorge anvertraut worden ist, hätte erstattet werden müssen.

§ 10. Wer vorsätzlich während eines Krieges gegen das Reich oder bei drohendem Kriege Nachrichten über Truppen- oder Schiffsbewegungen oder über Verteidigungsmittel einem vom Reichskanzler erlassenen Verbote zuwider veröffentlicht, wird mit Gefängnis oder Festungshaft bis zu drei Jahren oder mit Geldstrafe ... bestraft.

§ 11. Wer vorsätzlich über schwebende amtliche Ermittelungen wegen eines Verbrechens oder Vergehens gegen dieses Gesetz ohne Erlaubnis der die Ermittelungen leitenden Behörde Mitteilungen in die Öffentlichkeit bringt, wird mit Gefängnis oder Festungshaft bis zu einem Jahre oder mit Geldstrafe ... bestraft.

Diese Vorschrift findet auf die Veröffentlichung von Mitteilungen, die nach der Eröffnung des gerichtlichen Hauptverfah-

β) Erschwerte Fälle.

§ 90. Lebenslängliche Zuchthausstrafe tritt im Falle des § 89 ein, wenn der Täter

1. Festungen, Pässe, besetzte Plätze oder andere Verteidigungsposten, imgleichen Teile oder Angehörige der deutschen oder einer verbündeten Kriegsmacht in feindliche Gewalt bringt;
2. Festungswerke, Schiffe oder Fahrzeuge der Kriegsmarine, öffentliche Gelder, Vorräte von Waffen, Schießbedarf oder anderen Kriegsbedürfnissen, sowie Brücken, Eisenbahnen, Telegraphen und Transport-

---

rens, im militärgerichtlichen Verfahren nach Verfügung der Anklage erfolgt, keine Anwendung.

§ 12. Mit Haft oder Geldstrafe bis zu einhundertfünfzig Reichsmark wird bestraft,

1. wer einem an Ort und Stelle erkennbar gemachten Verbote der Militärbehörde zuwider eine militärische Anlage oder ein Schiff der [Kaiserlichen] Marine betritt;
2. wer in einer Festung, einem Reichskriegshafen oder in deren amtlich bekanntgemachten Sicherungsbereichen die Vorschriften über Aufenthaltsmeldung übertritt;
3. wer von einem Festungswerk, einem Gebäude der [Kaiserlichen] Marine, in welchem Munition oder Minen gelagert werden, einer militärischen Luftfahrzeughalle oder einer militärischen Anlage für drahtlose Telegraphie ohne Erlaubnis der zuständigen Militärbehörde Aufnahmen macht oder veröffentlicht. Die Aufnahmen und Veröffentlichungen können eingezogen werden ohne Unterschied, ob sie dem Verurteilten gehören oder nicht.

§ 13. In den Fällen der §§ 1, 3 kann neben der Freiheitsstrafe auf Geldstrafe ... erkannt werden.

In den Fällen der §§ 2, 4, 5, 6, 8 kann neben der Freiheitsstrafe auf Geldstrafe ... erkannt werden.

§ 14. In den Fällen der §§ 1, 3, 5, 6 kann neben Gefängnis auf Verlust der öffentlichen Ämter und der aus öffentlichen Wahlen hervorgegangenen Rechte, neben jeder Freiheitsstrafe auf Zulässigkeit von Polizeiaufsicht erkannt werden.

Ein Ausländer, der wegen eines Verbrechens oder eines vorsätzlichen Vergehens gegen dieses Gesetz zu einer Freiheitsstrafe verurteilt worden ist, kann nach Verbüßung der Strafe von der Landespolizeibehörde aus dem Reichsgebiet ausgewiesen werden.

§ 15. Hat der Täter für die Begehung eines Verbrechens oder Vergehens gegen dieses Gesetz Entgelt empfangen, so ist das Empfangene oder dessen Wert in dem Urteil für dem Staate verfallen zu erklären.

§ 16. Auf die Verbrechen und Vergehen gegen die §§ 1, 3, 5, 6, 8 findet die Vorschrift des § 4 Abs. 2 Nr. 2 des Strafgesetzbuchs Anwendung.

mittel in feindliche Gewalt bringt oder zum Vorteile des Feindes zerstört oder unbrauchbar macht;
3. dem Feinde Mannschaften zuführt oder Angehörige der deutschen oder einer verbündeten Kriegsmacht verleitet, zum Feinde überzugehen;
4. Operationspläne oder Pläne von Festungen oder festen Stellungen dem Feinde mitteilt;
5. dem Feinde als Spion dient oder feindliche Spione aufnimmt, verbirgt oder ihnen Beistand leistet, oder
6. einen Aufstand unter Angehörigen der deutschen oder einer verbündeten Kriegsmacht erregt.

In minder schweren Fällen kann auf Zuchthaus nicht unter zehn Jahren erkannt werden.

Sind mildernde Umstände vorhanden, so tritt Festungshaft nicht unter fünf Jahren ein.

Neben der Festungshaft kann auf Verlust der bekleideten öffentlichen Ämter, sowie der aus öffentlichen Wahlen hervorgegangenen Rechte erkannt werden.

Zuständ.: Reichsger. Vgl. im übr. Anm. zu §§ 87 ff.

Ausländer.

§ 91. Gegen Ausländer ist wegen der in den §§ 87, 89, 90 bezeichneten Handlungen nach dem Kriegsgebrauche zu verfahren.

Begehen sie aber solche Handlungen, während sie unter dem Schutze des Deutschen Reichs oder eines Bundesstaats sich innerhalb des Bundesgebietes aufhalten, so kommen die in den §§ 87, 89 und 90 bestimmten Strafen zur Anwendung.

„Ausländer" = Nichtdeutscher (§ 8). Vgl. MStGB. §§ 160 f., MStGO. § 5 Nr. 4. Strafbarkeit hochverrät. Handlungen im Ausland: § 4 II 1.

2. Diplomatischer Landesverrat.

§ 92. Wer vorsätzlich
1. Staatsgeheimnisse oder Festungspläne, oder solche Urkunden, Aktenstücke oder Nachrichten, von denen er weiß, daß ihre Geheimhaltung einer anderen Regierung gegenüber für das Wohl des Deutschen Reichs oder eines Bundesstaats erforderlich ist, dieser Regierung mitteilt oder öffentlich bekannt macht;

2. zur Gefährdung der Rechte des Deutschen Reichs oder eines Bundesstaats im Verhältnis zu einer anderen Regierung die über solche Rechte sprechenden Urkunden oder Beweismittel vernichtet, verfälscht oder unterdrückt, oder
3. ein ihm von seiten des Deutschen Reichs oder von einem Bundesstaate aufgetragenes Staatsgeschäft mit einer andern Regierung zum Nachteil dessen führt, der ihm den Auftrag erteilt hat,

wird mit Zuchthaus nicht unter zwei Jahren bestraft.

Sind mildernde Umstände vorhanden, so tritt Festungshaft nicht unter sechs Monaten ein.

Zuständ.: Reichsger. od. Schwurger. wie bei § 81. Vgl. §§ 4 II^{2}, 32, 93, SpionG. §§ 1 ff. (s. N.* zu § 89).

Vermögensbeschlagnahme.

§ 93. Wenn in den Fällen der §§ (80), 81, 83, 84, 87 bis 92 die Untersuchung eröffnet wird, so kann bis zu deren rechtskräftiger Beendigung das Vermögen, welches der Angeschuldigte besitzt, oder welches ihm später anfällt, mit Beschlag belegt werden.

StPO. §§ 291—293, 433.

Zweiter und dritter Abschnitt.

§§ 94—101 sind gegenstandslos.

Vierter Abschnitt.

Feindliche Handlungen gegen befreundete Staaten.

Hochverrät. Handlungen.

§ 102. Ein Deutscher, welcher im Inlande oder Auslande, oder ein Ausländer, welcher während seines Aufenthalts im Inlande gegen einen nicht zum Deutschen Reich gehörenden Staat [oder dessen Landesherrn] eine Handlung vornimmt, die, wenn er sie gegen einen Bundesstaat [oder einen Bundesfürsten] begangen hätte, nach Vorschrift der §§ 81 bis 86 zu bestrafen sein würde, wird in den Fällen der §§ 81 bis 84 mit Festungshaft von Einem bis zu zehn Jahren oder, wenn mildernde

Umstände vorhanden sind, mit Festungshaft von sechs Monaten bis zu zehn Jahren, in den Fällen der §§ 85 und 86 mit Festungshaft von Einem Monat bis zu drei Jahren bestraft, sofern in dem anderen Staate dem Deutschen Reich die Gegenseitigkeit verbürgt ist.

Die Verfolgung tritt nur auf Antrag der auswärtigen Regierung ein. Die Zurücknahme des Antrages ist zulässig.

Zuständ.: §§ 81—84 SchöffG., §§ 85, 86 SchöffG. oder AR. (GVG. § 25 [2] c).
Abs. 1: „Inland": § 3 Anm.; „Ausland": § 8.
Abs. 2: „Auswärtig" = ausländisch (§ 8). Antrag: §§ 61 ff.

Beleidigg. nichtdeutscher Landesherren od. Regenten.

§ 103. Wer sich gegen den Landesherrn oder den Regenten eines nicht zum Deutschen Reich gehörenden Staats einer Beleidigung schuldig macht, wird mit Gefängnis von Einer Woche bis zu zwei Jahren oder mit Festungshaft von gleicher Dauer bestraft, sofern in diesem Staate dem Deutschen Reich die Gegenseitigkeit verbürgt ist.

Die Verfolgung tritt nur auf Antrag der auswärtigen Regierung ein. Die Zurücknahme des Antrages ist zulässig.

Zuständ.: SchöffG. od. AR. Vgl. § 102 Anm. § 103 schützt nur Oberhäupter monarch. Staaten, nicht Präsidenten von Republiken.

Verletzg. ausländischer Hoheitszeichen.

§ 103 a. Wer ein öffentliches Zeichen der Autorität eines nicht zum Deutschen Reich gehörenden Staats oder ein Hoheitszeichen eines solchen Staats böswillig wegnimmt, zerstört oder beschädigt oder beschimpfenden Unfug daran verübt, wird mit Geldstrafe . . . oder mit Gefängnis bis zu zwei Jahren bestraft.

Zuständ.: SchöffG. od. AR. Dasselbe Vergehen an deutschen Hoheitszeichen: § 135.

Beleidigung von Gesandten.

§ 104. Wer sich gegen einen bei dem Reich . . . beglaubigten Gesandten oder Geschäftsträger einer Beleidigung schuldig macht, wird mit Gefängnis bis zu Einem Jahre oder mit Festungshaft von gleicher Dauer bestraft.

Die Verfolgung tritt nur auf Antrag des Beleidigten ein. Die Zurücknahme des Antrages ist zulässig.

Zuständ.: SchöffG. od. AR. Antrag: §§ 61 ff. Vgl. RV. Art. 78 I.

Fünfter Abschnitt.

Verbrechen und Vergehen in Beziehung auf die Ausübung staatsbürgerlicher Rechte.

Störung gesetzgebender Versammlungen (Parlamentssprengung).

§ 105. Wer es unternimmt, den Senat oder die Bürgerschaft einer der freien Hansestädte, eine gesetzgebende Versammlung des Reichs oder eines Bundesstaats auseinander zu sprengen, zur Fassung oder Unterlassung von Beschlüssen zu nötigen oder Mitglieder aus ihnen gewaltsam zu entfernen, wird mit Zuchthaus nicht unter fünf Jahren oder mit Festungshaft von gleicher Dauer bestraft.

Sind mildernde Umstände vorhanden, so tritt Festungshaft nicht unter einem Jahre ein.

Zuständ.: Schwurger. Versuch (§ 43) des Unternehmens begriffl. ausgeschlossen. „Gesetzg. Versammlg. des Reichs": Reichstag und seine Kommissionen oder Ausschüsse. Vgl. §§ 20, 32, 114.*)

Verhinderung der Teilnahme an gesetzgeb. Versammlgn.

§ 106. Wer ein Mitglied einer der vorbezeichneten Versammlungen durch Gewalt oder durch Bedrohung mit

---

*) Gesetz über die Befriedung der Gebäude des Reichstags und der Landtage v. 8. Mai 1920 (RGBl. S. 909):

§ 1. Innerhalb des befriedeten Bannkreises des Reichstagsgebäudes dürfen Versammlungen unter freiem Himmel und Umzüge nicht stattfinden.

Entsprechendes gilt für die Landtagsgebäude.

Ausnahmen können für das Reichstagsgebäude von der Reichsregierung, für die Landtagsgebäude von den Landesregierungen im Einvernehmen mit dem Präsidenten des Reichstags oder des Landtags zugelassen werden.

§ 2. Den befriedeten Bannkreis bestimmen für das Reichstagsgebäude die Reichsregierung, für die Landtagsgebäude die Landesregierungen im Einvernehmen mit dem Präsidenten des Reichstags oder des Landtags.

§ 3. Den, der an hiernach verbotenen Versammlungen oder Umzügen teilnimmt, treffen die Strafen des Auflaufs (§ 116 Abs. 1, 2 des Strafgesetzbuchs).

Wer zur Veranstaltung solcher Versammlungen oder Umzüge auffordert, wird mit Gefängnis bestraft.

§ 4. Wer vorsätzlich Anordnungen übertritt, die der Präsident des Reichstags oder eines Landtags über das Betreten des Gebäudes oder über das Verhalten in dem Gebäude erläßt, wird mit Gefängnis bis zu drei Monaten oder mit Geldstrafe . . . bestraft.

einer strafbaren Handlung verhindert, sich an den Ort der Versammlung zu begeben oder zu stimmen, wird mit Zuchthaus bis zu fünf Jahren oder mit Festungshaft von gleicher Dauer bestraft.

Sind mildernde Umstände vorhanden, so tritt Festungshaft bis zu zwei Jahren ein.

Zuständ.: SchöffG. Vgl. §§ 20, 32, 339 III (Mißbrauch der Amtsgewalt).

Wahl- und Stimmverhinderung.

§ 107. Wer einen Deutschen durch Gewalt oder durch Bedrohung mit einer strafbaren Handlung verhindert, in Ausübung seiner staatsbürgerlichen Rechte zu wählen oder zu stimmen, wird mit Gefängnis nicht unter sechs Monaten oder mit Festungshaft bis zu fünf Jahren bestraft.

Der Versuch ist strafbar.

Zuständ.: SchöffG. od. WR. (GVG. § 25 2c). Auch die Ausübung des Gemeinde- (nicht Kirchen-) wahlrechts gehört hierher. Vgl. §§ 20, 240 (Nötigung zur Ausübung des Wahlrechts), 339 III (Amtsmißbrauch); RV. Art. 125.

Störung von Versammlungen.

§ 107 a. Wer nichtverbotene Versammlungen, Aufzüge oder Kundgebungen mit Gewalt oder durch Bedrohung mit einem Verbrechen verhindert oder sprengt, wird mit Gefängnis, neben dem auf Geldstrafe erkannt werden kann, bestraft.

Wer in nichtverbotenen Versammlungen oder bei nichtverbotenen Aufzügen oder Kundgebungen Gewalttätigkeiten in der Absicht begeht, die Versammlung, den Aufzug oder die Kundgebung zu sprengen, wird mit Gefängnis und mit Geldstrafe oder mit einer dieser Strafen bestraft.

Eingefügt durch G. v. 23. V. 23. Zuständ.: SchöffG. od. WR.

Wahlfälschung.

§ 108. Wer in einer öffentlichen Angelegenheit mit der Sammlung von Wahl- oder Stimm-Zetteln oder -Zeichen oder mit der Führung der Beurkundungsverhandlung beauftragt, ein unrichtiges Ergebnis der Wahlhandlung vorsätzlich herbeiführt oder das Ergebnis verfälscht, wird mit Gefängnis von Einer Woche bis zu drei Jahren bestraft.

Wird die Handlung von jemand begangen, welcher nicht mit der Sammlung der Zettel oder Zeichen oder einer anderen Verrichtung bei dem Wahlgeschäfte beauftragt ist, so tritt Gefängnisstrafe bis zu zwei Jahren ein.

Auch kann auf Verlust der bürgerlichen Ehrenrechte erkannt werden.

Zuständ.: SchöffG. od. AR.
Abs. 1: „Ergebnis der Wahlhandlung", des Wahlakts, nicht = End- od. Gesamtergebnis der Wahl. Das Auftragsverhältnis wirkt im Vergleiche zu Abs. 2 persönlich strafschärfend (§ 50).
Abs. 2: z. B. Abgabe eines Stimmzettels unter falschem Namen, Wahlausübung Nichtwahlberechtigter oder an mehreren Orten.
Abs. 3: §§ 32, 35.

Wahlbestechg. od. Stimmenkauf.

§ 109. Wer in einer öffentlichen Angelegenheit eine Wahlstimme kauft oder verkauft, wird mit Gefängnis von Einem Monat bis zu zwei Jahren bestraft; auch kann auf Verlust der bürgerlichen Ehrenrechte erkannt werden.

Zuständ.: SchöffG. od. AR. Kein Kauf i. S. BGB. §§ 433 ff. Zur Vollendg. genügt Einigg. zwischen Käufer und Verkäufer, nicht erst Abstimmg. im vereinbarten Sinn od. Leistg. und Empfang des versproch. Entgelts, aber nicht schon einseitiges Angebot (strafloser Versuch). Ehrenrechtsverlust: §§ 32, 35. Vgl. HGB. §§ 316 f., GenG. § 151, KO. § 243, SchuldverschreibG. v. 4. XII. 99 § 21.

Sechster Abschnitt.

Widerstand gegen die Staatsgewalt.

Öffentl. Aufforderg. z. Ungehorsam geg. Gesetze usw.

§ 110. Wer öffentlich vor einer Menschenmenge, oder wer durch Verbreitung oder öffentlichen Anschlag oder öffentliche Ausstellung von Schriften oder anderen Darstellungen zum Ungehorsam gegen Gesetze oder rechtsgültige Verordnungen oder gegen die von der Obrigkeit innerhalb ihrer Zuständigkeit getroffenen Anordnungen auffordert, wird mit Geldstrafe . . . oder mit Gefängnis bis zu zwei Jahren bestraft.

Zuständ.: SchöffG. oder AR. Nicht „öffentl.", wenn zwar an öffentl. Orte, aber innerhalb eines geschlossenen, in näherer Beziehung zueinander stehenden Personenkreises aufgefordert wird, so daß andere die Aufforderung nicht hören usw. konnten. Gesetze: auch Zivilgesetze (RGSt. 21, 299). Nach Form und Inhalt „rechtsgült. Verordngn.": von der zuständ. Stelle in vorgeschrieb. Form verkündet (formell verbindl.) und inhaltl. dem geltend. Recht entsprechend (materiell gültig). Vgl. §§ 29 I, 85, 111 (Aufforderung zu einer bestimmten strafb. Handlung).

Öffentl. Aufforderung zu strafb. Handlgn.

§ 111. Wer auf die vorbezeichnete Weise zur Begehung einer strafbaren Handlung auffordert, ist gleich dem Anstifter zu bestrafen, wenn die Aufforderung die strafbare Handlung oder einen strafbaren Versuch derselben zur Folge gehabt hat.

Ist die Aufforderung ohne Erfolg geblieben, so tritt Geldstrafe . . . oder Gefängnisstrafe bis zu einem Jahre ein; war die Aufforderung auf eine Tötung gerichtet, so ist die Strafe Gefängnis nicht unter drei Monaten, neben dem auf Geldstrafe . . . erkannt werden kann. Die Strafe darf jedoch, der Art oder dem Maße nach, keine schwerere sein, als die auf die Handlung selbst angedrohte.

Zuständ.: Schwurger., SchöffG. od. AR., je nach der Straftat, zu der aufgefordert wird; nach Abs. 2 (neugefaßt durch Rep.-SchutzG.): SchöffG. od. AR. „Strafb. Handlg.": nach inländ. Reichs- oder Landesrecht, auch übertretung. Vgl. §§ 48 (Anstifter), 49a, 85, 110; PreßG. § 23³ (Beschlagnahme von Druckschriften).

Aufforderg. von Militärpersonen z. Ungehorsam.

§ 112. Wer eine Person des Soldatenstandes, es sei des Deutschen Heeres oder der . . . Marine, auffordert oder anreizt, dem Befehle des Oberen nicht Gehorsam zu leisten, . . . wird mit Gefängnis bis zu zwei Jahren bestraft.

Zuständ.: SchöffG. od. AR. Personen des Soldatenstandes: Angehör. der Reichswehr oder der Reichsmarine. Vgl. §§ 110 f. („auffordern"), 130 u. 210 („anreizen"), MStGB. § 99 (Soldaten als Täter).

Widerstand u. tätl. Angriff geg. Vollstreckungsbeamte.

§ 113. Wer einem Beamten, welcher zur Vollstreckung von Gesetzen, von Befehlen und Anordnungen der Verwaltungsbehörden oder von Urteilen und Verfügungen der Gerichte berufen ist, in der rechtmäßigen Ausübung seines Amtes durch Gewalt oder durch Bedrohung mit Gewalt Widerstand leistet, oder wer einen solchen Beamten während der rechtmäßigen Ausübung seines Amtes tätlich angreift, wird mit Gefängnis von vierzehn Tagen bis zu zwei Jahren bestraft.

Sind mildernde Umstände vorhanden, so tritt Gefängnisstrafe bis zu Einem Jahre oder Geldstrafe . . . ein.

Dieselben Strafvorschriften treten ein, wenn die Handlung gegen Personen, welche zur Unterstützung des Beamten zugezogen waren, oder gegen Mannschaften der bewaffneten Macht, oder gegen Mannschaften einer Gemeinde-, Schutz- oder Bürgerwehr in Ausübung des Dienstes begangen wird.

Zuständ.: SchöffG. od. AR. Passiver Widerst. genügt nicht. Vgl. §§ 59 (Unkenntnis der Beamteneigensch. usw.), 359 („Beamter"), ZPO. §§ 753, 758 f. (Gerichtsvollzieher). § 113 schließt §§ 114, 241 aus und wird durch § 117 ausgeschlossen.

Nötigg. zu Amtshandlgn.

§ 114. Wer es unternimmt, durch Gewalt oder Drohung eine Behörde oder einen Beamten zur Vornahme oder Unterlassung einer Amtshandlung zu nötigen, wird mit Gefängnis nicht unter drei Monaten bestraft.

Sind mildernde Umstände vorhanden, so tritt Gefängnisstrafe bis zu zwei Jahren oder Geldstrafe . . . ein.

Zuständ.: SchöffG. od. AR. Gesetzeskonk. mit § 113. Vgl. §§ 59, 359 („Beamter"), 105; 240 (durch § 114 ausgeschlossen).

Aufruhr.

§ 115. Wer an einer öffentlichen Zusammenrottung, bei welcher eine der in den §§ 113 und 114 bezeichneten Handlungen mit vereinten Kräften begangen wird, teilnimmt, wird wegen Aufruhrs mit Gefängnis nicht unter sechs Monaten bestraft.

Die Rädelsführer, sowie diejenigen Aufrührer, welche eine der in den §§ 113 und 114 bezeichneten Handlungen begehen, werden mit Zuchthaus bis zu zehn Jahren bestraft; auch kann auf Zulässigkeit von Polizei-Aufsicht erkannt werden. Sind mildernde Umstände vorhanden, so tritt Gefängnisstrafe nicht unter sechs Monaten ein.

Zuständ.: Abs. 1: SchöffG. od. AR., Abs. 2: SchöffG. Vgl. §§ 122; 125 (Idealkonk.). Mil. Aufruhr: MStGB. §§ 106 ff. Abs. 2 enthält straferhöhende Umstände i. S. § 50. Vgl. §§ 32, 38.

Auflauf.

§ 116. Wird eine auf öffentlichen Wegen, Straßen oder Plätzen versammelte Menschenmenge von dem zuständigen Beamten oder Befehlshaber der bewaffneten Macht aufgefordert, sich zu entfernen, so wird jeder der Versammelten, welcher nach der dritten Aufforderung sich nicht entfernt, wegen Auflaufs mit Gefängnis bis zu drei Monaten oder mit Geldstrafe . . . bestraft.

Ist bei einem Auflaufe gegen die Beamten oder die bewaffnete Macht mit vereinten Kräften tätlicher Widerstand geleistet oder Gewalt verübt worden, so treten gegen diejenigen, welche an diesen Handlungen teilgenommen haben, die Strafen des Aufruhrs ein.

Zuständ.: Abs. 1: AR. (GVG. § 25²b), Abs. 2: wie § 115. Idealkonk. mit §§ 113 oder 114 möglich. Nach VereinsG. § 18⁴ wird mit Geldstr. bis zu 150 RM. (evtl. Haft) bestraft, wer sich nach Erklärung der Auflösung einer Versammlung nicht sofort entfernt.

Forstwiderstand u. tätl. Angriff geg. Forst- u. Jagdbeamte od. -Berechtigte.

§ 117. Wer einem Forst- oder Jagdbeamten, einem Waldeigentümer, Forst- oder Jagdberechtigten, oder einem von diesen bestellten Aufseher in der rechtmäßigen Ausübung seines Amtes oder Rechtes durch Gewalt oder durch Bedrohung mit Gewalt Widerstand leistet, oder wer eine dieser Personen während der Ausübung ihres Amtes oder Rechtes tätlich angreift, wird mit Gefängnis von vierzehn Tagen bis zu drei Jahren bestraft.

Ist der Widerstand oder der Angriff unter Drohung mit Schießgewehr, Äxten oder anderen gefährlichen Werkzeugen erfolgt, oder mit Gewalt an der Person begangen worden, so tritt Gefängnisstrafe nicht unter drei Monaten ein.

Sind mildernde Umstände vorhanden, so tritt in den Fällen des Absatz 1 Gefängnisstrafe bis zu einem Jahre, in den Fällen des Absatz 2 Gefängnisstrafe nicht unter einem Monat ein.

Zuständ.: SchöffG. od. AR. „Gewalt an der Person" (Abs. 2), nicht Gewalt gegen die Person. Gesetzeskonk. zwischen §§ 113 f., 241 und dem spezielleren § 117; Widerstand gegen die zur Unterstützung zugezogenen Personen ist nach § 113 III strafbar. Straferhöhende Umstände: §§ 118 f. Vgl. §§ 59, 359 („Beamter").

Körperverletzg.

§ 118. Ist durch den Widerstand oder den Angriff eine Körperverletzung dessen, gegen welchen die Handlung begangen ist, verursacht worden, so ist auf Zuchthaus bis zu zehn Jahren zu erkennen.

Sind mildernde Umstände vorhanden, so tritt Gefängnisstrafe nicht unter drei Monaten ein.

Zuständig: SchöffG. § 118 bezieht sich nur auf § 117 und enthält hierzu einen Straferhöhungsgrund. „Körperverletzung": §§ 223 ff., 230 (Idealkonk. mögl.). Vgl. §§ 32, 119.

Gemeinschaftl. Begehg.

§ 119. Wenn eine der in den §§ 117 und 118 bezeichneten Handlungen von mehreren gemeinschaftlich begangen worden ist, so kann die Strafe bis um die Hälfte des angedrohten Höchstbetrages, die Gefängnisstrafe jedoch nicht über fünf Jahre erhöht werden.

Zuständig im Fall des § 117: SchöffG. od. AR., § 118: SchöffG. Gemeinschaftliche (§ 47) Begehung ist straferhöhender Umstand zu §§ 117 und 118.

Vorsätzl. Gefangenenbefreiung.

§ 120. Wer einen Gefangenen aus der Gefangenanstalt oder aus der Gewalt der bewaffneten Macht, des Beamten oder desjenigen, unter dessen Beaufsichtigung, Begleitung oder Bewachung er sich befindet, vorsätzlich befreit oder ihm zur Selbstbefreiung vorsätzlich behilflich ist, wird mit Gefängnis bis zu drei Jahren bestraft.

Der Versuch ist strafbar.

Zuständig: SchöffG. od. AR. „Gefangene" jeder Art, aber nicht Schularrestanten. „Beamter": § 359; Strafbarkeit der Beamten: § 347. Idealkonk. mit § 257. Selbstbefreiung außer § 122 straflos; der Gefangene kann aber Anstifter oder Gehilfe zu § 120 sein.

Vorsätzl. od. fahrläss. Entweichenlassen v. Gefang.

§ 121. Wer vorsätzlich einen Gefangenen, mit dessen Beaufsichtigung oder Begleitung er beauftragt ist, entweichen läßt oder dessen Befreiung befördert, wird mit Gefängnis bis zu drei Jahren bestraft.

Ist die Entweichung durch Fahrlässigkeit befördert worden, so tritt Gefängnisstrafe bis zu drei Monaten oder Geldstrafe . . . ein.

Zuständig: Abs. 1: SchöffG. od. AR., Abs. 2: AR. „Gefangene": § 120. Täter kann Privatperson sein, z. B. Krankenwärter. Entweichenlassen durch Beamte: § 347.

Meuterei.

§ 122. Gefangene, welche sich zusammenrotten und mit

vereinten Kräften die Anstaltsbeamten oder die mit der Beaufsichtigung Beauftragten angreifen, denselben Widerstand leisten oder es unternehmen, sie zu Handlungen oder Unterlassungen zu nötigen, werden wegen Meuterei mit Gefängnis nicht unter sechs Monaten bestraft.

Gleiche Strafe tritt ein, wenn Gefangene sich zusammenrotten und mit vereinten Kräften einen gewaltsamen Ausbruch unternehmen.

Diejenigen Meuterer, welche Gewalttätigkeiten gegen die Anstaltsbeamten oder die mit der Beaufsichtigung Beauftragten verüben, werden mit Zuchthaus bis zu zehn Jahren bestraft; auch kann auf Zulässigkeit von Polizei-Aufsicht erkannt werden.

Zuständig: Abs. 1, 2: SchöffG. od. AR., Abs. 3: SchöffG. „Gefangene" i. S. § 120, mindest. 2. Keine Zusammenrottung, solange die Gefang. noch räuml. getrennt sind. Vgl. § 115, zu Abs. 3: §§ 32, 38.

Siebenter Abschnitt.

Verbrechen und Vergehen wider die öffentliche Ordnung.

Hausfriedensbruch.

§ 123. Wer in die Wohnung, in die Geschäftsräume oder in das befriedete Besitztum eines anderen oder in abgeschlossene Räume, welche zum öffentlichen Dienste oder Verkehre bestimmt sind, widerrechtlich eindringt, oder wer, wenn er ohne Befugnis darin verweilt, auf die Aufforderung des Berechtigten sich nicht entfernt, wird wegen Hausfriedensbruchs mit Geldstrafe . . . oder mit Gefängnis bis zu drei Monaten bestraft.

Ist die Handlung von einer mit Waffen versehenen Person oder von mehreren gemeinschaftlich begangen worden, so tritt Geldstrafe . . . oder Gefängnisstrafe bis zu einem Jahre ein.

Die Verfolgung tritt nur auf Antrag ein. Die Zurücknahme des Antrags ist zulässig.

Zuständig: AR. od. SchöffG. Privatklage (StPO. § 374). Hausfriedensbruch durch Beamte: § 342. Vgl. § 368 ^{9}.
Abs. 1 (einfacher Hausfriedensbr.) umfaßt auch Straßenbahnwagen, Omnibusse (zum öffentl. Verkehre bestimmte Räume) und droht wie Abs. 2 an 1. Stelle Geldstrafe an (§ 29 I).
Abs. 2 (gefährl. Hausfriedensbr.): Straferhöh. Umst. zu Abs. 1 (StPO. § 263). „Waffe" (vgl. §§ 243 ^{5}, 250 ^{1}) = gefährl. Werk-

zeug. Beabsichtigter Waffengebrauch ist nicht erforderl. „Gemeinschaftl.": § 47.
Abs. 3 bezieht sich auf Abs. 1 und 2. Antrag: §§ 61 ff.

Schwerer Hausfriedensbruch.

§ 124. Wenn sich eine Menschenmenge öffentlich zusammenrottet und in der Absicht, Gewalttätigkeiten gegen Personen oder Sachen mit vereinten Kräften zu begehen, in die Wohnung, in die Geschäftsräume oder in das befriedete Besitztum eines anderen oder in abgeschlossene Räume, welche zum öffentlichen Dienst bestimmt sind, widerrechtlich eindringt, so wird jeder, welcher an diesen Handlungen teilnimmt, mit Gefängnis von einem Monat bis zu zwei Jahren bestraft.

Zuständig: SchöffG. od. AR. Öffentl. Zusammenrottung (Aufruhr): § 115. Idealkonkurr. zwischen §§ 124, 125 bei Begehung der beabsichtigten Gewalttätigkeit.

Landfriedensbruch.

§ 125. Wenn sich eine Menschenmenge öffentlich zusammenrottet und mit vereinten Kräften gegen Personen oder Sachen Gewalttätigkeiten begeht, so wird jeder, welcher an dieser Zusammenrottung teilnimmt, wegen Landfriedensbruches mit Gefängnis nicht unter drei Monaten bestraft.

Die Rädelsführer, sowie diejenigen, welche Gewalttätigkeiten gegen Personen begangen oder Sachen geplündert, vernichtet oder zerstört haben, werden mit Zuchthaus bis zu zehn Jahren bestraft; auch kann auf Zulässigkeit von Polizei-Aufsicht erkannt werden. Sind mildernde Umstände vorhanden, so tritt Gefängnisstrafe nicht unter sechs Monaten ein.

Zuständig: Abs. 1: SchöffG. od. AR., Abs. 2: SchöffG.
Abs. 1: Idealkonk. mit §§ 115 (Aufruhr), 124 (bei Eindringen in Wohnungen usw.); Gesetzeskonk. mit § 360[11].
Abs. 2: Straferhöh. Umstände. §§ 32, 38.

Landzwang.

§ 126. Wer durch Androhung eines gemeingefährlichen Verbrechens den öffentlichen Frieden stört, wird mit Gefängnis bis zu Einem Jahre bestraft.

Zuständig: SchöffG. od. AR. Gemeingefährl. Verbr.: §§ 306 ff., SprengstG. §§ 5 ff. (N* zu § 311); Bedrohung eines andern mit Verbr. schlechthin: § 241. „Öffentl. Frieden": Allgem. Bewußtsein der Rechtssicherheit.

Unbefugte Volksbewaffnung; bewaffnete Haufen.

§ 127. Wer unbefugterweise einen bewaffneten Haufen bildet oder befehligt oder eine Mannschaft, von der er weiß, daß sie ohne gesetzliche Befugnis gesammelt ist, mit Waffen oder Kriegsbedürfnissen versieht, wird mit Gefängnis bis zu zwei Jahren bestraft.

Wer sich einem solchen bewaffneten Haufen anschließt, wird mit Gefängnis bis zu einem Jahre bestraft.

Zuständig: SchöffG. od. AR. Einziehung: § 40. Unbefugte Aufsammlung von Waffen: § 360 [2].

Geheimbündelei.

§ 128. Die Teilnahme an einer Verbindung, deren Dasein, Verfassung oder Zweck vor der Staatsregierung geheim gehalten werden soll, oder in welcher gegen unbekannte Obere Gehorsam oder gegen bekannte Obere unbedingter Gehorsam versprochen wird, ist an den Mitgliedern mit Gefängnis bis zu sechs Monaten, an den Stiftern und Vorstehern der Verbindung mit Gefängnis von einem Monat bis zu Einem Jahre zu bestrafen.

Gegen Beamte kann auf Verlust der Fähigkeit zur Bekleidung öffentlicher Ämter auf die Dauer von Einem bis zu fünf Jahren erkannt werden.

Zuständig: AR. bzw. SchöffG. od. AR. § 128 ist durch RV. Art. 124 (Vereinsfreiheit) nicht aufgehoben. Verschärfte Strafbestimmungen gelten für gewisse Arten antirepublikan. Geheimbündelei: RepSchutzG. §§ 2 ff., 7 [4,5]*).
Abs. 1: „Verbindung": Organisierte Vereinigung mehrerer Personen zu gemeinsamen (auch straflosen und unpolitischen) Zwecken. „Teilnahme": Nicht notwendig Mitgliedschaft (Stifter). Idealkonk. mit §§ 129, 86.
Abs. 2: „Beamte": § 359. Vgl. §§ 35 f.

---

*) Ges. zum Schutze der Republik v. $\frac{\text{21. Juli 1922}}{\text{8. Juli 1926}}$ (RGBl. I $\frac{\text{S. 585}}{\text{S. 397}}$):

§ 1. Wer an einer Vereinigung oder Verabredung teilnimmt, zu deren Bestrebungen es gehört, Mitglieder einer republikanischen Regierung des Reichs oder eines Landes durch den Tod zu beseitigen, wird mit Zuchthaus nicht unter fünf Jahren oder mit lebenslangem Zuchthaus bestraft.

Ist in Verfolgung dieser Bestrebungen eine Tötung begangen oder versucht worden, so wird jeder, der zur Zeit der Tat an der Vereinigung oder Verabredung beteiligt war und ihre Bestrebungen kannte, mit dem Tode oder mit lebenslangem Zuchthaus bestraft.

§ 2. Wer an einer Geheimverbindung der im § 128 des Strafgesetzbuchs bezeichneten Art teilnimmt, wird mit Zuchthaus bestraft, wenn die Verbindung eine im § 1 Abs. 1 genannte Bestrebung verfolgt.

§ 3. Der Teilnehmer an einer in den §§ 1, 2 bezeichneten Vereinigung, Verabredung oder Verbindung bleibt straffrei, wenn er der Behörde oder der bedrohten Person von dem Bestehen der Vereinigung, Verabredung oder Verbindung, von den ihm bekannten Mitgliedern und ihrem Verbleibe Kenntnis gibt, bevor in Verfolgung der Bestrebungen der Vereinigung, Verabredung oder Verbindung eine Tötung begangen oder versucht worden ist.

§ 4. Dem Teilnehmer an einer in den §§ 1, 2 bezeichneten Vereinigung, Verabredung oder Verbindung steht gleich, wer die Vereinigung oder Verbindung oder einen an der Verabredung Beteiligten mit Rat oder Tat, insbesondere mit Geld unterstützt.

§ 5. Wer von dem Dasein einer in den §§ 1, 2 genannten Vereinigung, Verabredung oder Verbindung oder von dem Plane, eine im § 1 genannte Person zu töten, Kenntnis hat, wird mit Zuchthaus, bei mildernden Umständen mit Gefängnis nicht unter drei Monaten bestraft, wenn er es unterläßt, von dem Bestehen der Vereinigung, Verabredung oder Verbindung, von den ihm bekannten Mitgliedern, ihrem Verbleib oder von der geplanten Tötung und der Person des Täters der Behörde oder der bedrohten Person unverzüglich Kenntnis zu geben.

Diese Vorschrift findet keine Anwendung, wenn die Anzeige von einem Geistlichen in Ansehung dessen, was ihm bei Ausübung der Seelsorge anvertraut worden ist, hätte erstattet werden müssen. Straffrei bleiben Verwandte auf- und absteigender Linie, Ehegatten und Geschwister, wenn sie sich nach Kräften bemüht haben, den Täter von der Tat abzuhalten, es sei denn, daß die Unterlassung der Anzeige eine Tötung oder einen Tötungsversuch zur Folge gehabt hat.

§ 6. Wer einen anderen begünstigt (§ 257 des Strafgesetzbuchs), der eine im § 1 Abs. 1 genannte Person vorsätzlich getötet oder zu töten versucht hat oder der an einer solchen Tat teilgenommen hat, wird mit Zuchthaus bestraft.

§ 7. Mit Gefängnis von 3 Monaten bis zu fünf Jahren wird, soweit nicht andere Vorschriften eine schwerere Strafe androhen, bestraft:

1. wer gegen Mitglieder der republikanischen Regierung des Reichs oder eines Landes einen Angriff auf Leib oder Leben (Gewalttätigkeit) begeht oder mit einem anderen verabredet, oder wer zu einer solchen Gewalttätigkeit auffordert;
2. wer einen anderen, der als Mitglied einer republikanischen Regierung des Reichs oder eines Landes durch eine gegen ihn gerichtete Gewalttätigkeit getötet worden ist, öffentlich oder in einer Versammlung beschimpft oder verleumdet;
3. wer öffentlich oder in einer Versammlung ein Verbrechen gegen § 1 oder Gewalttätigkeiten, die gegen Mitglieder der republikanischen Regierung des Reichs oder eines Landes begangen worden sind, verherrlicht oder ausdrücklich billigt, wer solche Taten belohnt oder den Täter oder Teilnehmer begünstigt (§ 257 des Strafgesetzbuchs);
4. wer an einer geheimen oder staatsfeindlichen Verbindung (§§ 128, 129 des Strafgesetzbuchs), die die Bestrebung verfolgt, die ver-

fassungsmäßig festgestellte republikanische Staatsform des Reichs oder eines Landes zu untergraben, teilnimmt, oder sie oder im Dienste ihrer Bestrebungen ein Mitglied mit Rat oder Tat, insbesondere durch Geld, unterstützt;

5. wer sich einer geheimen oder staatsfeindlichen Verbindung (§§ 128, 129 des Strafgesetzbuchs) anschließt, die selbst oder deren Mitglieder unbefugt Waffen besitzen;

6. wer ein bis dahin verheimlichtes Waffenlager in Eigentum oder Gewahrsam hat und es unterläßt, der Behörde von dem Aufbewahrungsort unverzüglich Kenntnis zu geben; dem Waffenlager steht ein Munitionslager, ein Geschütz, ein Minenwerfer oder Flammenwerfer, ein Maschinengewehr oder eine Maschinenpistole gleich.

§ 8. Mit Gefängnis bis zu fünf Jahren, neben dem auf Geldstrafe ... erkannt werden kann, wird bestraft,

1. wer öffentlich oder in einer Versammlung die verfassungsmäßig festgestellte republikanische Staatsform des Reichs oder eines Landes beschimpft oder dadurch herabwürdigt, daß er Mitglieder der republikanischen Regierung des Reichs oder eines Landes beschimpft oder verleumdet;

2. wer öffentlich oder in einer Versammlung die Reichs- oder Landesfarben beschimpft;

3. wer von dem Vorhandensein eines bis dahin verheimlichten Waffenlagers Kenntnis hat und es unterläßt, hiervon der Behörde unverzüglich Kenntnis zu geben, es sei denn, daß damit für Verwandte auf- oder absteigender Linie oder Geschwister oder den Ehegatten des Wissenden die Gefahr der Bestrafung einträte oder, daß die Anzeige von einem Geistlichen, Rechtsanwalt oder Arzt in Ansehung dessen hätte erfolgen müssen, was ihm bei Ausübung seines Berufs anvertraut worden ist. § 7 Nr. 6 Halbsatz 2 gilt entsprechend.

§ 9. Neben jeder Verurteilung wegen Hochverrats oder wegen eines Verbrechens gegen die §§ 1 bis 6 ist auf Geldstrafe zu erkennen; die Höhe der Geldstrafe ist nicht beschränkt.

Dem Verurteilten kann im Urteil der Aufenthalt in bestimmten Teilen oder an bestimmten Orten des Reichs auf die Dauer bis zu fünf Jahren angewiesen werden; gegen Ausländer kann auf Ausweisung aus dem Reichsgebiete erkannt werden. Zuwiderhandlungen gegen diese Anordnungen werden mit Gefängnis bestraft.

§ 10. Die Verurteilung zum Tode oder zu Zuchthaus wegen Hochverrats oder einer in den §§ 1 bis 7 bezeichneten strafbaren Handlung hat außer den im § 31 des Strafgesetzbuchs genannten Folgen den Verlust der aus öffentlichen Wahlen hervorgegangenen Rechte und bei Beamten und Militärpersonen den Verlust des Gehalts und, wenn sie nicht mehr im Amte sind, des Ruhegehalts von Rechts wegen zur Folge.

Wird wegen der im Abs. 1 genannten strafbaren Handlungen oder wegen eines Vergehens gegen den § 8 auf Gefängnis oder Festungshaft erkannt, so kann zugleich auf Verlust der bekleideten öffentlichen Ämter, bei Militärpersonen auf Dienstentlassung, dauernde oder zeitweilige Unfähigkeit zur Bekleidung öffentlicher Ämter, den gänzlichen oder teilweisen, den dauernden oder zeitweiligen Ver-

Staatsfeindl. Verbindungen.

§ 129. Die Teilnahme an einer Verbindung, zu deren Zwecken oder Beschäftigungen gehört, Maßregeln der Verwaltung oder die Vollziehung von Gesetzen durch ungesetzliche Mittel zu verhindern oder zu entkräften, ist an den Mitgliedern mit Gefängnis bis zu Einem Jahre, an den Stiftern und Vorstehern der Verbindung mit Gefängnis von drei Monaten bis zu zwei Jahren zu bestrafen.

Gegen Beamte kann auf Verlust der Fähigkeit zur Bekleidung öffentlicher Ämter auf die Dauer von Einem bis zu fünf Jahren erkannt werden.

Zuständig: SchöffG. od. AR. Vgl. § 128 Anm.

Anreizg. z. Klassenkampf.

§ 130. Wer in einer den öffentlichen Frieden gefährdenden Weise verschiedene Klassen der Bevölkerung zu Gewalttätigkeiten gegen einander öffentlich anreizt, wird mit Geldstrafe . . . oder mit Gefängnis bis zu zwei Jahren bestraft.

Zuständig: SchöffG. od. AR. Friedensstörung (§ 126) ist nicht erforderlich. „Anreizen" setzt nicht wie „Anstiften" (§ 48) einen Erfolg voraus. Umwandl. der Geldstr. auch in Haft: § 29 I. Beschlagnahme von Druckschriften: PreßG. § 23[3].

Mißbrauch d. geistl. Stellg.; Kanzelparagraph.

§ 130 a. Ein Geistlicher oder anderer Religionsdiener, welcher in Ausübung oder in Veranlassung der Ausübung seines Berufes öffentlich vor einer Menschenmenge, oder welcher in einer Kirche oder an einem anderen zu religiösen Versammlungen bestimmten Orte vor mehreren Angelegenheiten des Staats in einer den öffentlichen Frieden gefährdenden Weise zum Gegenstande einer Verkündigung oder Erörterung macht, wird mit Gefängnis oder Festungshaft bis zu zwei Jahren bestraft.

---

lust des Gehalts oder des Ruhegehalts erkannt werden. Soweit nach anderen Vorschriften auf Verlust der aus öffentlichen Wahlen hervorgegangenen Rechte erkannt werden kann, behält es dabei sein Bewenden.

§ 11. Deutsche und Ausländer können wegen der in den §§ 1 bis 8 bezeichneten Handlungen auch dann verfolgt werden, wenn diese Taten im Ausland begangen sind.

Gleiche Strafe trifft denjenigen Geistlichen oder anderen Religionsdiener, welcher in Ausübung oder in Veranlassung der Ausübung seines Berufes Schriftstücke ausgibt oder verbreitet, in welchen Angelegenheiten des Staats in einer den öffentlichen Frieden gefährdenden Weise zum Gegenstande einer Verkündigung oder Erörterung gemacht sind.

Zuständig: SchöffG. od. AR.; zu Abs. 2: in Bayern und Württemberg Schwurger. (EGzGVG. § 6, BayAGzGVG. Art. 35, Württ. AGzGVG. Art. 12). Friedensstörung (§ 126) nicht erforderlich wie in § 130. § 130a wurde nicht unter die Verg. im Amt aufgenommen, da Religionsdiener keine „Beamten" i. S. § 359 sind.

Staatsverleumdung.

§ 131. Wer erdichtete oder entstellte Tatsachen, wissend, daß sie erdichtet oder entstellt sind, öffentlich behauptet oder verbreitet, um dadurch Staatseinrichtungen oder Anordnungen der Obrigkeit verächtlich zu machen, wird mit Geldstrafe . . . oder mit Gefängnis bis zu zwei Jahren bestraft.

Zuständig: SchöffG. od. AR. Vgl. § 187. „Staatseinrichtungen": Bestandteile der Verfassung und Verwaltung des Reichs oder eines Gliedstaats, wie Reichstag, Zivilehe, nicht allgem. menschl. Kultureinrichtungen, wie Ehe, Familie, Eigentum. Umwandlung der Geldstrafe auch in Haft: § 29 I. Beschimpfg. der republikan. Staatsform des Reichs od. eines deutschen Landes: RepSchutzG. § 8[1].

Amtsanmaßung.

§ 132. Wer unbefugt sich mit Ausübung eines öffentlichen Amtes befaßt oder eine Handlung vornimmt, welche nur kraft eines öffentlichen Amtes vorgenommen werden darf, wird mit Gefängnis bis zu Einem Jahre oder mit Geldstrafe . . . bestraft.

Zuständig: SchöffG. od. AR. „Öffentl. Amt": § 31 II. Unbefugte Wappen-, Namen- und Titelführung: § 360[7,8].

Beseitigg. amtlich verwahrter Urk. od. sonst. Gegenst.

§ 133. Wer eine Urkunde, ein Register, Akten oder einen sonstigen Gegenstand, welche sich zur amtlichen Aufbewahrung an einem dazu bestimmten Orte befinden, oder welche einem Beamten oder einem Dritten amtlich übergeben worden sind, vorsätzlich vernichtet, beiseite schafft oder beschädigt, wird mit Gefängnis bestraft.

Ist die Handlung in gewinnsüchtiger Absicht begangen, so tritt Gefängnisstrafe nicht unter drei Monaten ein; auch kann auf Verlust der bürgerlichen Ehrenrechte erkannt werden.

Zuständig: SchöffG. od. AR.
Abs. 1: Idealkonk. mit §§ 137, 242, 274 [1] oder 370 [5]. Beseitigung von Urkunden durch Beamte: §§ 348 II (359), wodurch § 133 ausgeschlossen.
Abs. 2 enthält einen straferhöhenden Umstand i. S. StPO. §§ 263, 265, 267. Ehrenrechtsverl.: § 32.

Beschädigung amtl. Bekanntmachungen.

§ 134. Wer öffentlich angeschlagene Bekanntmachungen, Verordnungen, Befehle oder Anzeigen von Behörden oder Beamten böswillig abreißt, beschädigt oder verunstaltet, wird mit Geldstrafe ... oder mit Gefängnis bis zu sechs Monaten bestraft.

Zuständ.: AR. „Beamte“: § 359. Umwandl. der Geldstr. auch in Haft: § 29 I.

Verletzung inländ. Hoheitszeichen.

§ 135. Wer ein öffentliches Zeichen der Autorität des Reichs ... oder ein Hoheitszeichen eines Bundesstaats böswillig wegnimmt, zerstört oder beschädigt oder beschimpfenden Unfug daran verübt, wird mit Geldstrafe ... oder mit Gefängnis bis zu zwei Jahren bestraft.

Zuständ.: Schöffeng. od. AR. Verletzung ausländ. Hoheitszeichen (Grenzpfähle, Wappen usw.): § 103 a. „Beschimpfender Unfug“: § 166. Umwandlung der Geldstrafe auch in Haft: § 29 I. Beschimpfg. der Reichs- oder Landesfarben: RepSchutzG. § 8 [2].

Verletzung amtl. Siegel; Siegelbruch.

§ 136. Wer unbefugt ein amtliches Siegel, welches von einer Behörde oder einem Beamten angelegt ist, um Sachen zu verschließen, zu bezeichnen oder in Beschlag zu nehmen, vorsätzlich erbricht, ablöst oder beschädigt oder den durch ein solches Siegel bewirkten amtlichen Verschluß aufhebt, wird mit Gefängnis bis zu sechs Monaten oder mit Geldstrafe ... bestraft.

Zuständ.: AR. Der Beamte (§ 359) muß in Ausübung amtl. Befugnisse und innerhalb seiner allgem. Zuständigkeit die Siegelanlegung vorgenommen haben.

Pfand- od. Arrestbruch.

§ 137. Wer Sachen, welche durch die zuständigen Behörden oder Beamten gepfändet oder in Beschlag genommen worden sind, vorsätzlich beiseite schafft, zerstört oder in anderer Weise der Verstrickung ganz oder teilweise entzieht, wird mit Gefängnis bis zu Einem Jahre oder mit Geldstrafe . . . bestraft.

Zuständ.: Schöffeng. od. AR. Körperl. „Sachen", nicht Forderungen. Wirksamkeit, nicht Rechtmäßigkeit der Pfändung ist festzustellen. Beschlagnahme i. Strafverf.: StPO. §§ 98 ff. „Entziehen": Aufhebung der durch Pfändung oder Beschlagnahme begründeten Verfügungsgewalt der Behörde. Vgl. §§ 133, 288 (Idealkonk. möglich); 359 („Beamte").

Unwahre Entschuldigg. vor Gericht; Verletzg. d. Dingpflicht.

§ 138. Wer als Zeuge, Geschworener oder Schöffe berufen, eine unwahre Tatsache als Entschuldigung vorschützt, wird mit Gefängnis bis zu zwei Monaten bestraft.

Dasselbe gilt von einem Sachverständigen, welcher zum Erscheinen gesetzlich verpflichtet ist.

Die auf das Nichterscheinen gesetzten Ordnungsstrafen werden durch vorstehende Strafbestimmung nicht ausgeschlossen.

Zuständ.: AR.
Abs. 1: Falsche Entschuldigung vor dem Termin, um die Entbindung von der Verpflichtung zum Erscheinen usw., oder nach dem Termin, um die Wiederaufhebung der wegen Nichterscheinens usw. verhängten Ordnungsstrafe zu erwirken, ist in gleicher Weise strafbar. „Geschwor. od. Schöffe": Andere Laienrichter, z. B. Beisitzer der Gewerbe- u. Kaufmannsgerichte, scheiden aus. Einschränkg. d. kurzen Freiheitsstr.: § 27 b.
Abs. 2, 3: StPO. §§ 51, 70, 75—77, ZPO. §§ 380 f., 390, 407 bis 409, GVG. § 56.

Nichtanzeige drohender Verbrechen.

§ 139. Wer von dem Vorhaben eines Hochverrats, Landesverrats, Münzverbrechens, Mordes, Raubes, Menschenraubes oder eines gemeingefährlichen Verbrechens zu einer Zeit, in welcher die Verhütung des Verbrechens möglich ist, glaubhafte Kenntnis erhält und es unterläßt, hiervon der Behörde oder der durch das Verbrechen bedrohten Person zur rechten Zeit Anzeige zu machen, ist, wenn das Verbrechen oder ein strafbarer Versuch desselben begangen worden ist, mit Gefängnis zu bestrafen.

Zuständ.: Schöffeng. od. AR. Anzeigepflichtig sind auch Angehörige des Täters, nicht aber der Bedrohte und die bei dem Vorhaben selbst strafbar Beteiligten. Strafbar ist vorsätzl. oder fahrlässige (bestr.) Unterlassung. Echtes Unterlassungsdelikt, von dem es Versuch nicht gibt. §§ 80 ff., 87 ff., 146 f., 149, 211, 249 ff., 255,

306 ff.; MStGB. §§ 60 f., 77, 104 f., SprengstG. § 13 (N. * zu § 311); nach SpionG. § 9 (N. * zu § 89) ist nur vorsätzl. Unterlassen strafbar u. sind Angehörige straflos; RepSchutzG. § 5.

§ 140 ist infolge der Abschaffung der allgemeinen Wehrpflicht gegenstandslos.

Werbung z. ausländ. Militärdienst u. Verleitg. z. Desertion.

§ 141. Wer einen Deutschen zum Militärdienste einer ausländischen Macht anwirbt oder den Werbern der letzteren zuführt, ingleichen wer einen deutschen Soldaten vorsätzlich zum Desertieren verleitet oder die Desertion desselben vorsätzlich befördert, wird mit Gefängnis von drei Monaten bis zu drei Jahren bestraft.

Der Versuch ist strafbar.

Zuständ.: Schöffeng. od. AK. Kein Dauerdelikt. Desertion oder Fahnenflucht, d. i. unerl. Entfernung von der Truppe od. der Dienststellung in der Absicht, sich der Dienstverpflichtung dauernd zu entziehen: MStGB. §§ 69 ff. Bei erfolgloser Verleitung usw.: Versuch. „Deutscher": StAngG. v. 22. Juli 1913. „Soldat": Angehör. der Reichswehr od. Reichsmarine; vgl. § 112.

§§ 142, 143 sind wie § 140 infolge der Abschaffung der allgemeinen Wehrpflicht gegenstandslos.

Verleitg. z. Auswanderung.

§ 144. Wer es sich zum Geschäfte macht, Deutsche unter Vorspiegelung falscher Tatsachen oder wissentlich mit unbegründeten Angaben oder durch andere auf Täuschung berechnete Mittel zur Auswanderung zu verleiten, wird mit Gefängnis von einem Monat bis zu zwei Jahren bestraft.

Zuständ.: Schöffeng. od. AK. § 144 enthält den einzigen Fall von Geschäftsmäßigkeit im StGB. und eine Qualifizierung zu dem einf. Tatbestand des AuswG. § 45 II.*)

---

*) Ges. über das Auswanderungswesen v. 9. Juni 1897 (RGBl. S. 463):

§ 45. Wer ohne die nach §§ 1 und 11 erforderliche Erlaubnis die Beförderung von Auswanderern betreibt oder bei einem solchen Betriebe gewerbsmäßig mitwirkt, wird mit Gefängnis bis zu einem Jahre und mit Geldstrafe . . . oder mit einer dieser Strafen bestraft.

Die gleiche Strafe trifft denjenigen, welcher sich zum Geschäfte macht, zur Auswanderung anzuwerben.

§ 48. Wer eine Frauensperson zu dem Zwecke, sie der gewerbsmäßigen Unzucht zuzuführen, mittelst arglistiger Verschweigung dieses Zweckes zur Auswanderung verleitet, wird mit Zuchthaus bis zu fünf Jahren bestraft. Neben der Zuchthausstrafe ist der Verlust der

Sicherg. des Seeverkehrs.

§ 145. Wer die [vom Kaiser]

zur Verhütung des Zusammenstoßens der Schiffe auf See,

über das Verhalten der Schiffer nach einem Zusammenstoße von Schiffen auf See, oder

in Betreff der Not- und Lotsensignale für Schiffe auf See und auf den Küstengewässern

erlassenen Verordnungen übertritt, wird mit Geldstrafe . . . bestraft.

Zuständig: AR. Vorsätzl. u. fahrläss. Übertretung ist starfbar (RGSt. 45, 394). Strafumwandlung in Gefängnis oder Haft: § 29. StPO. §§ 232, 277 ff. (Verf. gg. Abwesende). VV. v. 15. Aug. 1876/29. Juli 1889 (RGBl. S. 189 bzw. 271, Verhalten der Schiffer nach einem Zusammenstoß usw.), 16. Okt. 1900 (RGBl. S. 1003, Abblendung der Seitenlichter und Einrichtung der Positionslaternen usw.; Bek. v. 8. Dez. 1900, RGBl. S. 1036), 18. Okt. 1903 (RGBl. S. 283, Ruderkommando), 5. Febr. 1906 (RGBl. S. 120, Seestraßenordnung), 7. Febr. 1907 (RGBl. S. 27, Lotsensignalordnung). Die frühere Verordnungsgewalt des Kaisers hat jetzt die Reichsregierung mit Zustimmung des Reichsrats (RV. Art. 77).

Unbef. Ausgabe v. Schuldverschreibgn. auf d. Inhaber.

§ 145a. Wer im Inlande Schuldverschreibungen auf den Inhaber, in denen die Zahlung einer bestimmten Geldsumme versprochen wird, ohne die erforderliche staatliche Genehmigung ausstellt und in den Verkehr bringt, wird mit einer Geldstrafe bestraft, die dem fünften Teile des Nennwerts der ausgegebenen Schuldverschreibungen gleichkommen kann. . . .

Zuständig: AR. Strafbestimmung zu BGB. § 795 (EGzBGB. Art. 34). Mindestbetrag: 3 Reichsmark (§ 27). Strafumwandlung: § 29. — Inhaberpapiere mit Prämien: RGes. v. 8. Juni 1871; Hyp.-Pfandbriefe: HypBkG. v. 13. Juli 1899/14. Juli 1923.

Für unverzinsl. Schuldverschreibgn. auf d. Inhaber wird § 145a ausgeschlossen durch die Sonderbestimmung des § 39 RBankG. v. 30. Aug. 1924: „Wer unbefugt Banknoten od. sonstige auf den Inhaber lautende unverzinsl. Schuldverschreibgn.

---

bürgerlichen Ehrenrechte auszusprechen; auch kann zugleich auf Geldstrafe ... sowie auf Zulässigkeit von Polizeiaufsicht erkannt werden.

Dieselben Strafvorschriften finden auf denjenigen Anwendung, welcher mit Kenntnis des vom Täter in solcher Weise verfolgten Zweckes die Auswanderung der Frauensperson vorsätzlich befördert; sind mildernde Umstände vorhanden, so tritt Gefängnisstrafe nicht unter drei Monaten ein, neben welcher auf Geldstrafe ... erkannt werden kann.

ausgibt, wird mit einer Geldstrafe bestraft, welche dem Zehnfachen des Betrages der von ihm ausgegeb. Wertzeichen gleichkommt, mindestens aber fünftausend Reichsmark beträgt."

Achter Abschnitt.

Münzverbrechen und Münzvergehen.

Münzfälschung (Falschmünzerei und Münzverfälschung).

§ 146. Wer inländisches oder ausländisches Metallgeld oder Papiergeld nachmacht, um das nachgemachte Geld als echtes zu gebrauchen oder sonst in Verkehr zu bringen, oder wer in gleicher Absicht echtem Gelde durch Veränderung an demselben den Schein eines höheren Werts oder verrufenem Gelde durch Veränderung an demselben das Ansehen eines noch geltenden gibt, wird mit Zuchthaus nicht unter zwei Jahren bestraft; auch ist Polizei-Aufsicht zulässig.

Sind mildernde Umstände vorhanden, so tritt Gefängnisstrafe ein.

Zuständig: SchöffG. — Gebrauchmachen ist weder zur Vollendung des Münzverbrechens notwendig (anders bei Urkundenfälschung: § 267), noch eine neue Straftat. „Verrufen" = außer Kurs gesetzt. §§ 4 [1], 8, 32, 38 (Polizei-Aufsicht nicht neben Gefängnis), 139 (Anzeigenunterlassung), 149 (Papiergeld), 152 (Einziehung); StPO. § 92 (Sachverst.-Gutachten).

Münzbetrug.

§ 147. Dieselben Strafbestimmungen finden auf denjenigen Anwendung, welcher das von ihm auch ohne die vorbezeichnete Absicht nachgemachte oder verfälschte Geld als echtes in Verkehr bringt, sowie auf denjenigen, welcher nachgemachtes oder verfälschtes Geld sich verschafft und solches entweder in Verkehr bringt oder zum Zwecke der Verbreitung aus dem Auslande einführt.

Zuständig: SchöffG. Vgl. § 146 und Anm.

Weitergabe falschen Geldes.

§ 148. Wer nachgemachtes oder verfälschtes Geld als echtes empfängt und nach erkannter Unechtheit als echtes in Verkehr bringt, wird mit Gefängnis bis zu drei Monaten oder mit Geldstrafe . . . bestraft.

Der Versuch ist strafbar.

Zuständig: AR. „Empfängt": auch durch Finden, Stehlen usw. §§ 152 (Einziehung), 263 und 267, 270 (Gesetzeskonkurr.).

Dem Papiergeld gleichzuachtende Wertpapiere.

§ 149. Dem Papiergelde werden gleich geachtet die auf den Inhaber lautenden Schuldverschreibungen, Banknoten, Aktien oder deren Stelle vertretende Interimsscheine oder Quittungen, sowie die zu diesen Papieren gehörenden Zins-, Gewinnanteils- oder Erneuerungsscheine, welche von dem Reich, dem Norddeutschen Bunde, einem Bundesstaate oder fremden Staate oder von einer zur Ausgabe solcher Papiere berechtigten Gemeinde, Korporation, Gesellschaft oder Privatperson ausgestellt sind.

Zu §§ 146—148. § 149 schließt §§ 267 ff. aus. Vgl. BGB. § 793.

Münzverringerg. (Kippen und Wippen).

§ 150. Wer echte, zum Umlauf bestimmte Metallgeldstücke durch Beschneiden, Abfeilen oder auf andere Art verringert und als vollgültig in Verkehr bringt, oder wer solche verringerte Münzen gewohnheitsmäßig oder im Einverständnisse mit dem, welcher sie verringert hat, als vollgültig in Verkehr bringt, wird mit Gefängnis bestraft, neben welchem auf Geldstrafe . . ., sowie auf Verlust der bürgerlichen Ehrenrechte erkannt werden kann.

Der Versuch ist strafbar.

Zuständig: SchöffG. od. AK. §§ 32, 35.

Anschaffg. v. Werkzeug z. Münzverbr.

§ 151. Wer Stempel, Siegel, Stiche, Platten oder andere zur Anfertigung von Metallgeld, Papiergeld oder dem letzteren gleich geachteten Papieren dienliche Formen zum Zwecke eines Münzverbrechens angeschafft oder angefertigt hat, wird mit Gefängnis bis zu zwei Jahren bestraft.

Zuständig: SchöffG. od. AK. § 151 enthält als selbständiges Vergehen strafb. Vorbereitungshandlungen zum Münzverbrechen: Versuch ist straflos (§ 43 II). §§ 152 (Einziehung), 360^{4-6}; Ges. v. 26. Mai 1885 / 2. Januar 1911, betr. den Schutz des zur Anfertigung von Reichskassenscheinen / Reichsbanknoten verwendeten Papiers geg. unbef. Nachahmung; G. üb. den Schutz des zur Anfertigg. v. Schuldurkunden des Reichs und der Länder verwendeten Papiers gegen unbef. Nachahmg. v. 3. VII. 1925 (RGBl. I 93).

Einziehung.

§ 152. Auf die Einziehung des nachgemachten oder verfälschten Geldes, sowie der im § 151 bezeichneten Gegenstände ist zu erkennen, auch wenn die Verfolgung oder Verurteilung einer bestimmten Person nicht stattfindet.

§ 152 bezieht sich auf den ganzen 8. Abschnitt (§§ 146 ff.), nach RGSt. 14, 161 nicht auf § 150. Vgl. §§ 40, 42, StPO. §§ 430 bis 432 (Verfahren).

Neunter Abschnitt.
Meineid.

Parteimeineid.

§ 153. Wer einen ihm zugeschobenen, zurückgeschobenen oder auferlegten Eid wissentlich falsch schwört, wird mit Zuchthaus bis zu zehn Jahren bestraft.

Zuständig: Schwurger. — ZPO. §§ 445 ff., 475 ff., 481 ff., 287, 426, 441, 807, 883 (899), KO. § 125. Versuch: sobald der Schwörende mit dem Nachsprechen der Eidesformel begonnen. Mittäterschaft unmöglich, da jeder nur seine eigene Eidespflicht verletzt. Strafb. Meineid auch seitens Eidesunmündiger, Eidesunfähiger (§ 161) usw. §§ 158 (Widerruf), 161 (Ehrenrechtsverl. und Eidesunfähigkeit), 163 (fahrlässig im Gegensatz zu „wissentlich" oder vorsätzlich).

Zeugen- und Sachverständ.-Meineid.

§ 154. Gleiche Strafe trifft denjenigen, welcher vor einer zur Abnahme von Eiden zuständigen Behörde wissentlich ein falsches Zeugnis oder ein falsches Gutachten mit einem Eide bekräftigt oder den vor seiner Vernehmung geleisteten Eid wissentlich durch ein falsches Zeugnis oder ein falsches Gutachten verletzt.

Ist das falsche Zeugnis oder Gutachten in einer Strafsache zum Nachteile eines Angeschuldigten abgegeben und dieser zum Tode, zu Zuchthaus oder zu einer anderen mehr als fünf Jahre betragenden Freiheitsstrafe verurteilt worden, so tritt Zuchthausstrafe nicht unter drei Jahren ein.

Zuständig: Schwurger. — StPO. §§ 57, 61 ff., 79, ZPO. §§ 391 ff., 410. GVG. § 189, RAbgO. § 184. Vollendung bei Vor- (promissor.) Eid mit dem Abschluß der Vernehmung (nicht der ganzen Beweisaufnahme); vorherige Berichtigung: § 46[1]; Vollendung bei Nach- (assertor.) Eid mit Vollendung der Eidesformel. Versuch bei Voreid mit d. Anfang der falschen Aussage, bei Nacheid mit Beginn der Eidesleistung. Zeugeneid umfaßt auch die Antwort auf Generalfragen, Personalien. Uneidl. wissentl. falsche Aussage kann Begünstigung (§ 257) sein. §§ 153 Anm., 157 f. (Strafermäßigung), 161, 163.
Abs. 2 enthält straferhöh. Umst. zu Abs. 1.

Der Eidesleistg. gleichstehende Fälle.

§ 155. Der Ableistung eines Eides wird gleich geachtet, wenn

1. ein Mitglied einer Religionsgesellschaft, welcher das Gesetz den Gebrauch gewisser Beteuerungsformeln an Stelle des Eides gestattet, eine Erklärung unter der Beteuerungsformel seiner Religionsgesellschaft abgibt;
2. derjenige, welcher als Partei, Zeuge oder Sachverständiger einen Eid geleistet hat, in gleicher Eigenschaft eine Versicherung unter Berufung auf den bereits früher in derselben Angelegenheit geleisteten Eid abgibt, oder ein Sachverständiger, welcher als solcher ein- für allemal vereidet ist, eine Versicherung auf den von ihm geleisteten Eid abgibt;
3. ein Beamter eine amtliche Versicherung unter Berufung auf seinen Diensteid abgibt.

Zu §§ 153 f.
Nr. 1: StPO. § 65, ZPO. § 484.
Nr. 2: StPO. §§ 67, 79 II, ZPO. §§ 398, 410.
Nr. 3: § 359 („Beamter"), ZPO. § 386 II usw.

Wissentl. falsche Versicherg. an Eides Statt.

§ 156. Wer vor einer zur Abnahme einer Versicherung an Eides Statt zuständigen Behörde eine solche Versicherung wissentlich falsch abgibt oder unter Berufung auf eine solche Versicherung wissentlich falsch aussagt, wird mit Gefängnis von Einem Monat bis zu drei Jahren bestraft.

Zuständig: SchöffG. od. AK. Die eidesstattliche Versicherung muß vor der betr. Behörde und in der betr. Angelegenheit statthaft sein, z. B. zur Glaubhaftmachung vor Gericht, Standes-, Finanzamt usw.: ZPO. § 294, BGB. § 2356 II, FGG. § 15, PStG. § 45, RAbgO. § 176 usw. Vgl. §§ 157 f. (Strafermäßigung), 161 II (Ehrenrechtsverlust), 163 (Fahrläss.).

Strafermäßigg.: Privilegierte Fälle.

§ 157. Hat ein Zeuge oder Sachverständiger sich eines Meineids (§§ 154, 155) oder einer falschen Versicherung an Eides Statt schuldig gemacht, so ist die an sich verwirkte Strafe auf die Hälfte bis ein Viertel zu ermäßigen, wenn

1. die Angabe der Wahrheit gegen ihn selbst eine Verfolgung wegen eines Verbrechens oder Vergehens nach sich ziehen konnte, oder

2. der Aussagende die falsche Aussage zugunsten einer Person, rücksichtlich welcher er die Aussage ablehnen durfte, erstattet hat, ohne über sein Recht, die Aussage ablehnen zu dürfen, belehrt worden zu sein.

Ist hiernach Zuchthausstrafe unter Einem Jahre verwirkt, so ist dieselbe nach Maßgabe des § 21 in Gefängnisstrafe zu verwandeln.

Zuständig bei Meineid: Schwurger., bei falscher eidesstattlicher Versicherung: Schöffeng. oder AR. § 157 bezieht sich auf §§ 154 bis 156, § 158 auf §§ 153—156. Bei Zusammentreffen von §§ 157 und 158 wird die Strafe nur einmal ermäßigt.
Abs. 1: Sog. Eidesnotstand, strafvermindernde Umstände, deren irrige Annahme nicht genügt: § 50, StPO. §§ 263, 267. Vgl. § 161 II.
Nr. 1: StPO. §§ 55, 72, ZPO. §§ 384², 408.
Nr. 2: Belehrung: StPO. §§ 52, 58, 72, 76, ZPO. § 383 II; Belehrung nicht vorgeschrieben: StPO. §§ 53—55, ZPO. § 383 I Nr. 4, 5. Auch letztere Fälle umfaßt § 157².

Strafermäßigg.: Widerruf.

§ 158. Gleiche Strafermäßigung tritt ein, wenn derjenige, welcher sich eines Meineides oder einer falschen Versicherung an Eides Statt schuldig gemacht hat, bevor eine Anzeige gegen ihn erfolgt oder eine Untersuchung gegen ihn eingeleitet und bevor ein Rechtsnachteil für einen anderen aus der falschen Aussage entstanden ist, diese bei derjenigen Behörde, bei welcher er sie abgegeben hat, widerruft.

Der Strafmilderungsgrund des § 158 bezieht sich auf §§ 153—156. Vgl. §§ 157 Anm., 161 II, 163 II (Strafaufhebungsgrund), StPO. § 158 I (Anzeigeerstattung). (Nicht notw. ausdrücklicher oder unmittelbarer) Widerruf bei derselben Behörde, auch durch Vermittlung einer anderen.

Unternommene Verleitg. z. Meineid.

§ 159. Wer es unternimmt, einen anderen zur Begehung eines Meineides zu verleiten, wird mit Zuchthaus bis zu fünf Jahren, und wer es unternimmt, einen anderen zur wissentlichen Abgabe einer falschen Versicherung an Eides Statt zu verleiten, mit Gefängnis bis zu einem Jahre bestraft.

Zuständig: SchöffG., für das Verg. auch AR. Meineid: §§ 153 bis 155; wissentl. Abgabe einer falschen eidesstattlichen Versicherung: § 156. (Erfolgloser) Versuch der Anstiftung ist hier selbständ. Delikt. Bei erfolgreicher Verleitung, wenn der Verleitete daraufhin wissentlich falsch schwört od. es versucht: Anstiftung (§ 48) zum vollend.

od. versuchten Meineid, wodurch § 159 ausgeschlossen.*) Handelt aber der Meineidige aus eigenem Antrieb ohne „Anstiftung“, so fällt das Unternehmen der Verleitung unter § 159. Verleitung zum fahrlässigen Falscheid: § 160. Kein Versuch (§§ 43, 46) des „Unternehmens“. Vgl. § 161 II.

Verleitg. z. Falscheid.

§ 160. Wer einen anderen zur Ableistung eines falschen Eides verleitet, wird mit Gefängnis bis zu zwei Jahren bestraft, neben welchem auf Verlust der bürgerlichen Ehrenrechte erkannt werden kann, und wer einen anderen zur Ableistung einer falschen Versicherung an Eides Statt verleitet, wird mit Gefängnis bis zu sechs Monaten bestraft.

Der Versuch ist strafbar.

Zuständig: SchöffG. bzw. AR. Vollendung setzt Leistung des objektiv unrichtigen, vom Schwörenden nicht als solchen gewollten, entw. fahrlässigen (§ 163) oder nicht fahrlässigen Eides voraus. Vgl. §§ 32, 35.

Ehrenrechtsverlust u. Eidesunfähigkeit.

§ 161. Bei jeder Verurteilung wegen Meineides, mit Ausnahme der Fälle in den §§ 157 und 158, ist auf Verlust der bürgerlichen Ehrenrechte und außerdem auf die dauernde Unfähigkeit des Verurteilten, als Zeuge oder Sachverständiger eidlich vernommen zu werden, zu erkennen.

In den Fällen der §§ 156 bis 159 kann neben der Gefängnisstrafe auf Verlust der bürgerlichen Ehrenrechte erkannt werden.

Abs. 1 bezieht sich nur auf vollendeten Meineid (§§ 153—155) und Anstiftung hierzu (§ 48 II), nicht auf Verleitung (§ 159); bei Versuch (§ 45) oder Beihilfe (§ 49) ist zwar die Aberkennung der Ehrenrechte obligatorisch, die der Eidesfähigkeit aber unzulässig. Die Aberkennung der Eidesfähigkeit ist im Urteilstenor auszusprechen und auch gegen Jugendliche vorgeschrieben, gegen die im übr. auf Ehrverlust nicht erkannt werden darf (JugGG. § 9 V). Vgl. § 32, StPO. § 57[2], ZPO. § 393[2], BGB. § 2237[3].

Abs. 2 setzt mindestens 3 Monate Gef. voraus. §§ 32, 35.

---

*) Anstiftg. zum Meineid ist nach RG. 60, 1 nur gegeben, wenn der Wille des Anstifters darauf gerichtet war, den Täter zu einer wider besseres Wissen erstatteten Aussage zu veranlassen; daran fehlt es, wenn Täter einem Zeugen einzureden suchte, die ihm angesonnene falsche Aussage sei wahr, der Zeuge aber die Aussage in Kenntnis ihrer Unwahrheit beschwört.

Eidesbruch.

§ 162. Wer vorsätzlich einer durch eidliches Angelöbnis vor Gericht bestellten Sicherheit oder dem in einem Offenbarungseide gegebenen Versprechen zuwiderhandelt, wird mit Gefängnis bis zu zwei Jahren bestraft.

Zuständig: SchöffG. od. AR. Bedeutungslose Strafbestimmung. Wissentliche Verletzung des assertor. Offenb.-Eids ist Meineid. BGB. §§ 259 ff., 2006, 2028, 2057, ZPO. §§ 807, 883.

Fahrläss. Falscheid.

§ 163. Wenn eine der in den §§ 153 bis 156 bezeichneten Handlungen aus Fahrlässigkeit begangen worden ist, so tritt Gefängnisstrafe bis zu Einem Jahre ein.

Straflosigkeit tritt ein, wenn der Täter, bevor eine Anzeige gegen ihn erfolgt oder eine Untersuchung gegen ihn eingeleitet und bevor ein Rechtsnachteil für einen anderen aus der falschen Aussage entstanden ist, diese bei derjenigen Behörde, bei welcher er sie abgegeben hat, widerruft.

Zuständig: SchöffG. od. AR. Die Unkenntnis des Schwörenden von der Unwahrheit seiner Eidesaussage muß durch seine Fahrlässigkeit verschuldet (§ 59 II), die Erkenntnis der Unwahrheit also für ihn bei sorgfältiger Prüfung (vgl. ZPO. § 459) und gewissenhafter Überlegung möglich sein. Anstiftung ist nach § 160 strafbar.
Abs. 2 enthält einen Strafaufhebungsgrund zu Abs. 1. Vgl. § 158.

Zehnter Abschnitt.

Falsche Anschuldigung.

§ 164. Wer bei einer Behörde eine Anzeige macht, durch welche er jemand wider besseres Wissen der Begehung einer strafbaren Handlung oder der Verletzung einer Amtspflicht beschuldigt, wird mit Gefängnis nicht unter Einem Monat bestraft; auch kann gegen denselben auf Verlust der bürgerlichen Ehrenrechte erkannt werden.

Solange ein infolge der gemachten Anzeige eingeleitetes Verfahren anhängig ist, soll mit dem Verfahren und mit der Entscheidung über die falsche Anschuldigung inne gehalten werden.

Zuständig: SchöffG. od. AR.
Abs. 1: „Bei einer Behörde" ist die „Anzeige gemacht", wenn sie bei jener unmittelbar oder durch Vermittlung untergeordneter Polizeiorgane (wie Schutzleute, Gendarmen), die selbst keine Behörde i. S. § 164 sind, eingegangen ist. Fehlen die Voraussetzungen des

§ 164, handelt Täter z. B. nicht nachgewiesenermaßen „wider besseres Wissen", wozu dolus event. nicht genügt, so kann Beleidigung (§ 186) vorliegen. Idealkonk. mit §§ 185 ff. ist möglich. Vgl. §§ 32, 35, 344.

Abs. 2: § 69 (Ruhen der Verjährung). EGzStPO. § 5 I. „Verfahren": auch staatsanwaltschaftliches Ermittelungsverfahren.

Publikationsbefugnis.

§ 165. Wird wegen falscher Anschuldigung auf Strafe erkannt, so ist zugleich dem Verletzten die Befugnis zuzusprechen, die Verurteilung auf Kosten des Schuldigen öffentlich bekannt zu machen. Die Art der Bekanntmachung, sowie die Frist zu derselben, ist in dem Urteile zu bestimmen.

Dem Verletzten ist auf Kosten des Schuldigen eine Ausfertigung des Urteils zu erteilen.

„Dem Verletzten": nicht seinen Erben. Vgl. § 200; StPO. § 469.

Elfter Abschnitt.

Vergehen, welche sich auf die Religion beziehen.

Gotteslästerg., Beschimpfg. v. Religionsgesellsch. usw.

§ 166. Wer dadurch, daß er öffentlich in beschimpfenden Äußerungen Gott lästert, ein Ärgernis gibt, oder wer öffentlich eine der christlichen Kirchen oder eine andere mit Korporationsrechten innerhalb des Bundesgebietes bestehende Religionsgesellschaft oder ihre Einrichtungen oder Gebräuche beschimpft, ingleichen wer in einer Kirche oder in einem anderen zu religiösen Versammlungen bestimmten Orte beschimpfenden Unfug verübt, wird mit Gefängnis bis zu drei Jahren bestraft.

Zuständig: SchöffG. od. AR. „Gott" = Gottesbegriff je nach der Auffassung der einzelnen Konfessionen und Religionsgesellschaften; darnach ist Lästerung Christi Gotteslästerung. Diese muß Ärgernis erregt haben, nicht bloß Ärgernis zu erregen geeignet sein (vgl. §§ 183, 184 b). Beschädigung von Gegenständen der Verehrung: § 304. Vgl. RV. Art. 135 ff.

Gottesdienststörung.

§ 167. Wer durch eine Tätlichkeit oder Drohung jemand hindert, den Gottesdienst einer im Staate bestehenden Religionsgesellschaft auszuüben, ingleichen wer in einer Kirche oder in einem anderen zu religiösen Versammlungen bestimmten Orte durch Erregung von Lärm oder

Unordnung den Gottesdienst oder einzelne gottesdienstliche Verrichtungen einer im Staate bestehenden Religionsgesellschaft vorsätzlich verhindert oder stört, wird mit Gefängnis bis zu drei Jahren bestraft.

Zuständig: SchöffG. od. AR. Die Gottesdienststörung muß rechtswidrig sein, also genügt nicht durch erlaubten Gewerbebetrieb oder Notwehr gegen beleidigende Angriffe des Geistlichen in der Predigt verursachte Störung. Nötigung durch Amtsmißbrauch: § 339 III; Diebstahl, Beschädigung dem Gottesdienst gewidmeter Sachen: §§ 243 [1], 304.

Leichenraub u. Grabschändg.

§ 168. Wer unbefugt eine Leiche aus dem Gewahrsam der dazu berechtigten Person wegnimmt, ingleichen wer unbefugt ein Grab zerstört oder beschädigt, oder wer an einem Grabe beschimpfenden Unfug verübt, wird mit Gefängnis bis zu zwei Jahren bestraft; auch kann auf Verlust der bürgerlichen Ehrenrechte erkannt werden.

Zuständig: SchöffG. od. AR. Ehrenrechtsverlust: §§ 32, 35; Wegnahme von Leichenteilen: § 367 [1], Beschädigung von Grabmälern: § 304 (Idealkonkurrenz möglich).

Zwölfter Abschnitt.

Verbrechen und Vergehen in Beziehung auf den Personenstand.

Verletzg. des Personenstandes.

§ 169. Wer ein Kind unterschiebt oder vorsätzlich verwechselt, oder wer auf andere Weise den Personenstand eines anderen vorsätzlich verändert oder unterdrückt, wird mit Gefängnis bis zu drei Jahren und, wenn die Handlung in gewinnsüchtiger Absicht begangen wurde, mit Zuchthaus bis zu zehn Jahren bestraft.

Der Versuch ist strafbar.

Zuständig: SchöffG., bei Verg. auch AR. „Personenstand" ist das familienrechtliche Verhältnis (familienrechtliche Beziehung) einer Person zu anderen und wird auch durch uneheliche Vaterschaft begründet. Der Vorsatz ist auf dauernde Verdunkelung des Personenstandes gerichtet. Vgl. §§ 32; 221, 234 f., 271 f. (Idealkonk. möglich), 360 [8], PerſStG. § 68 (Verletzung der Anzeigepflicht).

Ehebetrug.

§ 170. Wer bei Eingehung einer Ehe dem anderen Teile ein gesetzliches Ehehindernis arglistig verschweigt, oder wer den anderen Teil zur Eheschließung arglistig mittels einer solchen Täuschung verleitet, welche den Getäuschten berechtigt, die Gültigkeit der Ehe anzufechten, wird, wenn aus einem dieser Gründe die Ehe aufgelöst worden ist, mit Gefängnis nicht unter drei Monaten bestraft.

Die Verfolgung tritt nur auf Antrag des getäuschten Teils ein.

Zuständig: SchöffG. od. AR. §§ 61 ff. (Antrag), 69 I (Ruhen der Verjährung), BGB. §§ 1303 ff., 1323 ff. (Ehehindernisse), 1334 (arglistige Täuschung). Auflösung der Ehe (Nichtigkeitserklärung) ist Bedingung der Strafverfolgung, nicht der Strafbarkeit (RGSt. 22, 135; Doerr, Strafr. I S. 27).

Dreizehnter Abschnitt.

Verbrechen und Vergehen wider die Sittlichkeit.

Doppelehe (Bigamie).

§ 171. Ein Ehegatte, welcher eine neue Ehe eingeht, bevor seine Ehe aufgelöst oder für nichtig erklärt worden ist, ingleichen eine unverheiratete Person, welche mit einem Ehegatten, wissend, daß er verheiratet ist, eine Ehe eingeht, wird mit Zuchthaus bis zu fünf Jahren bestraft.

Sind mildernde Umstände vorhanden, so tritt Gefängnisstrafe nicht unter sechs Monaten ein.

Die Verjährung der Strafverfolgung beginnt mit dem Tage, an welchem eine der beiden Ehen aufgelöst oder für nichtig erklärt worden ist.

Zuständig: SchöffG. §§ 32, 338 (Bestrafung des Standesbeamten), BGB. §§ 1309 (zivilrechtl. Verbot), 1317 f. (Eingehung der Ehe — Eheschließung), 1323 ff. (Nichtigkeit der Ehe), 1564 ff. (Ehescheidung).

Ehebruch.

§ 172. Der Ehebruch wird, wenn wegen desselben die Ehe geschieden ist, an dem schuldigen Ehegatten, sowie dessen Mitschuldigen mit Gefängnis bis zu sechs Monaten bestraft.

Die Verfolgung tritt nur auf Antrag ein.

Zuständig: AR. „Ehebruch“: Beischlafsvollziehung oder Geschlechtsvereinigung. Auf Scheidung, die Verfolgbarkeits-, nicht Strafbarkeitsbedingung ist (vgl. § 170 Anm.), muß wegen des den Gegenstand der Anklage bildenden Ehebruchs rechtskräftig erkannt sein. Mit Rechtskraft des Scheidungsurteils beginnt die Verjährung. §§ 61 ff. (Antrag), 69 I (Ruhen der Verjährung), BGB. §§ 1312, 1328 (Ehebruch als Ehehindernis, Ehenichtigkeit). 1565 (Ehebruch als

Scheidungsgrund), 1575 (Aufhebung der ehelichen Gemeinschaft schließt Ehebruch aus).

Blutschande (Inzest).

§ 173. Der Beischlaf zwischen Verwandten auf- und absteigender Linie wird an den ersteren mit Zuchthaus bis zu fünf Jahren, an den letzteren mit Gefängnis bis zu zwei Jahren bestraft.

Der Beischlaf zwischen Verschwägerten auf- und absteigender Linie, sowie zwischen Geschwistern wird mit Gefängnis bis zu zwei Jahren bestraft.

Neben der Gefängnisstrafe kann auf Verlust der bürgerlichen Ehrenrechte erkannt werden.

Verwandte und Verschwägerte absteigender Linie bleiben straflos, wenn sie das achtzehnte Lebensjahr nicht vollendet haben.

Zuständig: SchöffG., bei Verg. auch AR. „Verwandte", „Verschwägerte": auch unehel. wie in § 52 II (BGB. § 1589 II hat hier keinen Einfluß; vgl. EGzBGB. Art. 33, BGB. § 1310 III). Die die Schwägerschaft begründende Ehe braucht nicht mehr zu bestehen. Unkenntnis der Verwandtschaft, Eheschließung: § 59; dagegen macht der Irrtum über Begriff der Verwandtschaft, Fortdauer der Schwägerschaft auch nach Auflösung der Ehe nicht straffrei. Vollendung des 18. Lebensjahres: BGB. § 187 II. Vgl. §§ 32, 35, 172 (Idealkonk. möglich).

Unzucht unter Mißbrauch eines Abhängigkeitsverhältnisses.

§ 174. Mit Zuchthaus bis zu fünf Jahren werden bestraft:

1. Vormünder, welche mit ihren Pflegebefohlenen, Adoptiv- und Pflegeeltern, welche mit ihren Kindern, Geistliche, Lehrer und Erzieher, welche mit ihren minderjährigen Schülern oder Zöglingen unzüchtige Handlungen vornehmen;
2. Beamte, die mit Personen, gegen welche sie eine Untersuchung zu führen haben oder welche ihrer Obhut anvertraut sind, unzüchtige Handlungen vornehmen;
3. Beamte, Ärzte oder andere Medizinalpersonen, welche in Gefängnissen oder in öffentlichen, zur Pflege von Kranken, Armen oder anderen Hilflosen bestimmten Anstalten beschäftigt oder angestellt sind, wenn sie mit den in das Gefängnis oder in die Anstalt aufgenommenen Personen unzüchtige Handlungen vornehmen.

Sind mildernde Umstände vorhanden, so tritt Gefängnisstrafe nicht unter sechs Monaten ein.

Zuständig: SchöffG. „Unzüchtige Handlungen" müssen das allgemeine Scham- und Sittlichkeitsgefühl in geschlechtlicher Beziehung verletzen und hier (abw. von § 183) auf Erregung oder Befriedigung eigener oder fremder Geschlechtslust gerichtet sein. §§ 32, 52 II, 176 (Idealkonkurrenz möglich), 359 (Beamte), BGB. §§ 1741 ff. (Adoption), 1793 ff. (Vormund); Pfleger (BGB. §§ 1909 ff.) fallen nicht unter obige Strafbestimmung.

Widernatürl. Unzucht (Sodomie): Päderastie u. Bestialität.

§ 175. Die widernatürliche Unzucht, welche zwischen Personen männlichen Geschlechts oder von Menschen mit Tieren begangen wird, ist mit Gefängnis zu bestrafen; auch kann auf Verlust der bürgerlichen Ehrenrechte erkannt werden.

Zuständig: SchöffG. od. AK. „Widernatürl. Unzucht": Nur beischlafsähnliche Handlungen. Vgl. §§ 32, 35, 176[3] (Idealkonk. mögl.); BGB. § 1565 (Ehescheidgsgrund).

Unzucht mit Gewalt, Mißbrauch einer Geisteskranken, Unzucht mit Kindern.

§ 176. Mit Zuchthaus bis zu zehn Jahren wird bestraft, wer

1. mit Gewalt unzüchtige Handlungen an einer Frauensperson vornimmt oder dieselbe durch Drohung mit gegenwärtiger Gefahr für Leib oder Leben zur Duldung unzüchtiger Handlungen nötigt;
2. eine in einem willenlosen oder bewußtlosen Zustande befindliche oder eine geisteskranke Frauensperson zum außerehelichen Beischlafe mißbraucht, oder
3. mit Personen unter vierzehn Jahren unzüchtige Handlungen vornimmt oder dieselben zur Verübung oder Duldung unzüchtiger Handlungen verleitet.

Sind mildernde Umstände vorhanden, so tritt Gefängnisstrafe nicht unter sechs Monaten ein.

Zuständig: SchöffG. Täter nach Nr. 1 und 3 kann auch eine Frauensperson sein. „An einer Frauensperson" (Nr. 1) und „mit Personen usw." (Nr. 3) = an dem Körper der betr. Person. §§ 32, 51 (zu Nr. 2: „bewußtlos" usw.), 52 I (zu Nr. 1: „Gewalt" oder „Drohung usw."), 59 (Kenntnis des Täters von dem Zustand der Frau [Nr. 2] und dem Alter des Kindes [Nr. 3], dol. event. genügt), 174 („unzüchtige Handlungen"), 177 (freiwilliger Rücktritt vom Notzuchtsversuch [§ 46[1]] schließt Verurteilung wegen vollendeter Unzucht nach § 176[1], [3] nicht aus; § 177 ist allein anwendbar, wenn Täter selbst den willenlosen Zustand [§ 176[2]] zwecks Beischlafs hervorgerufen), 178 (straferhöhender Umstand), 185 (Idealkonk. mögl.), 240 (Idealkonk. mit § 176³ möglich). § 176¹ erwähnt nur Nötigung einer Frauensperson; Nötigung einer Mannsperson ist nach § 240 strafbar, ebenso Nötigung zur Verübung, nicht Duldung, unzücht. Handlungen.

Notzucht.

§ 177. Mit Zuchthaus wird bestraft, wer durch Gewalt oder durch Drohung mit gegenwärtiger Gefahr für Leib oder Leben eine Frauensperson zur Duldung des außerehelichen Beischlafs nötigt, oder wer eine Frauensperson zum außerehelichen Beischlafe mißbraucht, nachdem er sie zu diesem Zwecke in einen willenlosen oder bewußtlosen Zustand versetzt hat.

Sind mildernde Umstände vorhanden, so tritt Gefängnisstrafe nicht unter Einem Jahre ein.

Zuständig.: SchöffG. § 176 und Anm. Gegenüber § 176¹ ist § 177 das speziellere Gesetz. Täter der 1. Alternative kann auch eine Frauensperson sein.

Tod der Verletzten.

§ 178. Ist durch eine der in den §§ 176 und 177 bezeichneten Handlungen der Tod der verletzten Person verursacht worden, so tritt Zuchthausstrafe nicht unter zehn Jahren oder lebenslängliche Zuchthausstrafe ein.

Zuständig: Schwurger. Todesfolge ist straferhöhender Umstand.

Erschleichung des Beischlafs.

§ 179. Wer eine Frauensperson zur Gestattung des Beischlafs dadurch verleitet, daß er eine Trauung vorspiegelt, oder einen anderen Irrtum in ihr erregt oder benutzt, in welchem sie den Beischlaf für einen ehelichen hielt, wird mit Zuchthaus bis zu fünf Jahren bestraft.

Sind mildernde Umstände vorhanden, so tritt Gefängnisstrafe nicht unter sechs Monaten ein.

Die Verfolgung tritt nur auf Antrag ein.

Zuständig: SchöffG. § 179 schließt als spezielleres Ges. den § 185 und infolgedessen auch § 195 (Strafantragsrecht des Ehemanns einer verletzten Ehefrau) aus (bestritten). §§ 32, 61.

Kuppelei.

§ 180. Wer gewohnheitsmäßig oder aus Eigennutz durch seine Vermittelung oder durch Gewährung oder Verschaffung von Gelegenheit der Unzucht Vorschub leistet, wird wegen Kuppelei mit Gefängnis nicht unter einem

Monate bestraft; auch kann zugleich auf Geldstrafe . . ., auf Verlust der bürgerlichen Ehrenrechte sowie auf Zulässigkeit von Polizei-Aufsicht erkannt werden. Sind mildernde Umstände vorhanden, so kann die Gefängnisstrafe bis auf einen Tag ermäßigt werden.

Zuständig: SchöffG. od. AR. „Gewohnheitsmäßige" Kuppelei: Kollektivdelikt. „Unzucht": jedes gegen Zucht und Sitte verstoßende Handeln im Bereiche des geschlechtlichen Verkehrs. Die Unzuchttreibenden können Teilnehmer an der Kuppelei sein. „Vorschubleisten", auch durch vorsätzl. Unterlassen pflichtmäßigen Handelns (Einschreitens usw.), pflichtwidriges Dulden unzüchtigen Treibens. Vollendung der Kuppelei setzt nicht voraus, daß Unzucht wirklich verübt wird. Auch bei mild. Umständen läßt RG. 52, 382 Geldstr. neben Gef. zu (bestr.; vgl. § 181 III). §§ 32, 35, 38, 181, 181a (Gesetzeskonk.); Einschränkung d. kurzen Freiheitsstr.: § 27b.

Schwere Kuppelei.

§ 181. Die Kuppelei ist, selbst wenn sie weder gewohnheitsmäßig noch aus Eigennutz betrieben wird, mit Zuchthaus bis zu fünf Jahren zu bestrafen, wenn

1. um der Unzucht Vorschub zu leisten, hinterlistige Kunstgriffe angewendet werden, oder
2. der Schuldige zu der verkuppelten Person in dem Verhältnisse des Ehemanns zur Ehefrau, von Eltern zu Kindern, von Vormündern zu Pflegebefohlenen, von Geistlichen, Lehrern oder Erziehern zu den von ihnen zu unterrichtenden oder zu erziehenden Personen steht.

Neben der Zuchthausstrafe ist der Verlust der bürgerlichen Ehrenrechte auszusprechen; auch kann zugleich auf Geldstrafe . . . sowie auf Zulässigkeit von Polizei-Aufsicht erkannt werden.

Sind im Falle des Abs. 1 Nr. 2 mildernde Umstände vorhanden, so tritt Gefängnisstrafe ein, neben welcher auf Geldstrafe . . . erkannt werden kann.

Zuständig: SchöffG.
Abs. 1 Nr. 1: „Hinterlistig": Vorbedachtes Handeln unter Verdeckung der wahren Absicht, um den unvorbereiteten Zustand eines andern zur Verwirklichung eines Planes auszunützen.
Nr. 2: Die persönlichen Verhältnisse sind nicht straferhöhende Umstände zu § 180 i. S. § 50, sondern strafbegründend, da § 181 die für § 180 erforderten Tatbestandsmerkmale der Gewohnheitsmäßigkeit oder des Eigennutzes nicht voraussetzt; daher Bestrafung auch eines fremden Teilnehmers aus § 181. „Eltern": auch Stiefeltern, nicht Schwiegereltern. Vgl. § 174 [1].
Abs. 2, 3: §§ 32, 38.

Zuhälterei.

§ 181 a. Eine männliche Person, welche von einer Frauensperson, die gewerbsmäßig Unzucht treibt, unter Ausbeutung ihres unsittlichen Erwerbes ganz oder teilweise den Lebensunterhalt bezieht, oder welche einer solchen Frauensperson gewohnheitsmäßig oder aus Eigennutz in bezug auf die Ausübung des unzüchtigen Gewerbes Schutz gewährt oder sonst förderlich ist (Zuhälter), wird mit Gefängnis nicht unter Einem Monate bestraft.

Ist der Zuhälter der Ehemann der Frauensperson, oder hat der Zuhälter die Frauensperson unter Anwendung von Gewalt oder Drohungen zur Ausübung des unzüchtigen Gewerbes angehalten, so tritt Gefängnisstrafe nicht unter Einem Jahre ein.

Neben der Gefängnisstrafe kann auf Verlust der bürgerlichen Ehrenrechte, auf Zulässigkeit von Polizei-Aufsicht sowie auf Überweisung an die Landespolizeibehörde mit den im § 362 Abs. 3 und 4 vorgesehenen Folgen erkannt werden.

Zuständig: SchöffG. od. AR. Zuhälterei: persönliche Beziehung eines Mannes zu einer Gewerbsunzucht treibenden Frauensperson. §§ 32, 35, 38, 180 f. (durch § 181 a ausgeschlossen).

Verführg. z. Beischlaf.

§ 182. Wer ein unbescholtenes Mädchen, welches das sechzehnte Lebensjahr nicht vollendet hat, zum Beischlafe verführt, wird mit Gefängnis bis zu Einem Jahre bestraft.

Die Verfolgung tritt nur auf Antrag der Eltern oder des Vormundes der Verführten ein.

Zuständig: SchöffG. od. AR. Antragsberechtigt sind Vater oder Mutter ohne Rücksicht auf elterliche Gewalt (auch uneheliche Mutter) oder Vormund. §§ 59 (Kenntnis des Alters), 61 f., 176 ³ (Idealkonk. mögl.).

Erregg. öff. Ärgernisses durch unzücht. Handlungen.

§ 183. Wer durch eine unzüchtige Handlung öffentlich ein Ärgernis gibt, wird mit Gefängnis bis zu zwei Jahren oder mit Geldstrafe . . . bestraft.

Neben der Gefängnisstrafe kann auf Verlust der bürgerlichen Ehrenrechte erkannt werden.

Zuständig: SchöffG. od. AR. „Öffentlich ein Ärgernis gibt": Nicht ein öffentliches Ärgernis erregt; es genügt, wenn unbestimmt viele

Personen die „unzücht. Handlung" (§ 174 Anm.), hier auch mündl. Äußerung, wahrnehmen können, was der Täter wissen muß (§ 59), und wenigstens eine Person daran Ärgernis nimmt. §§ 32, 35, 166 („Ärgernis geben").

Verbreitg. unzücht. Schriften, öffentl. Ankündiggn. z. unzücht. Gebrauch od. Verkehr.

§ 184. Mit Gefängnis bis zu Einem Jahre und mit Geldstrafe . . . oder mit einer dieser Strafen wird bestraft, wer

1. unzüchtige Schriften, Abbildungen oder Darstellungen feilhält, verkauft, verteilt, an Orten, welche dem Publikum zugänglich sind, ausstellt oder anschlägt oder sonst verbreitet, sie zum Zwecke der Verbreitung herstellt oder zu demselben Zwecke vorrätig hält, ankündigt oder anpreist;
2. unzüchtige Schriften, Abbildungen oder Darstellungen einer Person unter sechzehn Jahren gegen Entgelt überläßt oder anbietet;
3. Gegenstände, die zu unzüchtigem Gebrauche bestimmt sind, an Orten, welche dem Publikum zugänglich sind, ausstellt oder solche Gegenstände dem Publikum ankündigt oder anpreist;
4. öffentliche Ankündigungen erläßt, welche dazu bestimmt sind, unzüchtigen Verkehr herbeizuführen.

Neben der Gefängnisstrafe kann auf Verlust der bürgerlichen Ehrenrechte sowie auf Zulässigkeit von Polizei-Aufsicht erkannt werden.

Zuständig: SchöffG. od. AR. EG. z. GVG. § 6. „Unzüchtig": Geeignet, das allgemeine Scham- und Sittlichkeitsgefühl in geschlechtlicher Beziehung zu verletzen; gröbliche Verletzung (§ 184 a) nicht erforderlich. §§ 32, 35, 38, 40 ff. (Einziehung), 85, PreßG. §§ 22 (Verjährg.), 23 [3].

Verletzg. des Schamgefühls.

§ 184 a.*) Wer Schriften, Abbildungen oder Darstellungen, welche, ohne unzüchtig zu sein, das Schamgefühl

---

*) Ges. zur Bewahrung der Jugend vor Schund- und Schmutzschriften v. 18. Dez. 1926 (RGBl. I S. 505): **§ 1.** Zum Schutze der heranwachsenden Jugend werden Schund- und Schmutzschriften in eine Liste aufgenommen. Sie sind, sobald ihre Aufnahme in die Liste öffentlich bekanntgemacht ist, im ganzen Reichsgebiete folgenden Beschränkungen unterworfen:

1. sie dürfen im Umherziehen weder feilgehalten noch angeboten oder

gröblich verletzen, einer Person unter sechzehn Jahren gegen Entgelt überläßt oder anbietet, wird mit Gefängnis bis zu sechs Monaten oder mit Geldstrafe . . . bestraft.

Zuständig: AR. Vgl. §§ 59 (Kenntnis des Alters), 184.

Veröffentl. anstöß. Gerichtssaalberichte.

§ 184 b. Mit Geldstrafe . . . oder mit Gefängnis bis zu sechs Monaten wird bestraft, wer aus Gerichtsverhandlungen, für welche wegen Gefährdung der Sittlichkeit die Öffentlichkeit ausgeschlossen war, oder aus den diesen

---

angekündigt werden; auch dürfen auf sie keine Bestellungen im Umherziehen gesucht oder entgegengenommen werden;
2. sie dürfen im stehenden Gewerbe, von Haus zu Haus oder auf öffentlichen Wegen, Straßen, Plätzen oder an anderen öffentlichen Orten nicht feilgeboten, angekündigt sowie innerhalb der Verkaufsräume und in Schaufenstern oder an anderen von der Straße aus sichtbaren Orten nicht zur Schau gestellt werden; auch dürfen Bestellungen auf sie nicht gesucht werden;
3. sie dürfen Personen unter 18 Jahren weder zum Kaufe angeboten noch innerhalb des gewerblichen Betriebs entgeltlich oder unentgeltlich überlassen werden.

Reichs-, Staats- und Gemeindebehörden haben die Verpflichtung, dafür Sorge zu tragen, daß in keiner ihrer Einrichtungen Kindern oder Jugendlichen Bücher oder Schriften zugänglich gemacht werden, die in die Liste der Schmutz- oder Schundschriften aufgenommen sind.

Werden mehr als zwei Nummern einer periodischen Druckschrift, die innerhalb Jahresfrist erschienen sind, auf die Liste gesetzt, so kann auch die periodische Druckschrift als solche auf die Dauer von drei bis zwölf Monaten auf die Liste gesetzt werden. Politische Tageszeitungen und politische Zeitschriften werden hiervon nicht betroffen.

Als auf die Liste gesetzt gilt auch eine angeblich neue Schrift, die sich sachlich als eine bereits auf die Liste gesetzte Schrift darstellt.

Eine Schrift kann wegen ihrer politischen, sozialen, religiösen, ethischen oder weltanschaulichen Tendenz als solcher nicht auf die Liste gesetzt werden.

§ 4 Abs. 5. Bei geschäftlicher Anpreisung von Schriften ist der Hinweis darauf verboten, daß ein Verfahren auf Aufnahme der Schrift in die Liste anhängig oder anhängig gewesen ist.

§ 6. Wer vorsätzlich den Bestimmungen der §§ 1 und 4 Abs. 5 zuwiderhandelt, und wer die Liste (§ 1) zum Zwecke des Anpreisens abdruckt oder vervielfältigt, wird mit Gefängnis bis zu einem Jahre und mit Geldstrafe oder mit einer dieser Strafen bestraft. Wer die Tat fahrlässig begeht, wird nur mit Geldstrafe bestraft.

In besonders leichten Fällen kann von Strafe abgesehen werden.

Neben der Strafe ist bei vorsätzlicher Zuwiderhandlung auf Einziehung der zur Begehung der Tat gebrauchten oder bestimmten Schriften zu erkennen, auch wenn sie weder dem Täter noch einem Teilnehmer gehören. Auf die Einziehung kann selbständig erkannt werden, wenn die Verfolgung oder Verurteilung einer bestimmten Person nicht ausführbar ist.

Verhandlungen zugrunde liegenden amtlichen Schriftstücken öffentlich Mitteilungen macht, welche geeignet sind, Ärgernis zu erregen.

Zuständig: AR. Ein Ärgernis braucht nicht gegeben oder erregt zu sein: vgl. §§ 166, 183. Umwandlung der Geldstrafe auch in Haft: § 29 I. GVG. §§ 170 ff., bes. 173, Ges. v. 5. April 1888, betr. die unter Ausschluß der Öffentlichkeit stattfindenden Gerichtsverhandlungen, Art. II und III:

Art. II. Wer die nach § 175 Absatz 2 des Gerichtsverfassungsgesetzes ihm auferlegte Pflicht der Geheimhaltung durch unbefugte Mitteilung verletzt, wird mit Geldstrafe ... oder mit Haft oder mit Gefängnis bis zu sechs Monaten bestraft.

Zuständig: AR.

Art. III. Soweit bei einer Gerichtsverhandlung die Öffentlichkeit wegen Gefährdung der Staatssicherheit ausgeschlossen war, dürfen Berichte über die Verhandlung durch die Presse nicht veröffentlicht werden. Das Gleiche gilt auch nach der Beendigung des Verfahrens in Betreff der Veröffentlichung der Anklageschrift oder anderer amtlicher Schriftstücke des Prozesses.

Zuwiderhandlungen unterliegen der im Artikel II bestimmten Strafe.

Art. IV = obiger § 184 b.

Vierzehnter Abschnitt.

Beleidigung.

Einfache Beleidigg.

§ 185. Die Beleidigung wird mit Geldstrafe ... oder mit Haft oder mit Gefängnis bis zu einem Jahre und, wenn die Beleidigung mittels einer Tätlichkeit begangen wird, mit Geldstrafe ... oder mit Gefängnis bis zu zwei Jahren bestraft.

Zuständig: bei öffentlicher Klage: SchöffG. od. AR., bei Preßbeleid. in Bayern, Württemberg usw. Schwurger. (EGzGVG. § 6, BayAG. Art. 35, WürttAG. Art. 12); für die (bei nur auf Antrag eintretender Verfolgung zulässige) Privatklage (StPO. § 374) AR. — „Beleidigung" ist vorsätzl. Kundgebung der Mißachtung eines andern. Subjektiv wird nur Bewußtsein, nicht (außer § 193) Absicht, der Ehrverletzung (Ehrenkränkung) erfordert; dol. event. genügt. Vollendung der Beleidigung setzt Kenntnisnahme des Beleidigten oder Dritter voraus. §§ 29 I (Umwandlung der Geldstrafe auch in Haft), 186, 187 (Idealkonk. mögl.), 188 (Buße nur in Fällen der §§ 186, 187, nicht des § 185), 192 f., 194 ff. (Antrag), 200 (Veröffentlichungsbefugnis); RepSchutzG. §§ 7^2, 8^1 (Beschimpfg. und Verleumdg. von Mitgliedern der republikan. Regierung des Reichs od. eines deutschen Landes).

Üble Nachrede (Rufgefährdung).

§ 186. Wer in Beziehung auf einen anderen eine Tatsache behauptet oder verbreitet, welche denselben verächtlich zu machen oder in der öffentlichen Meinung herabzuwürdigen geeignet ist, wird, wenn nicht diese Tatsache erweislich wahr ist, wegen Beleidigung mit Geldstrafe . . . oder mit Haft oder mit Gefängnis bis zu einem Jahre und, wenn die Beleidigung öffentlich oder durch Verbreitung von Schriften, Abbildungen oder Darstellungen begangen ist, mit Geldstrafe . . . oder mit Gefängnis bis zu zwei Jahren bestraft.

Zuständig: wie § 185. Vgl. Anm. hierzu. Möglichkeit einer Achtungsminderung genügt. Wahrheitsbeweis (bei Nachrede strafbarer Handlungen): §§ 190 ff. Nichterweislichkeit: Bedingung der Strafbarkeit, kein Tatbestandsmerkmal, dessen sich Täter bewußt sein müßte (§ 59); er bleibt strafbar, auch wenn die behauptete (konkrete) Tatsache wahr ist und nur nicht oder (z. B. infolge Todes des Zeugen) nicht mehr bewiesen werden kann. Guter Glaube an die Wahrheit oder Erweislichkeit schützt zwar vor der Strafe des § 187, nicht aber vor der des § 186. Vollendung der üblen Nachrede und der verleumderischen Beleidigung setzt Kenntnisnahme eines Dritten voraus; erhält bloß der Beleidigte Kenntnis oder wird die ehrenrührige Tatsache allein ihm gegenüber behauptet, ist (wie bei erbrachtem Wahrheitsbeweis nach § 192) nur § 185 anwendbar. — Vgl. UnlWG. v. 7. Juni 1909 § 14.

Verleumderische Beleidigg. u. Kreditgefährdg.

§ 187. Wer wider besseres Wissen in Beziehung auf einen anderen eine unwahre Tatsache behauptet oder verbreitet, welche denselben verächtlich zu machen oder in der öffentlichen Meinung herabzuwürdigen oder dessen Kredit zu gefährden geeignet ist, wird wegen verleumderischer Beleidigung mit Gefängnis bis zu zwei Jahren und, wenn die Verleumdung öffentlich oder durch Verbreitung von Schriften, Abbildungen oder Darstellungen begangen ist, mit Gefängnis nicht unter einem Monat bestraft.

Sind mildernde Umstände vorhanden, so kann die Strafe bis auf Einen Tag Gefängnis ermäßigt, oder auf Geldstrafe . . . erkannt werden.

Zuständigkeit wie § 185. Vgl. Anm. zu §§ 185, 186. „Wider besseres Wissen": Bewußtsein der Unwahrheit der behaupteten Tatsache, nicht bloß dolus eventualis; andernfalls § 186. Idealkonk. mit Geschäftsverleumdung nach UnlWG. § 15.*)

---

*) Ges. gegen den unlauteren Wettbewerb v. 7. Juni 1909:

§ 15. Wer wider besseres Wissen über das Erwerbsgeschäft eines anderen, über die Person des Inhabers oder Leiters des Geschäfts,

Buße.

§ 188. In den Fällen der §§ 186 und 187 kann auf Verlangen des Beleidigten, wenn die Beleidigung nachteilige Folgen für die Vermögensverhältnisse, den Erwerb oder das Fortkommen des Beleidigten mit sich bringt, neben der Strafe auf eine an den Beleidigten zu erlegende Buße . . .*) erkannt werden.

Eine erkannte Buße schließt die Geltendmachung eines weiteren Entschädigungsanspruches aus.

Buße ist Geldentschädigung, nicht Nebenstrafe; auf sie darf „auf Verlangen des Beleid." (nicht z. B. des Ehemanns einer beleid. Ehefrau) auch erkannt werden, wenn die Strafe wegen Tateinheit i. S. § 73 einem anderen Gesetz entnommen wird. Verfahren zur Geltendmachung des Bußanspruchs: StPO. §§ 403—406, 463. Vgl. § 231.

Abs. 2 setzt voraus, daß die Buße vom Verletzten verlangt und ihm (nicht einem Unberechtigten) zugesprochen ist.

Beschimpfg. des Andenkens Verstorbener (Verletzg. d. Pietätsgefühls).

§ 189. Wer das Andenken eines Verstorbenen dadurch beschimpft, daß er wider besseres Wissen eine unwahre Tatsache behauptet oder verbreitet, welche denselben bei seinen Lebzeiten verächtlich zu machen oder in der öffentlichen Meinung herabzuwürdigen geeignet gewesen wäre, wird mit Gefängnis bis zu sechs Monaten bestraft.

Sind mildernde Umstände vorhanden, so kann auf Geldstrafe . . . erkannt werden.

über die Waren oder gewerblichen Leistungen eines anderen Tatsachen der Wahrheit zuwider behauptet oder verbreitet, die geeignet sind, den Betrieb des Geschäfts zu schädigen, wird mit Gefängnis bis zu einem Jahre und mit Geldstrafe ... oder mit einer dieser Strafen bestraft.

Werden die im **Abs.** 1 bezeichneten Tatsachen in einem geschäftlichen Betriebe von einem Angestellten oder Beauftragten behauptet oder verbreitet, so ist der Inhaber des Betriebs neben dem Angestellten oder Beauftragten strafbar, wenn die Handlung mit seinem Wissen geschah.

Vgl. UnlWG. §§ 22 (Antrag erforderl. und zurücknehmbar), 23 (bei Verurteilung ist dem Verletzten die Publikationsbefugnis zuzusprechen, bei Freisprechung deren Veröffentlichung auf Antrag des Freigesproch. zugelassen), 26 (Buße).

*) V. über Vermögensstr. und Bußen v. 6. Febr. / 12. Dez. 1924 Art. IV: Bei einer an den Verletzten zu zahlenden Buße beträgt der Mindestbetrag drei Reichsmark, der Höchstbetrag zehntausend Reichsmark.

Die Verfolgung tritt nur auf Antrag der Eltern, der Kinder oder des Ehegatten des Verstorbenen ein.

Zuständig: AR. Vgl. Anm. zu § 185. „Wider besseres Wissen": § 187. Antrag eines der Eltern oder Kinder: §§ 61 ff., 182 II.

Wahrheitsbeweis-Regeln bei Nachrede strafb. Handlgn.

§ 190. Ist die behauptete oder verbreitete Tatsache eine strafbare Handlung, so ist der Beweis der Wahrheit als erbracht anzusehen, wenn der Beleidigte wegen dieser Handlung rechtskräftig verurteilt worden ist. Der Beweis der Wahrheit ist dagegen ausgeschlossen, wenn der Beleidigte wegen dieser Handlung vor der Behauptung oder Verbreitung rechtskräftig freigesprochen worden ist.

Zu § 186. „Rechtskräftig verurteilt": auch durch Strafbefehl, Strafbescheid usw.

Innehalten mit dem Beleidigungsverfahren.

§ 191. Ist wegen der strafbaren Handlung zum Zwecke der Herbeiführung eines Strafverfahrens bei der Behörde Anzeige gemacht, so ist bis zu dem Beschlusse, daß die Eröffnung der Untersuchung nicht stattfinde, oder bis zur Beendigung der eingeleiteten Untersuchung mit dem Verfahren und der Entscheidung über die Beleidigung inne zu halten.

Zu §§ 185—187; 190. Vgl. §§ 164 II, 69 (Ruhen d. Verjährung).

Erbrachter Wahrheitsbeweis.

§ 192. Der Beweis der Wahrheit der behaupteten oder verbreiteten Tatsache schließt die Bestrafung nach Vorschrift des § 185 nicht aus, wenn das Vorhandensein einer Beleidigung aus der Form der Behauptung oder Verbreitung oder aus den Umständen, unter welchen sie geschah, hervorgeht.

Zu §§ 185, 186. Vgl. § 193 Anm.

Wahrnehmg. berechtigter Interessen.

§ 193. Tadelnde Urteile über wissenschaftliche, künstlerische oder gewerbliche Leistungen, ingleichen Äußerungen, welche zur Ausführung oder Verteidigung von Rechten oder zur Wahrnehmung berechtigter Interessen gemacht werden, sowie Vorhaltungen und Rügen der Vorgesetzten gegen ihre Untergebenen, dienstliche Anzeigen oder Urteile von seiten eines Beamten und ähnliche Fälle sind nur insofern strafbar, als das Vorhandensein einer Beleidigung aus der Form der Äußerung oder aus den Umständen, unter welchen sie geschah, hervorgeht.

Unrechtsausschließungs- oder Rechtfertigungsgrund zu §§ 185, 186; bei §§ 187, 189 zwar nicht grundsätzlich ausgeschlossen, aber seltener. „Zur" (d. h. zum Zwecke, nicht bei Gelegenheit der) „Ausführung" usw. Der ausschließliche (nicht Neben-)Zweck, Rache zu üben, Sensation zu erregen usw., schließt § 193 aus. Ein Sonderrecht der Presse zur Wahrnehmung öffentl. Interessen besteht nicht. „Vorhandensein einer Beleidigung": Bestrafung setzt außer dem objektiv beleidigenden Inhalt der Äußerung Absicht der Beleidigung voraus, nicht bloß Bewußtsein von dem beleidigenden Charakter der Äußerung, wohl aber Bewußtsein der Überschreitung eines Rechts. Die Beleidigungsabsicht muß sich aus der „Form der Äußerung" (nicht deren Inhalt) oder den (im Urteil festzustellenden) begleitenden „Umständen" ergeben. StPO. §§ 263, 267.

Strafantrag.

§ 194. Die Verfolgung einer Beleidigung tritt nur auf Antrag ein. Die Zurücknahme des Antrages (§§ 185 bis 193) ist zulässig.

Ausnahme: § 197. — §§ 61 ff.; besondere Bestimmungen: §§ 189 III, 195 f., 198. Vgl. § 232.

(Selbständ.) Antragsrecht d. Ehemanns bei Beleid. v. Ehefr.

§ 195. Ist eine Ehefrau beleidigt worden, so hat sowohl sie als ihr Ehemann das Recht, auf Bestrafung anzutragen.

Antragsrecht des Ehemanns (wegen seiner mittelbaren Beleidigung) auch nach dem Tode der Ehefrau (abges. v. § 189). Vgl. §§ 65, 232 III.

(Selbständ.) Antragsrecht d. Vorgesetzten bei Berufsbeleid.

§ 196. Wenn die Beleidigung gegen eine Behörde, einen Beamten, einen Religionsdiener oder ein Mitglied der bewaffneten Macht, während sie in der Ausübung ihres Berufes begriffen sind, oder in Beziehung auf ihren Beruf begangen ist, so haben außer den unmittelbar Beteiligten auch deren amtliche Vorgesetzte das Recht, den Strafantrag zu stellen.

Die Zurücknahme des vom Beleidigten gestellten Antrags berührt das Antragsrecht des Vorgesetzten nicht und umgekehrt. Vgl. §§ 200, 232 III, 359 („Beamter"), StPO. § 380.

Ermächtigg. bei Beleid. polit. Körpersch.

§ 197. Eines Antrages bedarf es nicht, wenn die Beleidigung gegen eine gesetzgebende Versammlung des Reichs oder eines Bundesstaats, oder gegen eine andere politische Körperschaft begangen worden ist. Dieselbe darf jedoch nur mit Ermächtigung der beleidigten Körperschaft verfolgt werden.

§ 185 Anm. Privatklage ist ausgeschlossen (StPO. § 374 ²). „Gesetzgeb. Versammlung usw.": § 105. „Politische" (nicht private oder religiöse) „Körperschaft": Vertretung der Gemeinden, Kreise, Provinzen usw.

Antrag bei wechselseit. Beleidigung.

§ 198. Ist bei wechselseitigen Beleidigungen von einem Teile auf Bestrafung angetragen worden, so ist der andere Teil bei Verlust seines Rechts verpflichtet, den Antrag auf Bestrafung spätestens vor Schluß der Verhandlung in erster Instanz zu stellen, hierzu aber auch dann berechtigt, wenn zu jenem Zeitpunkte die dreimonatliche Frist bereits abgelaufen ist.

„Wechselseitige Beleidigungen" sind nicht bloß „auf der Stelle erwiderte" (§ 199) oder miteinander in einem Zusammenhang stehende. § 198 gilt nicht, wenn Beleidigung und Körperverletzung gegenüberstehen. Vgl. § 232 III, StPO. § 388 (Widerklage).

Retorsion.

§ 199. Wenn eine Beleidigung auf der Stelle erwidert wird, so kann der Richter beide Beleidiger oder einen derselben für straffrei erklären.

Schuldig, aber „straffrei". Auch bei getrennter (nicht gleichzeitiger) Aburteilung ist § 199 anwendbar. Vgl. § 233 (Kompensation von Beleidigung mit leichter Körperverletzung), StPO. § 468 (Kosten).

Publikationsbefugnis; Urteilsbekanntmachg.

§ 200. Wird wegen einer öffentlich oder durch Verbreitung von Schriften, Darstellungen oder Abbildungen begangenen Beleidigung auf Strafe erkannt, so ist zugleich dem Beleidigten die Befugnis zuzusprechen, die Verurteilung auf Kosten des Schuldigen öffentlich bekannt zu machen. Die Art der Bekanntmachung, sowie die Frist zu derselben ist in dem Urteile zu bestimmen.

Erfolgte die Beleidigung in einer Zeitung oder Zeitschrift, so ist der verfügende Teil des Urteils auf Antrag des Beleidigten durch die öffentlichen Blätter bekannt zu machen, und zwar wenn möglich durch dieselbe Zeitung oder Zeitschrift und in demselben Teile und mit derselben Schrift, wie der Abdruck der Beleidigung geschehen.

Dem Beleidigten ist auf Kosten des Schuldigen eine Ausfertigung des Urteils zu erteilen.

Zu §§ 185—187, 195 ff., nicht § 189 (bestr.). Vgl. § 165.
Abs. 1: Ist die Maßregel (Neben-) Strafe (so RG.), dann ist sie bei Tateinheit von Beleidigung und einer schwereren Straftat nach § 73 nicht anwendbar. „Öffentl.": Wahrnehmbar für unbestimmt welche und wie viele Personen, nicht notw. an öffentl. Orten. „Auf Strafe erkannt": nicht bei Straffreierklärung (§ 199). Nur „dem Beleidigten", nicht seinem Vertreter, Erben, Vorgesetzten (§ 196) oder dem Ehemann (§ 195) [bestritten; a. M. RG. 43, 173 und ZStW. 46 HöchstRR. 1925, 246]; nach RG. 60, 80 ist die Veröffentl.-Befugnis neben dem Vorgesetzten auch dem Beleid. zuzusprechen, der zwar keinen Strafantrag gestellt, aber sich dem Verfahren als Nebenkläger angeschlossen hat. Versäumung der ohne Antrag erfolgenden Zusprechung der Bekanntmachungsbefugnis im Urteilstenor ist Revisionsgrund.
Abs. 2 schließt den Abs. 1 nicht aus, sondern ergänzt ihn nur. Der Antrag des Beleid. ist noch im Vollstreckungsverf. zulässig. Vgl. PreßG. § 10. Auf PreßG. § 21 ist Abs. 2 unanwendbar.
Abs. 3: Die Ausfertigung muß ohne Antrag erteilt werden.

Fünfzehnter Abschnitt.

Zweikampf.

Herausforderung u. deren Annahme.

§ 201. Die Herausforderung zum Zweikampf mit tödlichen Waffen, sowie die Annahme einer solchen Herausforderung wird mit Festungshaft bis zu sechs Monaten bestraft.

Zuständig: AR. „Zweikampf": § 205 Anm. „Tödl. Waffen": auch geschliffene Schläger, falls nicht Schutzvorrichtungen die Lebensgefahr ausschließen. Vgl §§ 204 (Strafaufhebung), 205 (Gesetzeskonk.); MStGB. §§ 112 f.; Einschränkung der kurzen Freiheitsstr.: § 27 b.

Schwerer Fall: Tötungsabsicht.

§ 202. Festungshaft von zwei Monaten bis zu zwei Jahren tritt ein, wenn bei der Herausforderung die Absicht, daß einer von beiden Teilen das Leben verlieren soll, entweder ausgesprochen ist oder aus der gewählten Art des Zweikampfs erhellt.

Zuständig: SchöffG. od. AR. Straferhöhender Umstand zu § 201.

Kartelltragen.

§ 203. Diejenigen, welche den Auftrag zu einer Herausforderung übernehmen und ausrichten (Kartellträger), werden mit Festungshaft bis zu sechs Monaten bestraft.

Zuständig: AR. Kartellträger sind nicht wegen Beihilfe zum Zweikampf strafbar, auch wenn dieser stattfindet (§ 205). Vgl. §§ 204, 209.

Strafaufhebung bei Aufgeben des Zweikampfes.

§ 204. Die Strafe der Herausforderung und der Annahme derselben, sowie die Strafe der Kartellträger fällt weg, wenn die Parteien den Zweikampf vor dessen Beginn freiwillig aufgegeben haben.

Freiwilliger Rücktritt auch nur einer Partei, wodurch der Zweikampf als solcher aufgegeben wird, macht straflos.

(Einfacher) Zweikampf.

§ 205. Der Zweikampf wird mit Festungshaft von drei Monaten bis zu fünf Jahren bestraft.

Zuständig: SchöffG. od. AR. „Zweikampf": Verabredeter ernstl. Kampf zweier Personen mit tödlichen (§ 201) Waffen (im techn. Sinn) nach bestimmten Regeln.

Tötung im Zweikampf.

§ 206. Wer seinen Gegner im Zweikampf tötet, wird mit Festungshaft nicht unter zwei Jahren, und wenn der Zweikampf ein solcher war, welcher den Tod des einen von beiden herbeiführen sollte, mit Festungshaft nicht unter drei Jahren bestraft.

Zuständig: SchöffG. Beabsichtigte Herbeiführung des Todes (vgl. § 202): Straferhöh. Umst.

Tötung od. Körperverl. mit Übertretg. der Duellregeln.

§ 207. Ist eine Tötung oder Körperverletzung mittels vorsätzlicher Übertretung der vereinbarten oder hergebrachten Regeln des Zweikampfs bewirkt worden, so ist der Übertreter, sofern nicht nach den vorhergehenden Bestimmungen eine härtere Strafe verwirkt ist, nach den allgemeinen Vorschriften über das Verbrechen der Tötung oder der Körperverletzung zu bestrafen.

§§ 211 ff., 224 ff. („Verbrechen ... der Körperverl.").

Zweikampf ohne Sekundanten.

§ 208. Hat der Zweikampf ohne Sekundanten stattgefunden, so kann die verwirkte Strafe bis um die Hälfte, jedoch nicht über fünfzehn Jahre erhöht werden.

Zuständig: SchöffG.

Straflose Teilnahme.

§ 209. Kartellträger, welche ernstlich bemüht gewesen sind, den Zweikampf zu verhindern, Sekundanten, sowie zum Zweikampf zugezogene Zeugen, Ärzte und Wundärzte sind straflos.

Vgl. §§ 203 f. „Zeugen", auch der Unparteiische.

Reizung z. Zweikampf.

§ 210. Wer einen anderen zum Zweikampf mit einem Dritten absichtlich, insonderheit durch Bezeigung oder Androhung von Verachtung anreizt, wird, falls der Zweikampf stattgefunden hat, mit Gefängnis nicht unter drei Monaten bestraft.

Zuständig: SchöffG. od. AR. „Absichtl." = vorsätzl.

§ 210 a. Neben einer nach den Vorschriften der §§ 201 bis 203, 205 bis 208, 210 erkannten Strafe kann auf Verlust der bekleideten öffentlichen Ämter und bei Soldaten auf Lösung des Dienstverhältnisses erkannt werden. In besonders schweren Fällen muß hierauf erkannt werden.

Eingefügt durch Ges. v. 30. April 1926.

Sechzehnter Abschnitt.

Verbrechen und Vergehen wider das Leben.

Mord.

§ 211. Wer vorsätzlich einen Menschen tötet, wird, wenn er die Tötung mit Überlegung ausgeführt hat, wegen Mordes mit dem Tode bestraft.

Zuständig: Schwurger. Überlegung bei Ausführung der Tötung erforderlich, sonst § 212; Überlegung bei der Verbrechensplanung und -vorbereitung weder erforderlich, noch genügend. Von Mittätern kann einer mit, der andere ohne Überlegung gehandelt haben. § 211 wird durch §§ 206, 216 f. ausgeschlossen. Vgl. §§ 32, 44 II (Versuch), 139 (Anzeigepflicht), SprengstG. § 5.

Totschlag.

§ 212. Wer vorsätzlich einen Menschen tötet, wird, wenn er die Tötung nicht mit Überlegung ausgeführt hat, wegen Totschlages mit Zuchthaus nicht unter fünf Jahren bestraft.

Zuständig: Schwurger. Vgl. §§ 32, 211 Anm., 213 (Strafmilderungsgründe), 214 f. (Strafschärfungsgründe).

Totschlag auf Provokation. Mild. Umstände.

§ 213. War der Totschläger ohne eigene Schuld durch eine ihm oder einem Angehörigen zugefügte Mißhandlung oder schwere Beleidigung von dem Getöteten zum Zorne gereizt und hierdurch auf der Stelle zur Tat hingerissen worden, oder sind andere mildernde Umstände vorhanden, so tritt Gefängnisstrafe nicht unter sechs Monaten ein.

Zuständig: Schwurger. — § 213 enthält keinen selbständ. Vergehenstatbestand, sondern nur Strafermäßigungsgründe zu § 212 (§ 50); deshalb Ehrenrechtsverlust zulässig (§ 32). Angehörige: § 52 II.

Totschlag bei Unternehmung einer strafb. Handlung.

§ 214. Wer bei Unternehmung einer strafbaren Handlung, um ein der Ausführung derselben entgegentretendes Hindernis zu beseitigen oder um sich der Ergreifung auf frischer Tat zu entziehen, vorsätzlich einen Menschen tötet, wird mit Zuchthaus nicht unter zehn Jahren oder mit lebenslänglichem Zuchthaus bestraft.

Zuständig: Schwurger. Straferhöhender Umstand zu § 212. „Unternehmung": auch Vorbereitung. Vgl. §§ 32, 44 II (Versuch).

Aszendenten-Totschlag.

§ 215. Der Totschlag an einem Verwandten aufsteigender Linie wird mit Zuchthaus nicht unter zehn Jahren oder mit lebenslänglichem Zuchthaus bestraft.

Zuständig: Schwurger. Persönl. straferhöh. Umstand zu § 212 (§ 50). Vgl. §§ 32, 44 II (Versuch).

Tötung auf Verlangen.

§ 216. Ist jemand durch das ausdrückliche und ernstliche Verlangen des Getöteten zur Tötung bestimmt worden, so ist auf Gefängnis nicht unter drei Jahren zu erkennen.

Zuständig: SchöffG. Selbständ. Vergehen, Versuch als solcher straflos (§ 43 II). Beihilfe zum Selbstmord fällt nicht hierunter. „Bestimmt": § 48.

Kindstötung.

§ 217. Eine Mutter, welche ihr uneheliches Kind in oder gleich nach der Geburt vorsätzlich tötet, wird mit Zuchthaus nicht unter drei Jahren bestraft.

Sind mildernde Umstände vorhanden, so tritt Gefängnisstrafe nicht unter zwei Jahren ein.

Zuständig: Schwurger. „In oder gleich nach der Geburt": Alternative Feststellg. statthaft. § 217 schließt §§ 211—213 aus, enthält aber nur einen persönl. Strafmilderungsgrund (§ 50) zugunsten der unehel. (led. oder verheir.) Mutter; Teilnehmer sind aus §§ 211 ff. strafbar, während die unehel. Mutter auch als Anstifterin oder Gehilfin bei Tötung ihres Kindes durch einen Dritten der Strafe des § 217 (§§ 48, 49) unterliegt. Die Mindeststrafe in § 217 II steht freilich nicht im Einklang mit dem Strafminimum des § 213. Vgl. §§ 32, 221 (Idealkonkurrenz möglich), 222 (fahrlässige, nicht vorsätzliche Tötung), 367 [1] (Beiseiteschaffung einer Leiche), StPO. § 90 (Leichenöffnung).

Abtreibung.

§ 218. Eine Frau, die ihre Frucht im Mutterleib oder durch Abtreibung tötet oder die Tötung durch einen anderen zuläßt, wird mit Gefängnis bestraft.

Ebenso wird ein anderer bestraft, der eine Frucht im Mutterleib oder durch Abtreibung tötet.

Der Versuch ist strafbar.

Wer die im Abs. 2 bezeichnete Tat ohne Einwilligung der Schwangeren oder gewerbsmäßig begeht, wird mit Zuchthaus bestraft. Ebenso wird bestraft, wer einer Schwangeren ein Mittel oder Werkzeug zur Abtreibung der Frucht gewerbsmäßig verschafft. Sind mildernde Umstände vorhanden, so tritt Gefängnisstrafe nicht unter drei Monaten ein.

Fassung d. G. v. 18. Mai 1926. — Zuständig für Abs. 1, 2: SchöffG. od. AR., für Abs. 4: SchwurG.
Abs. 1, 2: § 27 b.
Abs. 3: Nach RG. auch der untaugl.
Abs. 4: § 32. Nichtgewerbsmäß. Verschaffg. v. Abtr.-Mitteln ist nur Verg. d. Beihilfe. „Abtreibg“: hier auch Tötung im Mutterleib.

§§ 219, 220. (Gestrichen.)

Aussetzung.

§ 221. Wer eine wegen jugendlichen Alters, Gebrechlichkeit oder Krankheit hilflose Person aussetzt, oder wer eine solche Person, wenn dieselbe unter seiner Obhut steht oder wenn er für die Unterbringung, Fortschaffung oder Aufnahme derselben zu sorgen hat, in hilfloser Lage vorsätzlich verläßt, wird mit Gefängnis nicht unter drei Monaten bestraft.

Wird die Handlung von leiblichen Eltern gegen ihr Kind begangen, so tritt Gefängnisstrafe nicht unter sechs Monaten ein.

Ist durch die Handlung eine schwere Körperverletzung der ausgesetzten oder verlassenen Person verursacht worden, so tritt Zuchthausstrafe bis zu zehn Jahren und, wenn durch die Handlung der Tod verursacht worden ist, Zuchthausstrafe nicht unter drei Jahren ein.

Zuständig: Abs. 1, 2: SchöffG. od. AR., Abs. 3: SchöffG. bzw. Schwurger. Abs. 2 und 3 enthalten straferhöh. Umstände zu Abs. 1. Vgl. §§ 32, 50 (zu Abs. 2), 169 (Idealkonk. möglich); KraftfahrzG. § 22 II (abgedr. bei § 366 [10]).

Fahrlässige Tötung.

§ 222. Wer durch Fahrlässigkeit den Tod eines Menschen verursacht, wird mit Gefängnis bis zu drei Jahren bestraft.

Wenn der Täter zu der Aufmerksamkeit, welche er aus den Augen setzte, vermöge seines Amtes, Berufes oder Gewerbes besonders verpflichtet war, so kann die Strafe bis auf fünf Jahre Gefängnis erhöht werden.

Zuständig: SchöffG. od. AR. „Fahrlässigkeit": Außerachtlassung pflichtmäß. Sorgfalt (Aufmerksamkeit) trotz Voraussehbarkeit des Todes als mögliche Folge des Handelns. Fahrlässigkeit des Täters als Ursache des Erfolgs wird durch mitwirkende (konkurrierende) Fahrlässigkeit (nicht Vorsatz!) des Getöteten oder Dritter nicht ausgeschlossen. Vgl. §§ 27 b, 230 (fahrl. Körperverl., wenn Täter nur KV., nicht den Tod voraussehen konnte), 226 (vorsätzl. Körperverl. mit Todesf.), SprengstG. § 5 III (N.* zu § 311).
Abs. 2 enthält straferh. Umst. z. Abs. 1.

Siebzehnter Abschnitt.

Körperverletzung.

(Vorsätzl.) einfache od. leichte Körperverletzg.

§ 223. Wer vorsätzlich einen anderen körperlich mißhandelt oder an der Gesundheit beschädigt, wird wegen Körperverletzung mit Gefängnis bis zu drei Jahren oder mit Geldstrafe . . . bestraft.

Ist die Handlung gegen Verwandte aufsteigender Linie begangen, so ist auf Gefängnis nicht unter Einem Monat zu erkennen.

Zuständig: SchöffG. od. AR.; Privatkl. (StPO. § 374 [3]). — Körperverl. = Verletzung der körperl. Unversehrtheit oder Störung des körperlichen Wohlbefindens. Der Vorsatz wird durch aberratio ictus, nicht durch error in persona ausgeschlossen. Die Handlung

muß widerrechtl. sein, nicht Ausübung eines Rechts, z. B. Züchtigungsr. Überschreitung eines solchen Rechts kann vorsätzl. oder fahrlässige Körperverl. sein. Vgl. §§ 223a ff., 231 (Buße), 232 (Antrag), 233 (Kompens.), 340 (Körperverl. durch Beamte).*)
Abs. 2: Straferhöh. Umst. zu Abs. 1 (vgl. §§ 50, 215). Mildernde Umstände hierzu: § 228.

Gefährl. Körperverletzg., Kindsmißhandlg. usw.

§ 223a. Ist die Körperverletzung mittels einer Waffe, insbesondere eines Messers oder eines anderen gefährlichen Werkzeuges, oder mittels eines hinterlistigen Überfalls, oder von mehreren gemeinschaftlich, oder mittels einer das Leben gefährdenden Behandlung begangen, so tritt Gefängnisstrafe nicht unter zwei Monaten ein.

Gleiche Strafe tritt ein, wenn gegen eine noch nicht achtzehn Jahre alte oder wegen Gebrechlichkeit oder Krankheit wehrlose Person, die der Fürsorge oder Obhut des Täters untersteht oder seinem Hausstand angehört, oder die der Fürsorgepflichtige der Gewalt des Täters überlassen hat, eine Körperverletzung mittels grausamer oder boshafter Behandlung begangen wird.

Zuständig: SchöffG. od. AR. Kein Strafantrag erforderlich.
Abs. 1: Privatklage (StPO. § 374 [3]). Straferhöh. Umstände zu § 223 hinsichtlich der angewandten Mittel (nicht hinsichtl. der Folgen wie in §§ 224, 226). „Gefährl. Werkzeug“: Bewegliche Sache, die objektiv (an sich) und nach ihrer Anwendung geeignet (nicht notwendig bestimmt) ist, erhebl. Verletzungen zuzufügen. „Hinterlistig“: § 181 [1]; „Überfall“: Unvermuteter Angr. ff. „Gemeinschaftl.“: § 47. Vgl. §§ 40 (Einziehung), 228 (mild. Umstände), 231 (Buße), 367 [10] (Gesetzeskonkurrenz).
Abs. 2 (Nov. v. 1912): Die besondere Strafwürdigkeit beruht nicht nur auf d. Wehrlosigkeit d. Opfers, sondern vor allem auf d. gröbl. Verletzung der dem Täter obliegenden (gesetzl. od. übernommenen) Pflichten. Die Vorschrift trifft Eltern, Adoptiv-, Pflegeeltern, Vormünder und Pfleger, denen die Fürsorge für die Person des Mißhandelten obliegt, Lehr- oder Dienstherren, zu deren Hausstand der Verletzte gehört, u. U. auch Geistliche, Lehrer, Erzieher, Ärzte und

---

*) V. zur Bekämpfung der Geschlechtskrankheiten v. 11. Dez. 1918 (RGBl. S. 1431).
§ 3. Wer den Beischlaf ausübt, obwohl er weiß oder den Umständen nach annehmen muß, daß er an einer mit Ansteckungsgefahr verbundenen Geschlechtskrankheit (nach § 1: Syphilis, Tripper oder Schanker) leidet, wird mit Gefängnis bis zu drei Jahren bestraft, sofern nicht nach dem allgemeinen Strafgesetz eine härtere Strafe eintritt.
Die Verfolgung tritt, soweit es sich um Ehegatten und Verlobte handelt, nur auf Antrag ein.
Die Strafverfolgung verjährt in sechs Monaten.

andere Medizinalpers., in Gefängn., Kranken-, Waisenh. usw. beschäftigte Pers., sofern der Mißhandelte ihrer Obhut usw. untersteht, ferner Ziehmütter, welche die Pflege neugebor., insbes. unehel. Kinder übernehmen, sowie Dienstboten, denen Kinder von ihrer Herrschaft anvertraut werden, u. dgl.

Schwere Körperverletzg.

§ 224. Hat die Körperverletzung zur Folge, daß der Verletzte ein wichtiges Glied des Körpers, das Sehvermögen auf einem oder beiden Augen, das Gehör, die Sprache oder die Zeugungsfähigkeit verliert, oder in erheblicher Weise dauernd entstellt wird, oder in Siechtum, Lähmung oder Geisteskrankheit verfällt, so ist auf Zuchthaus bis zu fünf Jahren oder Gefängnis nicht unter einem Jahre zu erkennen.

Zuständig: SchöffG. Straferhöh. Umstände zu §§ 223 und 223a: Schwere Folge [in §§ 224, 226 Strafbarkeitsmerkmal, in § 225 Tatbestandsmerkmal] einfacher oder gefährl. Körperverletzung; vgl. § 223a Anm. — Verlust des „Glieds": nicht bloß seiner Gebrauchsfähigkeit, des „Gehörs": auf beiden Ohren. Vgl. §§ 32, 225 (Straferhöh., nur hier Versuch möglich), 227 (Schlägerei), 228 (mild. Umstände), 231 (Buße), 340 II (Beamte), SprengstG. § 5 II.

Beabsichtigte schwere Körperverletzg.

§ 225. War eine der vorbezeichneten Folgen beabsichtigt und eingetreten, so ist auf Zuchthaus von zwei bis zu zehn Jahren zu erkennen.

Zuständig: SchöffG. Zu § 224 (s. Anm.). Keine mild. Umst. (vgl. § 228).

Körperverletzg. mit Todesfolge.

§ 226. Ist durch die Körperverletzung der Tod des Verletzten verursacht worden, so ist auf Zuchthaus nicht unter drei Jahren oder Gefängnis nicht unter drei Jahren zu erkennen.

Zuständig: Schwurger. Straferhöh. Umst. zu §§ 223 f. Todesfolge ist Strafbark.-, nicht Tatbestandsmerkmal. Vgl. §§ 32, 40, 211 ff. (wenn d. Tod beabsichtigt war), 222 (Gesetzeskonk.), 224 f. (Idealkonk.), 228 (mild. Umst.).

Schlägerei (Raufhandel).

§ 227. Ist durch eine Schlägerei oder durch einen von mehreren gemachten Angriff der Tod eines Menschen oder eine schwere Körperverletzung (§ 224) verursacht worden, so ist jeder, welcher sich an der Schlägerei oder dem Angriffe beteiligt hat, schon wegen dieser Beteiligung mit Gefängnis bis zu drei Jahren zu bestrafen, falls er nicht ohne sein Verschulden hineingezogen worden ist.

Ist eine der vorbezeichneten Folgen mehreren Verletzungen zuzuschreiben, welche dieselbe nicht einzeln, sondern nur durch ihr Zusammentreffen verursacht haben, so ist jeder, welchem eine dieser Verletzungen zur Last fällt, mit Zuchthaus bis zu fünf Jahren zu bestrafen.

Zuständig: SchöffG., zu Abs. 1 auch AR.
Abs. 1: „Jeder": u. U. auch der Verletzte. Für den Tod oder die schwere Körververletzung selbst braucht niemand strafrechtl. verantwortlich zu sein; Bestrafung erfolgt nur wegen Beteiligung an der Schlägerei usw. Bloße Abwehr ist nicht „Beteiligung". Vgl. §§ 231 (Buße), 367 [10]. Idealkonk. mit §§ 211 ff., 223 ff.
Abs. 2: Straferhöh. Umst. zu Abs. 1. Vgl. §§ 32, 228 (mild. Umst.).

Mildernde Umstände.

§ 228. Sind mildernde Umstände vorhanden, so ist in den Fällen des § 223 Absatz 2 und des § 223a auf Gefängnis bis zu drei Jahren oder Geldstrafe . . ., in den Fällen der §§ 224 und 227 Abs. 2 auf Gefängnis nicht unter einem Monat, und im Falle des § 226 auf Gefängnis nicht unter drei Monaten zu erkennen.

Vergiftung.

§ 229. Wer vorsätzlich einem anderen, um dessen Gesundheit zu beschädigen, Gift oder andere Stoffe beibringt, welche die Gesundheit zu zerstören geeignet sind, wird mit Zuchthaus bis zu zehn Jahren bestraft.

Ist durch die Handlung eine schwere Körperverletzung verursacht worden, so ist auf Zuchthaus nicht unter fünf Jahren und, wenn durch die Handlung der Tod verursacht worden, auf Zuchthaus nicht unter zehn Jahren oder auf lebenslängliches Zuchthaus zu erkennen.

Zuständig: Abs. 1 SchöffG., Abs. 2 Schwurger. Vgl. §§ 32, 211 ff. (wenn der Vorsatz auf Tötung ging), 231 (Buße). Keine mild Umst.
Abs. 1: Neben Schädigungsabsicht ist Bewußtsein d. Täters erforderlich, daß die dem Verletzten (ohne dessen Willen) „beigebrachten" Stoffe „geeignet" sind, „die Gesundheit zu zerstören"; andernfalls § 59.
Abs. 2: Straferhöh. Umstde. zu Abs. 1. Vgl. § 224 („schwere Körperverl.").

Fahrlässige Körperverletzung.

§ 230. Wer durch Fahrlässigkeit die Körperverletzung

eines anderen verursacht, wird mit Geldstrafe ... oder mit Gefängnis bis zu zwei Jahren bestraft.

War der Täter zu der Aufmerksamkeit, welche er aus den Augen setzte, vermöge seines Amtes, Berufes oder Gewerbes besonders verpflichtet, so kann die Strafe auf drei Jahre Gefängnis erhöht werden.

Zuständig: SchöffG. od. AR.; Privatkl. nur nach Abs. 1 (StPO. § 374 [3]). Die verursachte Körperverletzung kann leicht oder schwer sein. Bei eingetret. Tod ist Verurteilung wegen fahrläss. Körperverletzung möglich, wenn Täter bloß diese, nicht jenen voraussehen konnte. Abs. 2 enthält straferhöh. Umstand zu Abs. 1. Vgl. §§ 29 I (Umwandlung der Geldstrafe auch in Haft), 222 (fahrlässige Tötung), 223 (Begriff der „Körperverletzung"), 231 (Buße), 232 (Antrag zu Abs. 1), ImpfG. § 17.

Buße.

§ 231. In allen Fällen der Körperverletzung kann auf Verlangen des Verletzten neben der Strafe auf eine an denselben zu erlegende Buße ... erkannt werden.

Eine erkannte Buße schließt die Geltendmachung eines weiteren Entschädigungsanspruches aus.

Für diese Buße haften die zu derselben Verurteilten als Gesamtschuldner.

Buße beträgt mindestens 3 und höchstens 10 000 RM. Vgl. § 188, StPO. §§ 403—406 (Geltendmachung des Anspruchs), 463 (Vollstreckung). § 231 ist auch dann, wenn KV. durch eine andere Straftat (z. B. Mordversuch) aufgezehrt wird (RG. 59, 100), sowie im Falle des § 340 (KV. durch Beamte) anwendbar (bestr.), nicht dagegen beim Tode des Verletzten (§§ 226, 227, 229 II): StPO. § 404 IV.

Strafantrag.

§ 232. Die Verfolgung leichter vorsätzlicher, sowie aller durch Fahrlässigkeit verursachten Körperverletzungen (§§ 223, 230) tritt nur auf Antrag ein, insofern nicht die Körperverletzung mit Übertretung einer Amts-, Berufs- oder Gewerbspflicht begangen worden ist.

Ist das Vergehen gegen einen Angehörigen verübt, so ist die Zurücknahme des Antrages zulässig.

Die in den §§ 195, 196 und 198 enthaltenen Vorschriften finden auch hier Anwendung.

Abs. 1: §§ 61 ff., 194.
Abs. 2: § 64. „Angehörige": § 52 II.
Abs. 3: § 195: Ist eine Ehefrau verletzt worden, so hat sowohl sie als ihr Ehemann das Antragsrecht. § 196: Wenn die Körperverletzung gegen einen Beamten, einen Religionsdiener oder ein Mitglied

der bewaffneten Macht, während sie in der Ausübung ihres Berufes begriffen sind, begangen ist, so haben außer den unmittelbar Beteiligten auch deren amtl. Vorgesetzte das Antragsrecht. § 198: Ist bei wechselseitigen Körperverletzungen oder Beleidigungen von einem Teile auf Bestrafung angetragen worden, so ist der andere Teil bei Verlust seines Rechts verpflichtet, den Antrag auf Bestrafung spätestens vor Schluß der Verhandlung in erster Instanz zu stellen, hierzu aber auch dann berechtigt, wenn zu jenem Zeitpunkte die dreimonatliche Frist bereits abgelaufen ist. StPO. § 388 (Widerklage).

Retorsion. Kompensation v. Körperverl. u. Beleidigung.

§ 233. Wenn leichte Körperverletzungen mit solchen, Beleidigungen mit leichten Körperverletzungen oder letztere mit ersteren auf der Stelle erwidert werden, so kann der Richter für beide Angeschuldigte, oder für einen derselben eine der Art oder dem Maße nach mildere oder überhaupt keine Strafe eintreten lassen.

„Leichte Körperverletzungen": §§ 223, 230, nicht §§ 223a oder 340 (hier ist Aufrechnung unstatth.). Vgl. § 199; StPO. § 468 (Kosten).

Achtzehnter Abschnitt.

Verbrechen und Vergehen wider die persönliche Freiheit.

Menschenraub.

§ 234. Wer sich eines Menschen durch List, Drohung oder Gewalt bemächtigt, um ihn in hilfloser Lage auszusetzen oder in Sklaverei, Leibeigenschaft oder in auswärtige Kriegs- oder Schiffsdienste zu bringen, wird wegen Menschenraubes mit Zuchthaus bestraft.

Zuständig: SchwurG. Vgl. §§ 32, 139 (Anzeigepflicht), 141 (Anwerbung zu ausländ. Militärdienst), 221 (dem Raube nachfolgende Aussetzung ist kein neues Vergehen), SklavRG. v. 28. Juli 1895. Dauerdelikt, solange der Geraubte in des Räubers Macht ist.

Kinderraub.

§ 235. Wer eine minderjährige Person durch List, Drohung oder Gewalt ihren Eltern, ihrem Vormund oder ihrem Pfleger entzieht, wird mit Gefängnis bestraft.

Sind mildernde Umstände vorhanden, so kann auf Geldstrafe . . . erkannt werden.

Geschieht die Handlung in der Absicht, die Person zum Betteln oder zu gewinnsüchtigen oder unsittlichen Zwecken oder Beschäftigungen zu gebrauchen, so tritt Zuchthaus bis zu zehn Jahren ein.

Zuständig: SchöffG., für Abs. 1 auch AR.
Abs. 1: „Entziehen": Auch Versteckthalten, rechtswidr. Verweigerung der Auskunft über den Aufenthalt; Dauerdelikt. Einwilligung des Minderjährigen ist hier unerheblich (anders §§ 236, 237). Dem Minderjährigen bei Selbstentziehung geleistete Beihilfe ist straflos, sofern sie nicht den Tatbestand des § 235 erfüllt. Entfernung aus einer Fürsorgeerziehung: RJugWohlfG. § 76.*)
Abs. 2: §§ 29 I.
Abs. 3: § 32.

Entführg. einer Frauensperson ohne ihren Willen.

§ 236. Wer eine Frauensperson wider ihren Willen durch List, Drohung oder Gewalt entführt, um sie zur Unzucht zu bringen, wird mit Zuchthaus bis zu zehn Jahren und, wenn die Entführung begangen wurde, um die Entführte zur Ehe zu bringen, mit Gefängnis bestraft.

Die Verfolgung tritt nur auf Antrag ein.

Zuständig: SchöffG., privileg. Fall: SchöffG. od. AR. Ebenfalls Dauerdelikt. „Unzucht" oder „Ehe" mit dem Täter oder einem Dritten. Demgemäß kann auch eine Frauensperson Täterin sein (ebenso bei § 237). „Zur Unzucht": Auch zur Fortsetzung eines schon bestehenden unzüchtigen Verhältnisses. Unbescholtenheit der Entführten in §§ 236, 237 nicht Tatbestandsmerkmal (anders bei Verführung nach § 182). Vgl. §§ 32, 61 ff. (antragsberechtigt ist die Entführte oder ihr gesetzl. Vertreter: § 65), 238 (Bedingung der Strafverfolgung).

Entführg. eines Mädchens mit seinem Willen.

§ 237. Wer eine minderjährige, unverehelichte Frauensperson mit ihrem Willen, jedoch ohne Einwilligung ihrer Eltern, ihres Vormundes oder ihres Pflegers, entführt, um sie zur Unzucht oder zur Ehe zu bringen, wird mit Gefängnis bestraft.

Die Verfolgung tritt nur auf Antrag ein.

Zuständig: SchöffG. od. AR. Dauerdelikt, gegebenenfalls bis zur Volljährigkeit der Entführten. „Unzucht oder Ehe" mit dem Ent-

---

*) RGes. für Jugendwohlfahrt v. 9. Juli 1922 (RGBl. I S. 633):
§ 76. Wer, abgesehen von den Fällen der §§ 120, 235 des Strafgesetzbuchs, einen Minderjährigen, bezüglich dessen das gerichtliche Verfahren auf Unterbringung zur Fürsorgeerziehung eingeleitet oder die Unterbringung zur Fürsorgeerziehung angeordnet ist, dem Verfahren oder der angeordneten Fürsorgeerziehung entzieht, oder ihn verleitet, sich dem Verfahren oder der Fürsorgeerziehung zu entziehen, oder wer ihm hierzu vorsätzlich behilflich ist, wird auf Antrag der Fürsorgeerziehungsbehörde mit Gefängnis bis zu zwei Jahren und mit Geldstrafe ... oder mit einer dieser Strafen bestraft. Die Zurücknahme des Antrags ist zulässig.
Der Versuch ist strafbar.

führer oder einem Dritten. Vgl. § 236 Anm., §§ 61 ff. (antragsberechtigt: Eltern, Vormund, Pfleger), 238.

Bedingg. der Strafverfolgung.

§ 238. Hat der Entführer die Entführte geheiratet, so findet die Verfolgung nur statt, nachdem die Ehe für nichtig erklärt worden ist.

„Verfolgung" aus §§ 236 f. Vgl. § 69 (Ruhen der Verjährung, die mit Beendigung des durch die Entführung geschaff. rechtswidr. Zustands beginnt), BGB. §§ 1323 ff. (Nichtigkeit der Ehe).

Freiheitsberaubung.

§ 239. Wer vorsätzlich und widerrechtlich einen Menschen einsperrt oder auf andere Weise des Gebrauches der persönlichen Freiheit beraubt, wird mit Gefängnis oder mit Geldstrafe . . . bestraft.

Wenn die Freiheitsentziehung über eine Woche gedauert hat, oder wenn eine schwere Körperverletzung des der Freiheit Beraubten durch die Freiheitsentziehung oder die ihm während derselben widerfahrene Behandlung verursacht worden ist, so ist auf Zuchthaus bis zu zehn Jahren zu erkennen. Sind mildernde Umstände vorhanden, so tritt Gefängnisstrafe nicht unter einem Monat ein.

Ist der Tod des der Freiheit Beraubten durch die Freiheitsentziehung oder die ihm während derselben widerfahrene Behandlung verursacht worden, so ist auf Zuchthaus nicht unter drei Jahren zu erkennen. Sind mildernde Umstände vorhanden, so tritt Gefängnisstrafe nicht unter drei Monaten ein.

Zuständig: Abs. 1: SchöffG. od. AR., Abs. 2: SchöffG., Abs. 3: Schwurger.

Abs. 1: Vgl. §§ 59 (Bewußtsein der Widerrechtlichkeit erforderlich), 240 (Idealkonk. möglich), 341, 345 (Amtsdel.).

Abs. 2, 3: Straferhöh. Umstände zu Abs. 1 (StPO. §§ 263, 265, 267). Schwere Körperverletzung (§ 224) oder Tod nicht beabsichtigt, sonst §§ 211 ff., 225 anwendbar. „Behandlung": Nicht notw. körperliche Mißhandlung (§ 223). Vgl. § 32.

Nötigung.

§ 240. Wer einen anderen widerrechtlich durch Gewalt oder durch Bedrohung mit einem Verbrechen oder Vergehen zu einer Handlung, Duldung oder Unterlassung nötigt, wird mit Gefängnis bis zu Einem Jahre oder mit Geldstrafe . . . bestraft.

Der Versuch ist strafbar.

Zuständig: SchöffG. od. AR. „Widerrechtlich" bezieht sich auf die Nötigungsmittel, nicht auf den Erfolg oder Zweck der Nötigung; dieser kann sogar erlaubt sein. Bewußtsein der Widerrechtlichkeit erforderlich (§ 59). „Gewalt" braucht nicht unwiderstehlich (§ 52), der Genötigte mit dem Bedrohten nicht personengleich zu sein; mittelbare Einwirkung genügt. Vgl. §§ 114 (Nötigung zur Amtshandlung), 241 (Gesetzeskonk.), 253 ff. (Erpressung). Nötigung zur Arbeitseinstellung: SeemO. v. 2. Juni 1902 § 103.

Bedrohung.

§ 241. Wer einen anderen mit der Begehung eines Verbrechens bedroht, wird mit Gefängnis bis zu sechs Monaten oder mit Geldstrafe . . . bestraft.

Zuständig: AR.; Privatklage (StPO. § 374 [4]). Der Bedrohte muß von der ernst gemeinten „Bedrohung" mit Willen des Drohenden Kenntnis erhalten, sonst strafl. Versuch. Die Drohung braucht im Bedrohten nicht Furcht und Schrecken vor ihrer Verwirklichung hervorzurufen, wenn auch der Drohende dies wollen muß. „Verbrechen": § 1 I; Irrtum des Täters hierüber ist bedeutungslos; ebenso, wer das Verbrechen begehen soll. § 240 (Nötigung durch Bedrohung) schließt § 241 aus. Vgl. §§ 126 (Friedensstörung durch Androhung eines gemeingefährl. Verbr.), 253 ff. (Erpressung, Gesetzeskonk.).

Neunzehnter Abschnitt.

Diebstahl und Unterschlagung.

Einfacher Diebstahl.

§ 242. Wer eine fremde bewegliche Sache einem anderen in der Absicht wegnimmt, dieselbe sich rechtswidrig zuzueignen, wird wegen Diebstahls mit Gefängnis bestraft.

Der Versuch ist strafbar.

Zuständig: SchöffG. oder AR. „Fremd" = (mindestens teilweise) einem andern gehörig, in fremdem Allein- oder Miteigentum stehend (nicht herrenlos oder derelinquiert); Dieb muß sich dessen bewußt sein (§ 59). „Beweglich": auch beweglich gemacht. „Sache": Körperlicher Gegenstand (BGB. § 90), auch Flüssigkeiten und Gase, nicht Elektrizität.*) „Wegnehmen" setzt fremden Gewahrsam voraus (vgl.

---

*) Ges., betr. die Bestrafung der Entziehung elektrischer Arbeit, v. 9. April 1900 (RGBl. S. 228):

§ 1. Wer einer elektrischen Anlage oder Einrichtung fremde elektrische Arbeit mittelst eines Leiters entzieht, der zur ordnungsmäßigen Entnahme von Arbeit aus der Anlage oder Einrichtung nicht bestimmt ist, wird, wenn er die Handlung in der Absicht begeht, die elektrische

§ 246) und erfordert dessen Verletzung (Bruch od. Aufhebung) und regelm. Begründung eigenen Gewahrsams, eig. Verfügungsgewalt des Täters (RG. 53, 339). Bewußt (§ 59) „rechtswidr.“ Zueignung: nicht Selbsthilfe (BGB. §§ 229 bis 231); Rückgabeabsicht (.urtum usus) schließt Zueignungsabsicht aus; Verpfändung ist nicht notwendig Zueignung.

Vgl. §§ 243 (Strafschärfungsgründe), 244 (Rückfall), 247 (Diebstahl gegen Angehörige usw., Antrag), 248 (Ehrenrechtsverl.), 248 a (Notdiebst.), 249 (Raub), 252 (räuberischer Diebstahl), 289 (Besitzentziehung), 290 (Pfandmißbrauch), 291 (Munitionsdiebstahl), 292 ff. (Jagdfrevel usw.), 168 und 367 1 (Leichendiebstahl, Idealkonk. möglich), 370 2, 4, 5, 6 (Gesetzeskonk.); 133 und 274 1 (Urkundenbeseitigung usw.), 137 (Pfandbruch); EG. § 2 II (Feld- und Forstdiebstahl); Aneignung von Strandgut: StrandO. v. 17. Mai 1874 §§ 12 f., 20, 43.

Schwerer Diebstahl *).

§ 243. Auf Zuchthaus bis zu zehn Jahren ist zu erkennen, wenn

1. aus einem zum Gottesdienste bestimmten Gebäude Gegenstände gestohlen werden, welche dem Gottesdienste gewidmet sind;

Arbeit sich rechtswidrig zuzueignen, mit Gefängnis und mit Geldstrafe ... oder mit einer dieser Strafen bestraft.

Neben der Gefängnisstraße kann auf Verlust der bürgerlichen Ehrenrechte erkannt werden.

Der Versuch ist strafbar.

§ 2. Wird die im § 1 bezeichnete Handlung in der Absicht begangen, einem anderen rechtswidrig Schaden zuzufügen, so ist auf Geldstrafe ... oder auf Gefängnis bis zu zwei Jahren zu erkennen.

Die Verfolgung tritt nur auf Antrag ein.

*) Ges. über d. Verkehr mit unedlen Metallen v. 23. Juli 1926 (RGBl. I S. 415):

§ 17. Wer einen Diebstahl an einem Gegenstand aus unedlem Metalle begeht, der zum öffentlichen Nutzen dient oder öffentlich aufgestellt ist, oder der einen Teil eines Gebäudes bildet oder in einem Gebäude zu dessen Ausstattung angebracht ist, wird wegen schweren Diebstahls (§ 243 des Strafgesetzbuchs) bestraft.

Das gleiche gilt für den Diebstahl von Maschinenbestandteilen und sonstigen Betriebsmitteln aus unedlem Metalle, deren Wegnahme die gesicherte Fortführung des Betriebs erheblich gefährdet.

§ 18. Wer beim Betrieb eines Gewerbes der im § 1 bezeichneten Art einen Gegenstand aus unedlem Metalle, von dem er aus Fahrlässigkeit nicht erkannt hat, daß er mittels einer strafbaren Handlung erlangt ist, verheimlicht, ankauft, zum Pfande nimmt oder sonst an sich bringt oder zu seinem Absatz bei anderen mitwirkt, wird mit Gefängnis bis zu einem Jahre und mit Geldstrafe oder mit einer dieser Strafen bestraft.

2. aus einem Gebäude oder umschlossenen Raume mittels Einbruchs, Einsteigens oder Erbrechens von Behältnissen gestohlen wird;
3. der Diebstahl dadurch bewirkt wird, daß zur Eröffnung eines Gebäudes oder der Zugänge eines umschlossenen Raumes, oder zur Eröffnung der im Innern befindlichen Türen oder Behältnisse falsche Schlüssel oder andere zur ordnungsmäßigen Eröffnung nicht bestimmte Werkzeuge angewendet werden;
4. auf einem öffentlichen Wege, einer Straße, einem öffentlichen Platze, einer Wasserstraße oder einer Eisenbahn, oder in einem Postgebäude oder dem dazu gehörigen Hofraume, oder auf einem Eisenbahnhofe eine zum Reisegepäck oder zu anderen Gegenständen der Beförderung gehörende Sache mittels Abschneidens oder Ablösens der Befestigungs- oder Verwahrungsmittel, oder durch Anwendung falscher Schlüssel oder anderer zur ordnungsmäßigen Eröffnung nicht bestimmter Werkzeuge gestohlen wird;
5. der Dieb oder einer der Teilnehmer am Diebstahle bei Begehung der Tat Waffen bei sich führt;
6. zu dem Diebstahle mehrere mitwirken, welche sich zur fortgesetzten Begehung von Raub oder Diebstahl verbunden haben, oder
7. der Diebstahl zur Nachtzeit in einem bewohnten Gebäude, in welches sich der Täter in diebischer Absicht eingeschlichen, oder in welchem er sich in

---

Ges. über d. Verkehr mit Edelmetallen, Edelsteinen und Perlen v. 29. Juni 1926 (RGBl. I S. 321):

§ 4. Wer einen Diebstahl an einem Gegenstand aus Edelmetall begeht, der zum öffentlichen Nutzen dient oder öffentlich aufgestellt ist, wird wegen schweren Diebstahls (§ 243 des Strafgesetzbuchs) bestraft.

§ 5. Wer gewerbsmäßig mit den im § 1 bezeichneten Gegenständen Handel treibt oder gewerbsmäßig Edelmetalle und edelmetallhaltige Legierungen und Rückstände hiervon schmilzt, probiert oder scheidet oder aus den Gemengen und Verbindungen von Edelmetallabfällen mit Stoffen anderer Art Edelmetalle wiedergewinnt und beim Betrieb eines derartigen Gewerbes einen der im § 1 bezeichneten Gegenstände, von dem er aus Fahrlässigkeit nicht erkannt hat, daß er mittels einer strafbaren Handlung erlangt ist, verheimlicht, ankauft, zum Pfande nimmt oder sonst an sich bringt oder zu seinem Absatz bei anderen mitwirkt, wird mit Gefängnis bis zu einem Jahre und mit Geldstrafe oder mit einer dieser Strafen bestraft.

gleicher Absicht verborgen hatte, begangen wird, auch wenn zur Zeit des Diebstahls Bewohner in dem Gebäude nicht anwesend sind. Einem bewohnten Gebäude werden der zu einem bewohnten Gebäude gehörige umschlossene Raum und die in einem solchen befindlichen Gebäude jeder Art, sowie Schiffe, welche bewohnt werden, gleich geachtet.

Sind mildernde Umstände vorhanden, so tritt Gefängnisstrafe nicht unter drei Monaten ein.

Zuständig: SchöffG. od. AR. (GVG. § 26). Straferhöh. Umstände (StPO. §§ 263, 265, 267) nur zu § 242 (nicht § 248a oder § 370 [5]). Idealkonk. ist zwischen §§ 242, 243 oder dem einzelnen Nrn. des § 243 möglich. Vgl. §§ 244, 247, 248 (Polizeiaufsicht).
Nr. 1: §§ 166 f. „Gewidmet" = dienend.
Nr. 2, 3: Schiffe gehören nicht hierher; s. Nr. 7.*) „Aus einem Geb. usw.": nicht, wenn im Innern in Abteilungen des Hauses („Behältnisse") eingestiegen, nicht eingebrochen, oder das ganze Behältnis (z. B. Kassette) uneröffnet gestohlen und erst außerhalb des Gebäudes usw. erbrochen wird. Gesetzeskonk. mit §§ 123, 303.
Nr. 4: „Wasserstraße", nicht off. See: § 250 [3], StrandO. § 21. „Eisenbahn": auch Pferde- oder Trambahn.
Nr. 5: Auch erlaubtes Waffentragen fällt hierunter. Bewußtsein der Bewaffnung (§ 59), nicht Gebrauchsabsicht erforderlich. Einziehung: § 40.
Nr. 6: Bandendiebstahl, kein Kollektivdelikt. „Mehrere": Mindestens zwei als Täter oder Teilnehmer. Zugehörigkeit zur Diebsbande: § 50.
Nr. 7: Vgl. Nr. 2 f. „Nachtzeit": Zeit der nächtl. Dunkelheit.

Rückfall.

§ 244. Wer im Inlande als Dieb, Räuber oder gleich einem Räuber oder als Hehler bestraft worden ist, darauf abermals eine dieser Handlungen begangen hat, und wegen derselben bestraft worden ist, wird, wenn er einen

*) Über die Anforderungen, die für den Begriff des „umschlossenen Raumes" an die Vollständigkeit der Umschließung zu stellen sind, äußert sich RG. 54, 20 dahin, daß ein mit einem Schwellenzaun umgebener Güterbahnhof als „umschlossener Raum" anzusehen sei, obwohl der Zaun an einzelnen Stellen, wo Geleise hindurchführen, Lücken aufweist; „umschlossen" ist ein Raum, wenn er mit einer Einfriedigung versehen ist, die bestimmt und geeignet ist, das unbefugte Eindringen Dritter abzuhalten. Ein lückenloser Verschluß könne nach der Verkehrsauffassung nicht gefordert werden; es dürfen nur nicht Eingänge vorhanden sein, die von jedermann frei und ungehindert benutzt werden können. Letzteres sei aber bei den Öffnungen, die nur das Ein- und Ausfahren der Züge ermöglichen sollen, nicht der Fall, da das Betreten der Geleise verboten und mit Gefahr verknüpft sei.

einfachen Diebstahl (§ 242) begeht, mit Zuchthaus bis zu zehn Jahren, wenn er einen schweren Diebstahl (§ 243) begeht, mit Zuchthaus nicht unter zwei Jahren bestraft.

Sind mildernde Umstände vorhanden, so tritt beim einfachen Diebstahl Gefängnisstrafe nicht unter drei Monaten, beim schweren Diebstahl Gefängnisstrafe nicht unter Einem Jahre ein.

Zuständig: SchöffG. od. AR. (wie § 243). Straferhöh. Umstand zu §§ 242 und 243: § 50 (Zurechnung), StPO. §§ 265, 267, 263 III. „Inland": § 3; „Dieb": §§ 242 f., nicht § 248a; „Räuber": § 249; „gleich einem Räuber": §§ 252, 255; „Hehler": §§ 258 f. „Bestraft": Wegen Täterschaft, Teilnahme oder Versuchs, jedoch nicht nach § 37. Vgl. §§ 245 (Rückfallsverjährung), 247 f.

Strafverbüßg., Straferlaß; Rückfallsverjährg.

§ 245. Die Bestimmungen des § 244 finden Anwendung, auch wenn die früheren Strafen nur teilweise verbüßt oder ganz oder teilweise erlassen sind, bleiben jedoch ausgeschlossen, wenn seit der Verbüßung oder dem Erlasse der letzten Strafe bis zur Begehung des neuen Diebstahls zehn Jahre verflossen sind.

„Verbüßt": auch infolge Anrechnung von Untersuchungshaft. Vgl. §§ 250[5], 261 III, 264 III; StrafvermerktilgungsG. vom 9. April 1920 § 5 II: Ist der Vermerk über eine Verurteilung nach diesem Ges. im Strafregister getilgt, so gilt sie nicht mehr als rückfallbegründende Vorbestrafung. Der Tilgung wird Tilgungsreife (Fristablauf) gleichgestellt (RG. 57, 390, bayer. ObLG. 23, 50). Bei Strafzumessung können auch getilgte Vorstrafen berücksichtigt werden (GoltdArch. 70, 26; JW. 1926, 2776).

Unterschlagung.

§ 246. Wer eine fremde bewegliche Sache, die er in Besitz oder Gewahrsam hat, sich rechtswidrig zueignet, wird wegen Unterschlagung mit Gefängnis bis zu drei Jahren und, wenn die Sache ihm anvertraut ist, mit Gefängnis bis zu fünf Jahren bestraft.

Sind mildernde Umstände vorhanden, so kann auf Geldstrafe . . . erkannt werden.

Der Versuch ist strafbar.

Zuständig: SchöffG. oder AR. wie bei § 242. „Fremde bewegliche Sache" und „rechtswidr." Zueignung: § 242. „Besitz oder Gewahrsam": Strafrechtl. Begriff = tatsächl. Allein-Inhabg., nicht identisch mit zivilrechtl. Besitz (BGB. §§ 854 ff.), der eine Inhabung nicht erfordert. Demgemäß kann zwar der Besitzdiener (BGB. § 855) als alleiniger Gewahrsamsinhaber, nicht aber der mittelbare Besitzer

(BGB. § 868) unterschlagen. Der strafrechtl. Besitz oder Gewahrsam geht nicht ohne weiteres, sondern erst mit Erlangung der tatsächl. Gewalt auf den Erben über (anders BGB. § 857). Unterschlagung setzt straflos erlangten ausschließl. „Besitz oder Gewahrsam" des Unterschlagenden, Mittäterschaft Mitgewahrsam voraus; bei Mitbesitz Dritter ist nur Diebstahl möglich, z. B. Diebstahl der Dienstboten an den von ihrer Herrschaft mitbesessenen Sachen. „Anvertraut": Straferhöh. Umstand (§ 50): „Veruntreuung".

Vgl. §§ 29 I (zu § 246 II), 247 (Unterschlagung gegen Angehörige usw.), 248 (Ehrenrechtsverl.), 248 a (Notunterschl.), 258 [1] (Personenhehlerei), 266 (Untreue; Idealkonk. mit Unterschlagung wird in der Praxis viel zu häufig angenommen), 350 f. (Amtsunterschl.), 370 [5], DepotG. v. 5. Juli 1896 §§ 9, 11 f. (Depotunterschlagg.; § 246 schließt den § 9 DepotG., § 11 DepotG. den § 246 aus).*)

Haus- u. Familien-Diebst. u. -Unterschlagg.

§ 247. Wer einen Diebstahl oder eine Unterschlagung gegen Angehörige, Vormünder oder Erzieher begeht, oder wer einer Person, zu der er im Lehrlingsverhältnisse steht, oder in deren häuslicher Gemeinschaft er als Gesinde sich befindet, Sachen von unbedeutendem Werte stiehlt

*) Ges., betr. die Pflichten der Kaufleute bei Aufbewahrung fremder Wertpapiere, v. 5. Juli 1896 (RGBl. S. 183):

§ 9. Wenn ein Kaufmann über Wertpapiere der im § 1 bezeichneten Art, welche ihm zur Verwahrung oder als Pfand übergeben sind, oder welche er als Kommissionär für den Kommittenten in Besitz genommen hat, außer dem Falle des § 246 des Strafgesetzbuchs zum eigenen Nutzen oder zum Nutzen eines Dritten rechtswidrig verfügt, wird er mit Gefängnis bis zu einem Jahre und Geldstrafe ... oder mit einer dieser Strafen bestraft.

Der gleichen Strafe unterliegt, wer der Vorschrift des § 8 zum eigenen Nutzen oder zum Nutzen eines Dritten vorsätzlich zuwiderhandelt.

Ist der Täter ein Angehöriger (§ 52 Absatz 2 des Strafgesetzbuchs) des Verletzten, so tritt die Verfolgung nur auf Antrag ein. Die Zurücknahme des Antrages ist zulässig. Der § 247 Absatz 2 und 3 des Strafgesetzbuchs findet entsprechende Anwendung.

§ 11. Ein Kaufmann, welcher seine Zahlungen eingestellt hat oder über dessen Vermögen das Konkursverfahren eröffnet worden ist, wird mit Zuchthaus bestraft, wenn er im Bewußtsein seiner Zahlungsunfähigkeit oder Überschuldung fremde Wertpapiere, welche er im Betriebe seines Handelsgewerbes als Verwahrer, Pfandgläubiger oder Kommissionär in Gewahrsam genommen, sich rechtswidrig zugeeignet hat.

Sind mildernde Umstände vorhanden, so tritt Gefängnisstrafe nicht unter drei Monaten ein.

§ 12 betrifft Mitglieder des Vorstands einer Aktiengesellschaft oder eingetr. Genossenschaft, Geschäftsführer einer Gesellsch. m. b. H. usw.

oder unterschlägt, ist nur auf Antrag zu verfolgen. Die Zurücknahme des Antrages ist zulässig.

Ein Diebstahl oder eine Unterschlagung, welche von Verwandten aufsteigender Linie gegen Verwandte absteigender Linie oder von einem Ehegatten gegen den anderen begangen worden ist, bleibt straflos.

Diese Bestimmungen finden auf Teilnehmer oder Begünstiger, welche nicht in einem der vorbezeichneten persönlichen Verhältnisse stehen, keine Anwendung.

Zu §§ 242—244, 246.
Abs. 1: Relatives Antragsdelikt. §§ 52 II (Angehör.), 61 ff. (Antrag). „Gesinde": Dienstbote, nicht Geselle. Bei Mehrheit der Verletzten, von denen auch nur einer nicht in den in § 247 bezeichneten Verhältnissen zum Täter steht, bedarf es keines Antrags; ebenso bei Diebstählen von Dienstboten untereinander.
Abs. 2: Persönl. Strafausschließungsgründe. Vgl. § 289 V.
Abs. 3 bezieht sich auf Abs. 1 und 2: §§ 47 ff., 257. Auf Hehler ist § 247 unanwendbar.

Ehrenrechtsverlust u. Polizeiaufsicht.

§ 248. Neben der wegen Diebstahls oder Unterschlagung erkannten Gefängnisstrafe kann auf Verlust der bürgerlichen Ehrenrechte und neben der wegen Diebstahls erkannten Zuchthausstrafe auf Zulässigkeit von Polizei-Aufsicht erkannt werden.

Vgl. §§ 32, 38, 45, 76, 256, 262.

Notdiebstahl u. -Unterschlagung.

§ 248 a. Wer aus Not geringwertige Gegenstände entwendet oder unterschlägt, wird mit Geldstrafe . . . oder mit Gefängnis bis zu drei Monaten bestraft.

Die Verfolgung tritt nur auf Antrag ein. Die Zurücknahme des Antrags ist zulässig.

Wer die Tat gegen einen Verwandten absteigender Linie oder gegen seinen Ehegatten begeht, bleibt straflos.

Zuständig: AR. § 248 a (Nov. v. 1912) enthält wie § 370 [5] gegenüber §§ 242, 246 einen selbständ. Tatbestand. §§ 243, 244, 247 f. sind hier unanwendbar. Versuch ist im Gegensatz zu § 264 a Abs. 2 straflos.
Abs. 1: „Not", (unverschuldete oder verschuldete) wirtschaftl. Bedrängnis als Beweggrund der Tat. Vgl. § 29 I (Umwandl. der übertrieben hohen Geldstr. auch in Haft).
Abs. 2: §§ 61 ff.
Abs. 3: Persönl. Strafausschließungsgrund wie § 247 II, III.

Zwanzigster Abschnitt.

Raub und Erpressung.

(Einfacher) Raub.

§ 249. Wer mit Gewalt gegen eine Person oder unter Anwendung von Drohungen mit gegenwärtiger Gefahr für Leib oder Leben eine fremde bewegliche Sache einem anderen in der Absicht wegnimmt, sich dieselbe rechtswidrig zuzueignen, wird wegen Raubes mit Zuchthaus bestraft.

Sind mildernde Umstände vorhanden, so tritt Gefängnisstrafe nicht unter sechs Monaten ein.

Zuständig: SchöffG. Raub: Gewaltsame Wegnahme usw.; Hingabe an Täter infolge Zwangs: Erpressung (§§ 253, 255), infolge Täuschung: Betrug (§ 263). Raub ist gegenüber Diebstahl (§ 242) selbständ. Verbrechen, § 247 deshalb hier ebensowenig anwendbar wie z. B. §§ 248 a, 370 [5] oder landesrechtl. Strafbestimmungen über Feld- und Forstfrevel (EG. § 2 II) bei Gewaltanwendung usw. i. S. § 249. Vgl. §§ 32, 38, 256 (Ehrenrechtsverl. und Polizeiaufsicht), 250 f. (Straferhöh.).

Schwerer Raub.

§ 250. Auf Zuchthaus nicht unter fünf Jahren ist zu erkennen, wenn

1. der Räuber oder einer der Teilnehmer am Raube bei Begehung der Tat Waffen bei sich führt;
2. zu dem Raube mehrere mitwirken, welche sich zur fortgesetzten Begehung von Raub oder Diebstahl verbunden haben;
3. der Raub auf einem öffentlichen Wege, einer Straße, einer Eisenbahn, einem öffentlichen Platze, auf offener See oder einer Wasserstraße begangen wird;
4. der Raub zur Nachtzeit in einem bewohnten Gebäude (§ 243 Nr. 7) begangen wird, in welches sich der Täter zur Begehung eines Raubes oder Diebstahls eingeschlichen oder sich gewaltsam Eingang verschafft oder in welchem er sich in gleicher Absicht verborgen hatte, oder
5. der Räuber bereits einmal als Räuber oder gleich einem Räuber im Inlande bestraft worden ist. Die im § 245 enthaltenen Vorschriften finden auch hier Anwendung.

Sind mildernde Umstände vorhanden, so tritt Gefängnisstrafe nicht unter einem Jahre ein.

Zuständig: SchöffG. Straferhöh. Umstände zu § 249. Zu Nr. 1 bis 4: § 243[4—7]. Zu Nr. 5: § 244. „Gleich einem Räuber": §§ 252, 255.

Raub mit Marterung.

§ 251. Mit Zuchthaus nicht unter zehn Jahren oder mit lebenslänglichem Zuchthaus wird der Räuber bestraft, wenn bei dem Raube ein Mensch gemartert, oder durch die gegen ihn verübte Gewalt eine schwere Körperverletzung oder der Tod desselben verursacht worden ist.

Zuständig: Schwurger. Straferhöh. Umstände zu §§ 249 f. Alternative Feststellung: „gemartert oder ..." zulässig. Waren die verursachten schweren Folgen — „schwere Körperverletzung" (§ 224) oder Tod — beabsichtigt: Idealkonk. zw. §§ 249, 251 und 211 (212) oder 225.

Räuberischer Diebstahl.

§ 252. Wer, bei einem Diebstahle auf frischer Tat betroffen, gegen eine Person Gewalt verübt oder Drohungen mit gegenwärtiger Gefahr für Leib oder Leben anwendet, um sich im Besitze des gestohlenen Gutes zu erhalten, ist gleich einem Räuber zu bestrafen.

Zuständig: SchöffG., bei Bestrafg. aus § 251 Schwurger. Straferhöh. Umstände zu §§ 242 ff. (nicht §§ 248 a, 370[2, 5]). Gewalt und Drohung werden hier nicht als Mittel zur Wegnahme, sondern erst nach vollendeter Wegnahme zur Erhaltung (nicht Erlangung) des Besitzes angewendet (nicht notw. gegen den Bestohlenen). Bestrafung „gleich einem Räuber" nach §§ 249—251; § 247 hier unanwendbar (?). Vgl. § 214.

(Einfache) Erpressung.

§ 253. Wer, um sich oder einem Dritten einen rechtswidrigen Vermögensvorteil zu verschaffen, einen anderen durch Gewalt oder Drohung zu einer Handlung, Duldung oder Unterlassung nötigt, ist wegen Erpressung mit Gefängnis nicht unter einem Monat zu bestrafen.

Der Versuch ist strafbar.

Zuständig: SchöffG. od. AR. Erpressung erfordert wie Betrug (§ 263) Bereicherungsabsicht, Vollendung nicht eingetretene Bereicherung oder Erlangg. des erstrebten Vermögensvorteils, im Gegensatz zum vollendeten Betrug nicht einmal eingetretene Vermögensbeschädigung. „Rechtswidrig": nicht rechtl. begründet; der zu verschaffende Vermögensvorteil muß dem Vermögen eines andern, des Geschädigten, der mit dem Genötigten oder Getäuschten (§ 263) nicht identisch zu sein braucht, widerrechtlich entzogen werden, nur bei vollendetem

Betrug entzogen sein. Vgl. §§ 240 (Nötigung, Gesetzeskonk.), 254 f. (Straferhöhung), 256, 339 III (Erpressung im Amt), 361⁴ u. 362 II (Idealkonk. möglich).

Schwere Erpressung.

§ 254. Wird die Erpressung durch Bedrohung mit Mord, mit Brandstiftung oder mit Verursachung einer Überschwemmung begangen, so ist auf Zuchthaus bis zu fünf Jahren zu erkennen.

Zuständig: SchöffG. Straferhöh. Umst. zu § 253. „Mord": § 211; „Brandstiftung": §§ 306 ff., 311; „Überschwemmung": §§ 312 f. Vgl. §§ 126, 241.

Räuberische Erpressung.

§ 255. Wird die Erpressung durch Gewalt gegen eine Person oder unter Anwendung von Drohungen mit gegenwärtiger Gefahr für Leib oder Leben begangen, so ist der Täter gleich einem Räuber zu bestrafen.

Zuständig: wie § 252. Straferhöh. Umst. zu §§ 253 f. Vgl. § 52 I. Bestrafung „gleich einem Räuber" nach §§ 249 ff.

Ehrenrechtsverlust u. Polizeiaufsicht.

§ 256. Neben der wegen Erpressung erkannten Gefängnisstrafe kann auf Verlust der bürgerlichen Ehrenrechte und neben der wegen Raubes oder Erpressung erkannten Zuchthausstrafe auf Zulässigkeit von Polizei-Aufsicht erkannt werden.

Vgl. §§ 32, 38, 45, 76, 248.

Einundzwanzigster Abschnitt.

Begünstigung und Hehlerei.

(Persönl. u. sachl.) Begünstigung.

§ 257. Wer nach Begehung eines Verbrechens oder Vergehens dem Täter oder Teilnehmer wissentlich Beistand leistet, um denselben der Bestrafung zu entziehen oder um ihm die Vorteile des Verbrechens oder Vergehens zu sichern, ist wegen Begünstigung mit Geldstrafe . . . oder mit Gefängnis bis zu einem Jahre und, wenn er diesen Beistand seines Vorteils wegen leistet, mit Gefängnis zu bestrafen. Die Strafe darf jedoch, der Art oder dem Maße nach, keine schwerere sein, als die auf die Handlung selbst angedrohte.

Die Begünstigung ist straflos, wenn dieselbe dem Täter oder Teilnehmer von einem Angehörigen gewährt worden ist, um ihn der Bestrafung zu entziehen.

Die Begünstigung ist als Beihilfe zu bestrafen, wenn sie vor Begehung der Tat zugesagt worden ist. Diese Bestimmung leidet auch auf Angehörige Anwendung.

Zuständig: Schöffenger. od. AR. Strafantrag erforderl., wenn die Haupttat Antragsdelikt. Vgl. §§ 63 (Unteilbarkeit des Antrags), 247 III.

Abs. 1: „Wissentlich" = vorsätzlich, auch bedingter Vorsatz; Bewußtsein des Begünstigers, daß der Begünstigte „ein Verbrechen oder Vergehen" begangen, vollendet oder versucht hat; Irrtum über die rechtl. Qualifikation der Vortat (§ 1) ist belanglos (§ 59). Absicht, der „Bestrafung" (Verurteilung oder Strafvollstreckung), wenn auch nicht dauernd, zu entziehen. Selbstbegünstigg. ist straflos, aber Teilnahme des Haupttäters an dem selbständ. Vergehen der Begünstigg. (insbes. Anstiftg.) strafbar, ebenso Begünstigung eines Teilnehmers durch einen anderen Teilnehmer. Vgl. §§ 29 I (Umwandlg. der Geldstr. auch in Haft), 120 (Idealkonk.), 346 (Begünstigg. durch Beamte); RepSchutzG. §§ 6, 7^{3}.

Abs. 2 enthält einen persönl. Strafausschließungsgr., auch wenn „Angehörige" (§ 52 II) ihres Vorteils wegen Dritte zur Begünstigung angestiftet haben, aber nur in der Absicht, den Täter usw. der Bestrafung zu entziehen, nicht ihm die Vorteile seiner Straftat zu sichern. Vgl. § 247 III.

Abs. 3: „Als Beihilfe" (§ 49), u. U. als Verbrechen. Vorher zugesagte Begünstigung kann auch Anstiftung sein.

Besondere Bestimmungen enthalten KO. §§ 241 f. und andere Nebengesetze.

Personenhehlerei.

§ 258. Wer seines Vorteils wegen sich einer Begünstigung schuldig macht, wird als Hehler bestraft, wenn der Begünstigte

1. einen einfachen Diebstahl oder eine Unterschlagung begangen hat, mit Gefängnis,
2. einen schweren Diebstahl, einen Raub oder ein dem Raube gleich zu bestrafendes Verbrechen begangen hat, mit Zuchthaus bis zu fünf Jahren.

Sind mildernde Umstände vorhanden, so tritt Gefängnisstrafe nicht unter drei Monaten ein.

Diese Strafvorschriften finden auch dann Anwendung, wenn der Hehler ein Angehöriger ist.

Zuständig: Schöffenger. od. AR. Straferhöh. Umst. zu § 257.
Nr. 1: §§ 242, 246, nicht 248 a, 370^{5}, wohl aber 244, 350.

Nr. 2: §§ 243, 249—252, 255. Der Begünstiger braucht über Art und Weise der Ausführung des schweren Diebstahls nicht näher unterrichtet zu sein, wenn er nur damit rechnet, daß der Vortäter die Sachen möglicherweise durch eine der verschiedenen erschwerenden Ausführungsformen des § 243 erlangt habe (RG. 53, 342).
Vgl. §§ 32, 262 (Ehrenrechtsverl. und Polizei-Aufsicht), 259 (Idealkonk. mögl.), 260 (Gewerbs- und Gewohnheitsmäßigkeit), 261 (Rückfall), 52 II („Angehör.").

Sachhehlerei oder Partiererei.

§ 259. Wer seines Vorteils wegen Sachen, von denen er weiß oder den Umständen nach annehmen muß, daß sie mittels einer strafbaren Handlung erlangt sind, verheimlicht, ankauft, zum Pfande nimmt oder sonst an sich bringt oder zu deren Absatze bei anderen mitwirkt, wird als Hehler mit Gefängnis bestraft.

Zuständig: Schöffenger. od. AR. „Sachen": Nur körperl., wie § 242, BGB. § 90. „Strafbare Handlung": Nach RG. nur Vermögensdelikt, sei es Verbrechen, Vergehen od. Übertretung, auch wenn nur landesrechtl. strafbar oder z. B. mangels Strafantr. nicht verfolgbar oder wegen persönl. Straf- (nicht Schuld-)ausschließungsgrundes (z. B. § 247 II) straflos. Hehlerei durch Ankauf oder Ansichbringen gestohlener Sachen erfordert den Nachweis, daß der Diebstahl vollendet war, bevor der Hehler die Sachen an sich brachte. Art und Umstände der konkr. strafb. Handlung können dem Hehler unbekannt sein. Hehlerei nur an der unmittelbar durch die strafbare Handlung erlangten Sache, nicht an dem durch deren Veräußerung usw. erzielten Erlös. Realkonk. zwischen Anstiftung (oder Beihilfe) zum Diebstahl (nicht Mittäterschaft) und Hehlerei oder zwischen Diebstahl und Teilnahme an der Hehlerei. Vgl. §§ 260 bis 262, 370 [3] (Ankauf militär. Monturstücke), Metallverkehrsgesetze (zu § 243 abgedruckt).

Gewerbs- od. gewohnheitsmäß. Hehlerei.

§ 260. Wer die Hehlerei gewerbs- oder gewohnheitsmäßig betreibt, wird mit Zuchthaus bis zu zehn Jahren bestraft.

Zuständig: SchöffG. od. AR. Straferhöh. Umst. zu §§ 258 f. Kollektivdelikt. Vgl. §§ 32, 50, 261 f., 294. Keine mild. Umst.

Hehlerei i. Rückfall.

§ 261. Wer im Inlande wegen Hehlerei einmal und wegen darauf begangener Hehlerei zum zweiten Male bestraft worden ist, wird, wenn sich die abermals begangene Hehlerei auf einen schweren Diebstahl, einen Raub oder ein dem Raube gleich zu bestrafendes Verbrechen bezieht, mit Zuchthaus nicht unter zwei Jahren bestraft. Sind mildernde Umstände vorhanden, so tritt Gefängnisstrafe nicht unter einem Jahre ein.

Bezieht sich die Hehlerei auf eine andere strafbare Handlung, so ist auf Zuchthaus bis zu zehn Jahren zu erkennen. Sind mildernde Umstände vorhanden, so tritt Gefängnisstrafe nicht unter drei Monaten ein.

Die in dem § 245 enthaltenen Vorschriften finden auch hier Anwendung.

Zuständig: SchöffG. od. AK. Straferhöh. Umst. zu §§ 258 ff. (§ 50, StPO. §§ 265, 267, 263 III: Schuldfr. begreift nicht Voraussetzungen d. Rückf.). Vgl. §§ 244 (Diebst. im Rückf.), 262.
Abs. 1: „Schwerer Diebst.“: § 243; „Raub usw.“: §§ 249—252, 255.
Abs. 3: Rückfall, auch wenn die früheren Strafen nur teilweise verbüßt oder ganz oder teilweise erlassen, nicht, wenn seit Verbüßung oder Erlaß der letzten Strafe bis zur Begehung der neuen Hehlerei 10 Jahre verflossen sind (Rückfallsverjährung). S. § 245 Anm.

Ehrenrechtsverlust u. Polizeiaufsicht.

§ 262. Neben der wegen Hehlerei erkannten Gefängnisstrafe kann auf Verlust der bürgerlichen Ehrenrechte und neben jeder Verurteilung wegen Hehlerei auf Zulässigkeit von Polizei-Aufsicht erkannt werden.

Vgl. §§ 32, 38, 45, 248, 256.

Zweiundzwanzigster Abschnitt.

Betrug und Untreue.

(Einfacher) Betrug.

§ 263. Wer in der Absicht, sich oder einem Dritten einen rechtswidrigen Vermögensvorteil zu verschaffen, das Vermögen eines anderen dadurch beschädigt, daß er durch Vorspiegelung falscher oder durch Entstellung oder Unterdrückung wahrer Tatsachen einen Irrtum erregt oder unterhält, wird wegen Betruges mit Gefängnis bestraft, neben welchem auf Geldstrafe . . . sowie auf Verlust der bürgerlichen Ehrenrechte erkannt werden kann.

Sind mildernde Umstände vorhanden, so kann ausschließlich auf die Geldstrafe erkannt werden.

Der Versuch ist strafbar.

Wer einen Betrug gegen Angehörige, Vormünder oder Erzieher begeht, ist nur auf Antrag zu verfolgen. Die Zurücknahme des Antrages ist zulässig.

Zuständig: SchöffG. od. AK.

Abs. 1, 2: Arglistige Täuschung durch falsche Vorspiegelung (ausdrückl. oder durch schlüssige Handlungen) oder Unterdrückung usw. (rechtspflichtwidr. Unterlassung gebotener Mitteilung) als Mittel der zum vollendeten Betrug erforderten (auch bei Vorspiegelung gesetzwidriger, unsittlicher Gegenleistung möglichen: RGSt. 44, 230; 47, 67) Vermögensbeschädigung, indem der Getäuschte durch den erregten usw. Irrtum (seine der Wahrheit nicht entsprechende, falsche Vorstellung, nicht bloße ignorantia facti) zu einer ihm oder einem Dritten nachteiligen, in Handeln oder Unterlassen bestehenden Vermögensverfügung bestimmt wird. Vermögensschaden umfaßt auch lucrum cessans wie nach BGB. § 252. „Tatsachen": vergangene und gegenwärtige, auch facta interna, z. B. Absicht (Zechprellerei), nicht Werturteile. Vgl. §§ 27 ff. (Geldstrafe), 32, 35, 253 Anm., 264 (Rückfall), 264 a (Notbetrug). Idealkonk. mit §§ 146 ff., 266, 267 ff.; RVO. § 533; BörsenG. § 88 (Kursbetrug)*). Vgl. UnlWettbG. § 4.
Abs. 4: §§ 52 II („Angehör."), 61 ff., 247.

---

*) Börsenges. v. $\frac{\text{22. Juni 1896}}{\text{27. Mai 1908}}$ (RGBl. 1908 S. 215):
§ 88. Wer in betrügerischer Absicht auf Täuschung berechnete Mittel anwendet, um auf den Börsen- oder Marktpreis von Waren oder Wertpapieren einzuwirken, wird mit Gefängnis und zugleich mit Geldstrafe ... bestraft. Auch kann auf Verlust der bürgerlichen Ehrenrechte erkannt werden.
Sind mildernde Umstände vorhanden, so kann ausschließlich auf die Geldstrafe erkannt werden.
Die gleiche Strafe trifft denjenigen, welcher in betrügerischer Absicht wissentlich unrichtige Angaben in Prospekten (§ 38) oder in öffentlichen Kundgebungen macht, durch welche die Zeichnung oder der Ankauf oder Verkauf von Wertpapieren herbeigeführt werden soll.
§ 89. Wer für Mitteilungen in der Presse, durch welche auf den Börsenpreis eingewirkt werden soll, Vorteile gewährt oder verspricht oder sich gewähren oder versprechen läßt, welche in auffälligem Mißverhältnisse zu der Leistung stehen, wird mit Gefängnis bis zu einem Jahre und zugleich mit Geldstrafe ... bestraft.
Die gleiche Strafe trifft denjenigen, der sich für die Unterlassung von Mitteilungen der bezeichneten Art Vorteile gewähren oder versprechen läßt.
Der Versuch ist strafbar.
Sind mildernde Umstände vorhanden, so kann ausschließlich auf die Geldstrafe erkannt werden.
§ 94. Wer gewohnheitsmäßig in gewinnsüchtiger Absicht andere unter Ausbeutung ihrer Unerfahrenheit oder ihres Leichtsinns zu Börsenspekulationsgeschäften verleitet, welche nicht zu ihrem Gewerbebetriebe gehören, wird mit Gefängnis und zugleich mit Geldstrafe ... bestraft. Auch kann auf Verlust der bürgerlichen Ehrenrechte erkannt werden.
§ 95. Ein Kommissionär, welcher, um sich oder einem Dritten einen Vermögensvorteil zu verschaffen,
1. das Vermögen des Kommittenten dadurch beschädigt, daß er hinsichtlich eines abzuschließenden Geschäfts wider besseres Wissen unrichtigen Rat oder unrichtige Auskunft erteilt, oder

Betrug i. Rückfall.

§ 264. Wer im Inlande wegen Betruges einmal und wegen darauf begangenen Betruges zum zweiten Male bestraft worden ist, wird wegen abermals begangenen Betruges mit Zuchthaus bis zu zehn Jahren und zugleich mit Geldstrafe . . . bestraft.

Sind mildernde Umstände vorhanden, so tritt Gefängnisstrafe nicht unter drei Monaten ein, neben welcher zugleich auf Geldstrafe . . . erkannt werden kann.

Die im § 245 enthaltenen Vorschriften finden auch hier Anwendung.

Zuständig: SchöffG. od. AR. Straferhöh. Umst. nur zu § 263, nicht § 264 a oder § 265 (§ 50, StPO. §§ 263 III, 265, 267). Vgl. §§ 32, 244, 261. Geldstrafe (§§ 27 ff.) in Abs. 1 geboten („und zugleich . . ."), in Abs. 2 zugelassen; Umwandlung: §§ 29, 74 Anm. (keine Gesamtstrafe!). Strafantrag nach § 263 IV auch bei Rückfallbetrug (wie bei Rückfalldiebstahl) gegen Angehörige usw. erforderlich. Abs. 3: § 245 betrifft teilweise Strafverbüßung und Rückfallverjährung (10 Jahre).

Notbetrug.

§ 264 a. Wer aus Not sich oder einem Dritten geringwertige Gegenstände zum Schaden eines anderen durch Täuschung (§ 263 Abs. 1) verschafft, wird mit Geldstrafe . . . oder mit Gefängnis bis zu drei Monaten bestraft.

Der Versuch ist strafbar.

Die Verfolgung tritt nur auf Antrag ein. Die Zurücknahme des Antrags ist zulässig.

Wer die Tat gegen einen Verwandten absteigender Linie oder gegen seinen Ehegatten begeht, bleibt straflos.

Zuständig: AR. § 264 a (Nov. v. 1912) enthält gegenüber § 263 ein selbständ. Vergehen; § 264 ist hier unanwendbar. Vgl. §§ 27 ff., 61 ff., 248 a.

Versicherungsbetrug.

§ 265. Wer in betrügerischer Absicht eine gegen Feuersgefahr versicherte Sache in Brand setzt, oder ein Schiff,

---

2. bei der Ausführung eines Auftrags oder bei der Abwickelung eines Geschäfts absichtlich zum Nachteile des Kommittenten handelt,

wird mit Gefängnis bestraft. Neben der Gefängnisstrafe kann auf Geldstrafe . . . sowie auf Verlust der bürgerlichen Ehrenrechte erkannt werden.

Sind mildernde Umstände vorhanden, so kann ausschließlich auf die Geldstrafe erkannt werden.

Der Versuch ist strafbar in den Fällen der Ziffer 1.

welches als solches oder in seiner Ladung oder in seinem Frachtlohn versichert ist, sinken oder stranden macht, wird mit Zuchthaus bis zu zehn Jahren und zugleich mit Geldstrafe . . . bestraft.

Sind mildernde Umstände vorhanden, so tritt Gefängnisstrafe nicht unter sechs Monaten ein, neben welcher auf Geldstrafe . . . erkannt werden kann.

Zuständig: SchöffG. „Betrügerische Absicht": die in § 263 bezeichnete Bereicherungsabsicht, die Versicherungssumme ganz oder teilweise für sich oder einen andern zu erlangen; Täter kann auch ein anderer als der Eigentümer der versicherten Sache sein. Vgl. §§ 32, 264 Anm., 306 ff., 323 (Idealkonk.).

Untreue.

§ 266. Wegen Untreue werden mit Gefängnis, neben welchem auf Verlust der bürgerlichen Ehrenrechte erkannt werden kann, bestraft:

1. Vormünder, Kuratoren, Güterpfleger, Sequester, Massenverwalter, Vollstrecker letztwilliger Verfügungen und Verwalter von Stiftungen, wenn sie absichtlich zum Nachteile der ihrer Aufsicht anvertrauten Personen oder Sachen handeln;
2. Bevollmächtigte, welche über Forderungen oder andere Vermögensstücke des Auftraggebers absichtlich zum Nachteile desselben verfügen;
3. Feldmesser, Versteigerer, Mäkler, Güterbestätiger, Schaffner, Wäger, Messer, Bracker, Schauer, Stauer und andere zur Betreibung ihres Gewerbes von der Obrigkeit verpflichtete Personen, wenn sie bei den ihnen übertragenen Geschäften absichtlich diejenigen benachteiligen, deren Geschäfte sie besorgen.

Wird die Untreue begangen, um sich oder einem anderen einen Vermögenvorteil zu verschaffen, so kann neben der Gefängnisstrafe auf Geldstrafe . . . erkannt werden.

Zuständig: SchöffG. od. AR.
Abs. 1: Vgl. §§ 32, 35. „Absichtl." = vorsätzlich, auch dolus event., anders Abs. 2.
Nr. 1: § 174 [1], BGB. §§ 1773 ff., 1909 ff., 1693 usw.
Nr. 2: „Bevollmächtigte": zur rechtsgeschäftl. Verfügung und Vertretung des „Auftraggebers", nicht bloße Boten. Der Täter muß in seiner Eigenschaft als Bevollmächt. handeln; die Handlung dar nicht außer Zusammenhang mit dem erteilten Auftrag stehen.

Nr. 3: GewO. § 36.
Abs. 2: Bereicherungsabsicht ist straferhöh. Umst. zu Abs. 1. Vgl. §§ 246, 263 (Idealkonk.). Mehrere Nebenges. enthalten Spezialbestimmungen. Vgl. RVO. §§ 23 II, 535.

Dreiundzwanzigster Abschnitt.
Urkundenfälschung.

I. (Einfache) Urk.-Fälschung.

§ 267. Wer in rechtswidriger Absicht eine inländische oder ausländische öffentliche Urkunde oder eine solche Privaturkunde, welche zum Beweise von Rechten oder Rechtsverhältnissen von Erheblichkeit ist, verfälscht oder fälschlich anfertigt und von derselben zum Zwecke einer Täuschung Gebrauch macht, wird wegen Urkundenfälschung mit Gefängnis bestraft.

Zuständig: SchöffG. od. AR. „Rechtswidr. Absicht": auf unrechtmäßige Verwendung des gefälschten Beweismittels (zur Täuschung im Rechtsverkehr, um den Getäuschten dadurch zu einem rechtserhebl. Verhalten zu bestimmen), nicht notw. auf Herbeiführung eines materiell rechtswidr. Erfolgs gerichtet (Formaldelikt). „Urkunden": Schriftstücke und sog. Beweiszeichen, die — allein od. in Verb. mit anderen Umständen und sei es auch nur für die Beteiligten verständlich (RG. 59, 38) — (objektiv) geeignet und (subjektiv) bestimmt sind, die Wahrheit rechtserheblicher Tatsachen zu bekunden. Nur für Privaturk., nicht für öffentl. Urk., ist Beweiserheblichkeit erforderlich. Nach § 415 ZPO. sind öffentliche Urkunden solche „Urkunden, welche von einer öffentlichen Behörde innerhalb der Grenzen ihrer Amtsbefugnisse oder von einer mit öffentlichem Glauben versehenen Person innerhalb des ihr zugewiesenen Geschäftskreises in der vorgeschriebenen Form aufgenommen sind". Vgl. §§ 268 (Strafschärfung), 269 (Ausfüllung eines Blanketts), 270 (Gebrauch gef. Urk.), 277, 279 (ärztl. Zeugn.), 280 (Ehrenrechtsverl.). — Sonderfälle: §§ 355 (Depeschenverfälschung), 363 (Fälschung von Ausweis- oder Legitimationspapieren), FleischbeschauG. v. 3. Juni 1900 § 26 3, RVO. § 1495 *), AngestVersG. §§ 343 f.**)
Fälschung ohne Gebrauchmachen ist nur bei § 268 als Versuch strafbar, u. U. aber auch hier nach § 46 1 straflos.

---

*) Reichsversicherungsordnung v. 19. Juli 1911/15. Dez. 1924/9. Jan. 1926 § 1495 überläßt die fälschliche Ausfüllung oder Verfälschung von Quittungskarten und das wissentl. Gebrauchen solcher gefälschter Karten im allgem. der Strafbefugnis der Versicherungsämter und bestimmt in Abs. 4:

Eine Verfolgung wegen Urkundenfälschung (§§ 267, 268 RSt.-GB.) tritt nur gegen Personen ein, welche die Fälschung in der Absicht begangen haben, sich oder anderen einen Vermögensvorteil zu verschaffen oder anderen einen Schaden zuzufügen.

**) Angestelltenversicherungsges. v. 28. Mai 1924

Schwere (qualifizierte) Urk.-Fälschung.

§ 268. Eine Urkundenfälschung, welche in der Absicht begangen wird, sich oder einem anderen einen Vermögensvorteil zu verschaffen oder einem anderen Schaden zuzufügen, wird bestraft, wenn

1. die Urkunde eine Privaturkunde ist, mit Zuchthaus bis zu fünf Jahren, neben welchem auf Geldstrafe . . . erkannt werden kann;
2. die Urkunde eine öffentliche ist, mit Zuchthaus bis zu zehn Jahren, neben welchem auf Geldstrafe . . . erkannt werden kann.

Sind mildernde Umstände vorhanden, so tritt Gefängnisstrafe ein, welche bei der Fälschung einer Privaturkunde nicht unter einer Woche, bei der Fälschung einer öffentlichen Urkunde nicht unter drei Monaten betragen soll. Neben der Gefängnisstrafe kann zugleich auf Geldstrafe . . . erkannt werden.

Zuständig: SchöffG. Straferhöh. Umst. zu § 267 (StPO. §§ 263, 265, 267). Vgl. §§ 27 ff. (Eventual-Zuchthausstr. neben Zuchth.), 32.

Blankettmißbrauch (-fälschung).

§ 269. Der fälschlichen Anfertigung einer Urkunde wird es gleich geachtet, wenn jemand einem mit der Unterschrift eines anderen versehenen Papiere ohne dessen Willen oder dessen Anordnungen zuwider durch Ausfüllung einen urkundlichen Inhalt gibt.

„Fälschl. Anfertigung": § 267. Auch hier muß das Gebrauchmachen von der Urkunde hinzukommen.

Gebrauch einer gefälschten Urkunde: Urkundenbetrug.

§ 270. Der Urkundenfälschung wird es gleich geachtet, wenn jemand von einer falschen oder verfälschten Urkunde, wissend, daß sie falsch oder verfälscht ist, zum Zwecke einer Täuschung Gebrauch macht.

„Urkundenfälschung": §§ 267 f. Die „falsche (= fälschlich angefertigte Urkunde, nicht „falsche Beurkundung" [§ 273], d. h. echte Urkunde mit unwahrem Inhalt) oder verfälschte Urkunde" kann der Täter ohne die in § 267 erforderte „rechtswidr. Absicht" oder ein anderer gefälscht haben. Gebrauchmachen muß „in rechtswidr. Absicht" erfolgen.

---

enthält in § 344 II die gleiche Vorschrift wie RVO. § 1495 IV und überläßt ebenfalls die Ahndung der einfachen Versicherungskartenfälschung den Versämtern (§ 343 das.).

II. (Einfache) sog. intellektuelle Urk.-Fälschung: Mittelbare Falschbeurkundung.

§ 271. Wer vorsätzlich bewirkt, daß Erklärungen, Verhandlungen oder Tatsachen, welche für Rechte oder Rechtsverhältnisse von Erheblichkeit sind, in öffentlichen Urkunden, Büchern oder Registern als abgegeben oder geschehen beurkundet werden, während sie überhaupt nicht oder in anderer Weise oder von einer Person in einer ihr nicht zustehenden Eigenschaft oder von einer anderen Person abgegeben oder geschehen sind, wird mit Gefängnis bis zu sechs Monaten oder mit Geldstrafe ... bestraft.

Zuständig: AR. „Öffentl. Urkunden": § 267 Anm. Gebrauchmachen ist hier (im Gegensatz zu § 267) weder erforderlich, noch, wenn es durch den nach § 271 zu bestrafenden intellekt. Fälscher selbst geschieht, neue selbständige Straftat nach §§ 273, 74, außer bei neuem, selbständ. Willensentschluß (RG. 58, 34). Verjährung beginnt mit dem Tage der falschen Beurkundung. Vgl. §§ 272 (Strafschärfung), 348 f. (Falschbeurkundung durch Beamte).

Schwere intellektuelle Urk.-Fälschung.

§ 272. Wer die vorbezeichnete Handlung in der Absicht begeht, sich oder einem anderen einen Vermögensvorteil zu verschaffen oder einem anderen Schaden zuzufügen, wird mit Zuchthaus bis zu zehn Jahren bestraft, neben welchem auf Geldstrafe ... erkannt werden kann.

Sind mildernde Umstände vorhanden, so tritt Gefängnisstrafe ein, neben welcher auf Geldstrafe ... erkannt werden kann.

Zuständig: SchöffG. Straferhöh. Umst. zu § 271. Vgl. §§ 27 ff. (Eventual-Zuchthausstr. in § 272 I), 32, 268, 349.

Gebrauch einer falschen Beurkundung.

§ 273. Wer wissentlich von einer falschen Beurkundung der im § 271 bezeichneten Art zum Zwecke einer Täuschung Gebrauch macht, wird nach Vorschrift jenes Paragraphen und, wenn die Absicht dahin gerichtet war, sich oder einem anderen einen Vermögensvorteil zu verschaffen oder einem anderen Schaden zuzufügen, nach Vorschrift des § 272 bestraft.

Zuständig: AR. bzw. SchöffG. Vgl. § 270.

III. Urkundenunterdrückung u. Grenzsteinverrückung.

§ 274. Mit Gefängnis, neben welchem auf Geldstrafe . . . erkannt werden kann, wird bestraft, wer

1. eine Urkunde, welche ihm entweder überhaupt nicht oder nicht ausschließlich gehört, in der Absicht, einem anderen Nachteile zuzufügen, vernichtet, beschädigt oder unterdrückt, oder
2. einen Grenzstein oder ein anderes zur Bezeichnung einer Grenze oder eines Wasserstandes bestimmtes Merkmal in der Absicht, einem anderen Nachteil zuzufügen, wegnimmt, vernichtet, unkenntlich macht, verrückt oder fälschlich setzt.

Zuständig: SchöffG. od. AR. §§ 27 ff., 280 (Ehrenrechtsverl.). Idealkonk. mit §§ 133, 242, 348 II, 349; Gesetzeskonk. mit § 303.
Nr. 1: Beweiserheblichkeit der Urk. i. S. § 267 nicht erforderlich. Vernichtung von Arbeitsbüchern: GewO. § 150^{3}.
Nr. 2: Ob der Grenzstein richtig sitzt, ist für den objekt. Tatbest. belanglos. Vgl. § 370^{1} (Verringerung, nicht Beseitigung oder Vernichtung usw. eines Grenzrains).

IV. Stempel- u. Markenfälschung.

§ 275. Mit Gefängnis nicht unter drei Monaten wird bestraft, wer

1. wissentlich von falschem oder gefälschtem Stempelpapier, von falschen oder gefälschten Stempelmarken, Stempelblanketten, Stempelabdrücken, Post- oder Telegraphen-Freimarken oder gestempelten Briefkuverts Gebrauch macht,
2. unechtes Stempelpapier, unechte Stempelmarken, Stempelblankette oder Stempelabdrücke für Spielkarten, Pässe oder sonstige Drucksachen oder Schriftstücke, ingleichen wer unechte Post- oder Telegraphen-Freimarken oder gestempelte Briefkuverts in der Absicht anfertigt, sie als echt zu verwenden, oder
3. echtes Stempelpapier, echte Stempelmarken, Stempelblankette, Stempelabdrücke, Post- oder Telegraphen-Freimarken oder gestempelte Briefkuverts in der Absicht verfälscht, sie zu einem höheren Werte zu verwenden.

Zuständig: SchöffG. od. AR. § 275 bezieht sich auch auf ausländ. Stempelmarken usw. Vgl. §§ 280, $360^{4, 5}$ (Anfertigung von Formen, Unternehmen oder Verabfolgen eines Abdrucks), EG. § 2 II, WarenStatG. v. 7. Febr. 1906 § 17, RAbgO. § 369a, RVersO. §§ 1496 ff., AngestVersG. §§ 350 ff. und andere die §§ 275 f. ergänzende Nebenges.

Den Post- oder Telegraphenfreimarken i. S. § 275 stehen auf Postsendungen zur Freimachung angebrachte Stempelabdrücke gleich: G. v. 23. Nov. 1921 (RGBl. S. 1375) Art. 3.

Wiederverwendg. gebrauchter Stempel u. Marken.

§ 276. Wer wissentlich schon einmal zu stempelpflichtigen Urkunden, Schriftstücken oder Formularen verwendetes Stempelpapier oder schon einmal verwendete Stempelmarken oder Stempelblankette, ingleichen Stempelabdrücke, welche zum Zeichen stattgehabter Versteuerung gedient haben, zu stempelpflichtigen Schriftstücken verwendet, wird, außer der Strafe, welche durch die Entziehung der Stempelsteuer begründet ist, mit Geldstrafe . . . bestraft.

Gleiche Strafe trifft denjenigen, welcher wissentlich schon einmal verwendete Post- oder Telegraphenwertzeichen nach gänzlicher oder teilweiser Entfernung des Entwertungszeichens zur Frankierung benutzt. Neben dieser Strafe ist die etwa wegen Entziehung der Post- oder Telegraphengebühren begründete Strafe verwirkt.

Zuständig: AR. Vgl. §§ 27 ff. (Geldstr.), 275, 364 (Veräußerung und Feilhalten); StPO. §§ 232, 277 ff. (Abwesenheitsverfahren); PostG. v. 28. Okt. 1871 § 27³, TelegrFreimarkenG. v. 16. Mai 1869 § 2.

Den Post- od. Telegraphenwertzeichen i. S. §§ 276 II, 360⁴,⁵ u. PostG. § 27³ stehen auf Postsendungen zur Freimachung angebrachte Stempelabdrücke gleich: G. v. 23. Nov. 1921 (RGBl. S. 1375) Art. 3.

V. Fälschung ärztl. Zeugnisse.

§ 277. Wer unter der ihm nicht zustehenden Bezeichnung als Arzt oder als eine andere approbierte Medizinalperson oder unberechtigt unter dem Namen solcher Personen ein Zeugnis über seinen oder eines anderen Gesundheitszustand ausstellt oder ein derartiges echtes Zeugnis verfälscht, und davon zur Täuschung von Behörden oder Versicherungsgesellschaften Gebrauch macht, wird mit Gefängnis bis zu einem Jahre bestraft.

Zuständig: SchöffG. od. AR. § 277 schließt §§ 267 f. aus. Materiell unrichtiger Inhalt des Zeugnisses nicht erforderlich (§ 278). Vgl. §§ 279, 280, GewO. §§ 29, 147³ („Arzt", „Medizinalpers."; unbefugte Titelführung).

Ausstellg. falscher ärztl. Zeugnisse.

§ 278. Ärzte und andere approbierte Medizinalpersonen, welche ein unrichtiges Zeugnis über den Gesundheitszustand eines Menschen zum Gebrauche bei einer Behörde oder Versicherungsgesellschaft wider besseres Wissen ausstellen, werden mit Gefängnis von einem Monat bis zu zwei Jahren bestraft.

Zuständig: SchöffG. od. AR. „Wider bess. Wissen": dol. event. genügt nicht. Vgl. §§ 277, 279, 280.

Gebrauch falscher ärztl. Zeugnisse.

§ 279. Wer, um eine Behörde oder eine Versicherungsgesellschaft über seinen oder eines anderen Gesundheitszustand zu täuschen, von einem Zeugnisse der in den §§ 277 und 278 bezeichneten Art Gebrauch macht, wird mit Gefängnis bis zu einem Jahre bestraft.

Zuständig: SchöffG. od. AR. Gebrauchmachen durch den Fälscher: § 277. Vgl. §§ 270, 273, die durch § 279 ausgeschlossen werden; § 280.

Ehrenrechtsverlust.

§ 280. Neben einer nach Vorschrift der §§ 267, 274, 275, 277 bis 279 erkannten Gefängnisstrafe kann auf Verlust der bürgerlichen Ehrenrechte erkannt werden.

Gefängnisstrafe von mindestens 3 Mon.: § 32.

Vierundzwanzigster Abschnitt.

Bankerutt.

§§ 281—283 sind durch das Dritte Buch der Konkursordnung vom $\frac{\text{10. Febr. 1877}}{\text{20. Mai 1898}}$ ersetzt, das folgende „Strafbestimmungen" enthält:

Betrügl. Bankerutt.

KO. § 239. Schuldner, welche ihre Zahlungen eingestellt haben, oder über deren Vermögen das Konkursverfahren eröffnet worden ist, werden wegen betrüglichen Bankerutts mit Zuchthaus bestraft, wenn sie in der Absicht, ihre Gläubiger zu benachteiligen,

1. Vermögensstücke verheimlicht oder beiseite geschafft haben,
2. Schulden oder Rechtsgeschäfte anerkannt oder auf-

gestellt haben, welche ganz oder teilweise erdichtet sind,

3. Handelsbücher zu führen unterlassen haben, deren Führung ihnen gesetzlich oblag, oder
4. ihre Handelsbücher vernichtet oder verheimlicht oder so geführt oder verändert haben, daß dieselben keine Übersicht des Vermögenszustandes gewähren.

Sind mildernde Umstände vorhanden, so tritt Gefängnisstrafe nicht unter drei Monaten ein.

Zuständig: SchöffG. Kausalzusammenhang zwischen Zahlungseinstellung oder Konkurseröffnung (KO. § 102) und den einzelnen Bankerutthandlungen (§ 239 Nr. 1—4 und § 240 Nr. 1—4) ist nicht erforderlich. Treffen mehrere solche Handlungen bei einer und derselben Zahlungseinst. oder Konkurseröffnung zusammen, so liegt nur eine Straftat oder Idealkonk. zwischen §§ 239, 240 vor. Versuch ebenfalls nur strafbar, wenn es zur Zahlungseinstellung oder Konkurseröffnung gekommen ist (bestr.). Handelsbücher: HGB. §§ 1 ff., 38 ff., DepotG. § 1[2] (§§ 10 f.*), Idealkonkurrenz). Vgl. § 32, KO. § 244.

---

*) Depotgesetz v. 5. Juli 1896 (RGBl. S. 183):

§ 10. Ein Kaufmann, welcher seine Zahlungen eingestellt hat oder über dessen Vermögen das Konkursverfahren eröffnet worden ist, wird mit Gefängnis bis zu zwei Jahren bestraft, wenn er den Vorschriften des § 1 Ziffer 1 oder 2 vorsätzlich zuwidergehandelt hat und dadurch der Berechtigte bezüglich des Anspruches auf Aussonderung der von jenem zu verwahrenden Wertpapiere benachteiligt wird, desgleichen wenn er als Kommissionär den Vorschriften der §§ 3 oder 5 vorsätzlich zuwidergehandelt hat und dadurch der Berechtigte bezüglich des Anspruches auf Aussonderung der von jenem eingekauften, eingetauschten oder bezogenen Wertpapiere benachteiligt wird.

§ 11. S. Note * zu § 246!

Ges. über d. Sicherung d. Bauforderungen v. 1. Juni 1909 (RGBl. S. 449):

§ 5. Baugeldempfänger, welche ihre Zahlungen eingestellt haben oder über deren Vermögen das Konkursverfahren eröffnet worden ist und deren im § 1 Abs. 1 bezeichnete Gläubiger zur Zeit der Zahlungseinstellung oder der Konkurseröffnung benachteiligt sind, werden mit Gefängnis nicht unter einem Monate bestraft, wenn sie vorsätzlich zum Nachteile der bezeichneten Gläubiger den Vorschriften des § 1 zuwidergehandelt haben. Sind mildernde Umstände vorhanden, so kann die Strafe bis auf einen Tag Gefängnis ermäßigt oder auf Geldstrafe ... erkannt werden.

§ 6. Zur Führung eines Baubuchs verpflichtete Personen, welche ihre Zahlungen eingestellt haben oder über deren Vermögen das Konkursverfahren eröffnet worden ist und deren im § 2 Abs. 3 Ziffer 1 bezeichnete Gläubiger zur Zeit der Zahlungseinstellung oder der Konkurseröffnung benachteiligt sind, werden mit Gefängnis bis

Einfacher Bankerutt.

KO. § 240. Schuldner, welche ihre Zahlungen eingestellt haben, oder über deren Vermögen das Konkursverfahren eröffnet worden ist, werden wegen einfachen Bankerutts mit Gefängnis bestraft, wenn sie

1. durch Aufwand, Spiel oder Wette oder durch Differenzhandel mit Waren oder Börsenpapieren übermäßige Summen verbraucht haben oder schuldig geworden sind;
2. in der Absicht, die Eröffnung des Konkursverfahrens hinauszuschieben, Waren oder Wertpapiere auf Kredit entnommen und diese Gegenstände erheblich unter dem Werte in einer den Anforderungen einer ordnungsmäßigen Wirtschaft widersprechenden Weise veräußert oder sonst weggegeben haben;
3. Handelsbücher zu führen unterlassen haben, deren Führung ihnen gesetzlich oblag, oder dieselben verheimlicht, vernichtet oder so unordentlich geführt haben, daß sie keine Übersicht ihres Vermögenszustandes gewähren, oder
4. es gegen die Bestimmung des Handelsgesetzbuchs unterlassen haben, die Bilanz ihres Vermögens in der vorgeschriebenen Zeit zu ziehen.

Neben der Gefängnisstrafe kann in den Fällen der Nr. 1, 2 auf Verlust der bürgerlichen Ehrenrechte erkannt werden.

Sind mildernde Umstände vorhanden, so kann auf Geldstrafe . . . erkannt werden.

Zuständig: SchöffG. od. AR. Vgl. §§ 27 ff. (Geldstrafe), 32, 35, KO. §§ 239 Anm., 244, BGB. §§ 762 f. (Spiel und Wette, Lotterie), 764 (Differenzgesch.), HGB. §§ 38 (Handelsbücher), 39 ff. (Bilanz).

Gläubigerbegünstigung.

KO. § 241. Schuldner, welche ihre Zahlungen eingestellt haben, oder über deren Vermögen das Konkursverfahren eröffnet worden ist, werden mit Gefängnis

---

zu einem Jahre oder mit Geldstrafe . . . bestraft, wenn sie das vorgeschriebene Baubuch zu führen unterlassen, oder es verheimlicht, vernichtet oder so unordentlich geführt haben, daß es keine genügende Übersicht, insbesondere über die Verwendung der zur Bestreitung der Baukosten zugesicherten Mittel, gewährt.

bis zu zwei Jahren bestraft, wenn sie, obwohl sie ihre Zahlungsunfähigkeit kannten, einem Gläubiger in der Absicht, ihn vor den übrigen Gläubigern zu begünstigen, eine Sicherung oder Befriedigung gewährt haben, welche derselbe nicht oder nicht in der Art oder nicht zu der Zeit zu beanspruchen hatte.

Sind mildernde Umstände vorhanden, so kann auf Geldstrafe . . . erkannt werden.

Zuständig: SchöffG. od. AR. Der begünstigte Gläubiger kann Anstifter oder Gehilfe sein, aber nicht durch bloße Annahme der gewährten Sicherung usw. Begünstigung mehrerer Gläubiger bei demselben Bankerutt ist nicht Realkonk. Vgl. §§ 27 ff. (Geldstrafe), KO. 239 f. (Idealkonk. bei Identität des Bankerutts), 244, 30, 181, 188[1].

Schuldnerbegünstigung.

KO. § 242. Mit Zuchthaus bis zu zehn Jahren wird bestraft, wer

1. im Interesse eines Schuldners, welcher seine Zahlungen eingestellt hat, oder über dessen Vermögen das Konkursverfahren eröffnet worden ist, Vermögensstücke desselben verheimlicht oder beiseite geschafft hat, oder
2. im Interesse eines solchen Schuldners, oder, um sich oder einem anderen Vermögensvorteil zu verschaffen, in dem Verfahren erdichtete Forderungen im eigenen Namen oder durch vorgeschobene Personen geltend gemacht hat.

Sind mildernde Umstände vorhanden, so tritt Gefängnisstrafe oder Geldstrafe . . . ein.

Zuständig: SchöffG. Vgl. §§ 27 ff. (Geldstrafe in Abs. 2), 32, 257 (Idealkonk., da KO. § 242 Strafbarkeit des begünstigten Schuldners nicht voraussetzt).

Stimmenverkauf i. Konkursverf.

KO. § 243. Ein Gläubiger, welcher sich von dem Gemeinschuldner oder anderen Personen besondere Vorteile dafür hat gewähren oder versprechen lassen, daß er bei den Abstimmungen der Konkursgläubiger in einem gewissen Sinne stimme, wird mit Geldstrafe . . . oder mit Gefängnis bis zu einem Jahre bestraft.

Zuständig: SchöffG. od. AR. § 29 I (Umwandlung der Geldstrafe auch in Haft), KO. §§ 80, 84, 86 ff., 182 usw. (Abstimmung der Konkursgläubiger).

Jurist. Personen.

KO. § 244. Die Strafvorschriften der §§ 239—241 finden gegen die Mitglieder des Vorstandes einer Aktiengesellschaft oder eingetragenen Genossenschaft und gegen die Liquidatoren einer Handelsgesellschaft oder eingetragenen Genossenschaft, welche ihre Zahlungen eingestellt hat, oder über deren Vermögen das Konkursverfahren eröffnet worden ist, Anwendung, wenn sie in dieser Eigenschaft die mit Strafe bedrohten Handlungen begangen haben.

Geschäftsführer einer Gesellsch. m. beschr. Haftung: GmbHG. vom $\frac{\text{20. April 1892}}{\text{20. Mai 1898}}$ § 83, Vorstandsmitglieder und Liquid. eines Versicherungsvereins a. G.: PrivVersUnternG. v. 12. Mai 1901 §§ 112 f. Vgl. DepotG. § 12.

Fünfundzwanzigster Abschnitt.

Strafbarer Eigennutz und Verletzung fremder Geheimnisse.

Durch das Gesetz gegen das Glücksspiel vom 23. Dezember 1919 (RGBl. S. 2145) sind die §§ 284, 285 StGB. durch folgende §§ 284—285 a ersetzt:

Öffentl. Veranstaltung v. Glücksspielen.

§ 284. Wer ohne behördliche Erlaubnis*) öffentlich ein Glücksspiel veranstaltet oder hält oder die Einrichtungen

---

*) Ausführungsvorschriften der Reichsreg. zu § 284 v. 27. Juli 1920 (RGBl. S. 1482):

§ 1. Die behördliche Erlaubnis zum öffentlichen Glücksspiel darf nur für Jahrmärkte, Schützenfeste sowie ähnliche unter freiem Himmel gelegentlich stattfindende Veranstaltungen von vorübergehender Dauer und nur unter der Bedingung erteilt werden, daß der Spieleinsatz nicht mehr als eine Mark beträgt und dem Spielunternehmer kein höherer Verdienst als 10 vom Hundert der Spieleinsätze zufließt.

Die Erteilung der Spielerlaubnis kann im Einzelfalle von weiteren Bedingungen abhängig gemacht werden.

§ 2. Die Landeszentralbehörden bestimmen, welche Behörden für die Erteilung der Spielerlaubnis zuständig sind.

§ 3. Die über die Spielerlaubnis auszustellende Urkunde muß die Bedingungen, unter denen die Erlaubnis erteilt wird, und den Hinweis enthalten, daß bei Nichterfüllung der Bedingungen unbeschadet der Einleitung eines Strafverfahrens die Erlaubnis zurückgenommen werden kann.

§ 4. Eine vor Inkrafttreten dieser Bekanntmachung im Widerspruche mit den Bestimmungeen des § 1 Abs. 1 erteilte Spielerlaubnis ist hinfällig.

hierzu bereitstellt, wird mit Gefängnis bis zu zwei Jahren und mit Geldstrafe ... oder (nur) mit Geldstrafe ... bestraft.

Als öffentlich veranstaltet gelten auch Glücksspiele in Vereinen oder geschlossenen Gesellschaften, in denen Glücksspiele gewohnheitsmäßig veranstaltet werden.

Zuständig: SchöffG. od. AR. „Glücksspiel": Spiel um Vermögenswerte, bei dem die Entscheidung über Gewinn und Verlust wesentlich vom Zufall abhängt. Täter muß vorsätzl. handeln, im Gegensatz zu § 285 aber am Spiel (an den Gewinn- u. Verlustchancen) nicht selbst unmittelbar als Mitspieler beteiligt sein. Gewerbsmäßigkeit od. Gewinnsucht nicht erforderlich. Vgl. §§ 27 ff. (Geldstr.), 284 b, 285 a, 286 (öff. Lott. u. Ausspielgn.).**)

---

§ 5. Diese Bekanntmachung tritt am 1. August 1920 in Kraft.

Eine Bek. des bayr. Min. d. J. v. 11. Aug. 1920 bestimmt die Kreisregierungen, K. d. J., als zuständ. Behörden für Erteilung der Spielerlaubnis.

**) Rennwett- u. LotterieG. v. 8. Apr. 1922 (RGBl. I S. 393):

§ 5. Wer ohne Erlaubnis ein Totalisatorunternehmen betreibt oder gewerbsmäßig Wetten abschließt oder vermittelt, wird mit Gefängnis bis zu zwei Jahren bestraft; daneben ist auf Geldstrafe .... zu erkennen; auch kann auf Verlust der bürgerlichen Ehrenrechte erkannt werden. Ist der Verurteilte ein Ausländer, so ist die Landespolizeibehörde befugt, ihn aus dem Reichsgebiet auszuweisen.

Die empfangenen Einsätze oder deren Wert sind in dem Urteil für verfallen zu erklären.

§ 6. Wer gewerbsmäßig zum Abschluß oder zur Vermittlung von Wetten auffordert oder sich erbietet oder Angebote zum Abschluß oder zur Vermittlung solcher Wetten entgegennimmt, wird mit Geldstrafe ... und mit Gefängnis bis zu sechs Monaten oder mit einer dieser Strafen bestraft. Unter dieses Verbot fallen nicht Aufforderungen, Erbieten und Angebote der zugelassenen Wettunternehmer sowie der Personen, deren sich die Wettunternehmer mit Genehmigung der Landeszentralbehörde zum Abschluß und zur Vermittlung von Wetten bedienen, soweit diese Personen bei der Abwickelung von Wettgeschäften im Auftrag des Wettunternehmers handeln.

Die empfangenen Einsätze oder deren Wert sind in dem Urteil für verfallen zu erklären.

§ 7. Der Buchmacher und die Personen, deren er sich zum Abschluß und zur Vermittlung von Wetten bedient, werden, wenn sie außerhalb der gemäß § 2 genehmigten Örtlichkeiten Wetten vermitteln oder abschließen oder Angebote dazu entgegennehmen, mit Geldstrafe ... und mit Gefängnis bis zu drei Monaten oder mit einer dieser Strafen bestraft.

§ 8. Wer an einem Totalisatorunternehmen, das im Inland nicht erlaubt ist, oder bei einem Buchmacher, der im Inland nicht zugelassen ist, wettet oder einen Antrag zum Abschluß einer Wette

Beteiligung an öffentl. Glücksspielen.

§ 284 a. Wer sich an einem öffentlichen Glücksspiel (§ 284) beteiligt, wird mit Gefängnis bis zu sechs Monaten und mit Geldstrafe . . . oder (nur) mit Geldstrafe . . . bestraft.

Zuständig: AR.

Einziehung.

§ 284 b. In den Fällen der §§ 284, 284 a sind die Spieleinrichtungen und das auf dem Spieltisch oder in der Bank befindliche Geld einzuziehen, sofern sie dem Täter oder einem Teilnehmer gehören. Andernfalls können die Gegenstände eingezogen werden.

Daneben gilt § 40.

Gewerbsmäß. Glücksspiel.

§ 285. Wer aus dem Glücksspiel ein Gewerbe macht, wird mit Gefängnis und mit Geldstrafe . . ., bei mildernden Umständen mit Gefängnis bis zu einem Jahre und mit Geldstrafe . . . oder (nur) mit Geldstrafe . . . bestraft.

Zuständig: SchöffG. od. AR. Vgl. §§ 284 Anm., 285 a.

Nebenstrafen.

§ 285 a. In den Fällen der §§ 284, 284 a und 285 kann neben Gefängnis auf Verlust der bürgerlichen

---

stellt, oder wer zum Abschluß oder zur Vermittlung einer solchen Wette einen Auftrag erteilt, wird mit Geldstrafe . . . bestraft.

Die empfangenen Gewinne oder deren Wert sind in dem Urteil für verfallen zu erklären.

§ 9. Mit Geldstrafe . . ., im Unvermögensfalle mit Gefängnis bis zu sechs Monaten wird bestraft:

1. wer öffentlich oder durch Verbreitung von Schriften oder anderen Darstellungen, ohne zugelassener Unternehmer eines Totalisators oder zugelassener Buchmacher zu sein, zum Abschluß von Wetten außerhalb der Örtlichkeiten des Totalisatorunternehmens oder außerhalb der im § 2 Abs. 2 bezeichneten Örtlichkeiten des Buchmachers anreizt,
2. wer gewerbsmäßig Voraussagen über den Ausgang von Rennen verbreitet,
3. wer in seinen Räumen den Abschluß oder die Vermittlung von Wetten duldet, ohne daß die Räume für das Unternehmen eines Totalisators oder eines Buchmachers zugelassen sind.

Straffrei sind redaktionelle Veröffentlichungen in einer periodisch erscheinenden Druckschrift, sofern diese nicht ausschließlich oder überwiegend der Verbreitung von Voraussagen dient.

Ehrenrechte, auf die Zulässigkeit von Polizeiaufsicht und auf Überweisung an die Landespolizeibehörde mit den im § 362 Abs. 3, 4 vorgesehenen Folgen erkannt werden.

Einen Ausländer kann die Landespolizeibehörde nach Vollstreckung der Freiheitsstrafe aus dem Reichsgebiete verweisen.

Neben der Strafe kann angeordnet werden, daß die Verurteilung auf Kosten des Schuldigen öffentlich bekanntzumachen ist.

Vgl. §§ 32, 35, 38 f., 361 [1], [2] (unerl. Rückkehr eines Ausgewiesenen).

Öffentl. Lotterien u. Ausspielungen.

§ 286. Wer ohne obrigkeitliche Erlaubnis öffentliche Lotterien veranstaltet, wird mit Gefängnis bis zu zwei Jahren oder mit Geldstrafe ... bestraft.

Den Lotterien sind öffentlich veranstaltete Ausspielungen beweglicher oder unbeweglicher Sachen gleich zu achten.

Zuständig: SchöffG. od. AR. Vorsatz erforderlich. „Ausspielung" (wie Lotterie und Glücksspiel vom Zufall abhängig): auch Hydra- oder Schneeballgeschäfte. InhPrämG. v. 8. Juni 1871 § 6 (unbef. Ausg. von Prämienpap.).

§ 287. (Gestrichen.)

Jetzt gelten §§ 14 ff. WarenZG. vom 12. Mai 1894 / 21. März 1925 (RGBl. II S. 115, 287):

§ 14. Wer wissentlich oder aus grober Fahrlässigkeit Waren oder deren Verpackung oder Umhüllung, oder Ankündigungen, Preislisten, Geschäftsbriefe, Empfehlungen, Rechnungen oder dergleichen mit dem Namen oder der Firma eines anderen oder mit einem nach Maßgabe dieses Gesetzes geschützten Warenzeichen widerrechtlich versieht oder dergleichen widerrechtlich gekennzeichnete Waren in Verkehr bringt oder feilhält, ist dem Verletzten zur Entschädigung verpflichtet.

Hat er die Handlung wissentlich begangen, so wird er außerdem mit Geldstrafe ... oder mit Gefängnis bis zu sechs Monaten bestraft.

Zuständig: AR.

§ 15. Wer zum Zweck der Täuschung in Handel und Verkehr Waren oder deren Verpackung oder Umhüllung, oder Ankündigungen, Preislisten, Geschäftsbriefe, Empfehlungen, Rechnungen oder dergleichen mit einer Ausstattung, welche innerhalb beteiligter Verkehrskreise als Kennzeichen gleichartiger Waren eines anderen gilt, ohne dessen Genehmigung versieht, oder wer zu dem gleichen Zweck derartig gekennzeichnete Waren in Verkehr bringt oder feilhält, ist dem Verletzten zur Entschädigung verpflichtet und wird mit Geldstrafe ... oder mit Gefängnis bis zu drei Monaten bestraft.

Zuständig: AR.

§ 16. Wer Waren oder deren Verpackung oder Umhüllung oder Ankündigungen, Preislisten, Geschäftsbriefe, Empfehlungen, Rechnungen oder dergleichen fälschlich mit einem Staatswappen oder mit dem Namen oder Wappen eines Ortes, eines Gemeinde- oder weiteren Kommunalverbandes zu dem Zweck versieht, über Beschaffenheit und Wert der Waren einen Irrtum zu erregen, oder wer zu dem gleichen Zweck derartig bezeichnete Waren in Verkehr bringt oder feilhält, wird mit Geldstrafe ... oder mit Gefängnis bis zu sechs Monaten bestraft.

Die Verwendung von Namen, welche nach Handelsgebrauch zur Benennung gewisser Waren dienen, ohne deren Herkunft bezeichnen zu sollen, fällt unter diese Bestimmung nicht.

Zuständig: AR.
§§ 18 (Buße), 19 (Beseitigung der widerrechtlichen Kennzeichnung oder Vernichtung; Publikationsbefugnis zu §§ 14, 15).

Vereitelung der Zwangsvollstreckung.

§ 288. Wer bei einer ihm drohenden Zwangsvollstreckung in der Absicht, die Befriedigung des Gläubigers zu vereiteln, Bestandteile seines Vermögens veräußert oder beiseite schafft, wird mit Gefängnis bis zu zwei Jahren oder mit Geldstrafe ... bestraft.

Die Verfolgung tritt nur auf Antrag des Gläubigers ein.

Zuständig: SchöffG. od. AR.
Abs. 1: Die Zwangsvollstr. muß dem Täter, nicht einem Dritten, „drohen", nicht notw. unmittelbar bevorstehen. Vgl. § 137.
Abs. 2: §§ 61 ff. (Antrag).

Besitzentziehung (furtum possessionis).

§ 289. Wer seine eigene bewegliche Sache, oder eine fremde bewegliche Sache zugunsten des Eigentümers derselben, dem Nutznießer, Pfandgläubiger oder demjenigen, welchem an der Sache ein Gebrauchs- oder Zurückbehaltungsrecht zusteht, in rechtswidriger Absicht wegnimmt, wird mit Gefängnis bis zu drei Jahren oder mit Geldstrafe ... bestraft.

Neben der Gefängnisstrafe kann auf Verlust der bürgerlichen Ehrenrechte erkannt werden.

Der Versuch ist strafbar.

Die Verfolgung tritt nur auf Antrag ein.

Die Bestimmungen des § 247 Abs. 2 und 3 finden auch hier Anwendung.

Zuständig: SchöffG. od. AR.
Abs. 1: Vgl. § 242. Nießbrauch, Pfandrecht, „Gebrauchs- oder Zurückbehaltungsrecht": nach bürgerl. Recht zu bestimmen. Täter muß das Bestehen dieser Rechte kennen; § 59. Idealkonk. mit § 253 möglich. Geldstr.: §§ 27 ff.

Abs. 2: §§ 32, 35.
Abs. 4: § 61.
Abs. 5: Eine Besitzentziehung, welche von Verwandten aufsteigender Linie gegen Verwandte absteigender Linie oder von einem Ehegatten gegen den anderen begangen worden ist, bleibt straflos. Diese Bestimmungen finden auf Teilnehmer oder Begünstiger, welche nicht in einem der vorbezeichneten persönl. Verhältnisse stehen, keine Anwendung.

Pfandmißbrauch.

§ 290. Öffentliche Pfandleiher, welche die von ihnen in Pfand genommenen Gegenstände unbefugt in Gebrauch nehmen, werden mit Gefängnis bis zu einem Jahre, neben welchem auf Geldstrafe . . . erkannt werden kann, bestraft.

Zuständig: SchöffenG. od. AR. Vgl. § 360 [12] (Zinsfußüberschreitung der Pfandleiher), GewO. §§ 34, 38, 40, 53 f., 147 [1], 148 [4a].

Munitionszueignung.

§ 291. Wer die bei den Übungen der Artillerie verschossene Munition, oder wer Bleikugeln aus den Kugelfängen der Schießstände der Truppen sich widerrechtlich zueignet, wird mit Gefängnis bis zu einem Jahre oder mit Geldstrafe . . . bestraft.

Zuständig: SchöffG. od. AR. § 291 schließt §§ 242, 246 aus.

Einfaches Jagdvergehen (unbefugte Jagdausübung).

§ 292. Wer an Orten, an denen zu jagen er nicht berechtigt ist, die Jagd ausübt, wird mit Geldstrafe . . . oder mit Gefängnis bis zu drei Monaten bestraft.

Ist der Täter ein Angehöriger des Jagdberechtigten, so tritt die Verfolgung nur auf Antrag ein. Die Zurücknahme des Antrages ist zulässig.

Zuständig: AR. Jagdausübg. ist jede vorsätzliche, auf Okkupation jagdbaren Wildes gerichtete Handlung. Jagdbare Tiere: nach Landesrecht zu bestimmen. Auch Fallwild und Teile (Geweihe) von solchem gehören hierher. Wild in Gehegen: §§ 242 f., BGB. § 960. Vgl. §§ 29 I (Umwandlung der Geldstrafe in Gef. oder Haft), 52 II („Angehör."), 59 (Bewußtsein der Nichtberechtigung erforderlich, dol. event. genügt), 61 ff. (Antrag), 293 f. (Strafschärfung), 295 (Einziehung), 368 [10] (Betreten fremden Jagdgebiets), [11] (Ausnehmen von Eiern und Jungen von Federwild), EG. § 2 II (Jagdpolizeiübertretung), VogelschutzG. v. 30. Mai 1908.

Erschwertes Jagdvergehen.

§ 293. Die Strafe kann . . . auf Gefängnis bis zu sechs Monaten erhöht werden, wenn dem Wilde nicht mit Schießgewehr oder Hunden, sondern mit Schlingen, Netzen, Fallen oder anderen Vorrichtungen nachgestellt oder, wenn das Vergehen während der gesetzlichen Schonzeit, in Wäldern, zur Nachtzeit oder gemeinschaftlich von mehreren begangen wird.

Zuständig: AG. Straferhöh. Umstände zu § 292. Antrag hier nicht erforderl. „Wild": auch Fallwild. „Schonzeit": nach Landesrecht. Vgl. §§ 47 („gemeinschaftlich von mehreren" — nicht, wenn einer von zweien in gutem Glauben war), 243 [7] und 296 („Nachtzeit"), 295 (Einziehung).

Gewerbsmäß. Jagdvergehen.

§ 294. Wer unberechtigtes Jagen gewerbsmäßig betreibt, wird mit Gefängnis nicht unter drei Monaten bestraft; auch kann auf Verlust der bürgerlichen Ehrenrechte, sowie auf Zulässigkeit von Polizei-Aufsicht erkannt werden.

Zuständig: SchöffG. od. AG. Persönl. Strafschärfungsgrund (§ 50) zu §§ 292 f. Kollektivdelikt; daher bei Mehrheit von Einzelfällen nicht Realkonk. i. S. § 74. Vgl. §§ 32, 38, 260, 295.

Einziehung (obligatorisch).

§ 295. Neben der durch das Jagdvergehen verwirkten Strafe ist auf Einziehung des Gewehrs, des Jagdgeräts und der Hunde, welche der Täter bei dem unberechtigten Jagen bei sich geführt hat, ingleichen der Schlingen, Netze, Fallen und anderen Vorrichtungen zu erkennen, ohne Unterschied, ob sie dem Verurteilten gehören oder nicht.

Zu §§ 292—294. Einziehung nur „neben der . . . Strafe" eines Täters oder Teilnehmers, nicht im objekt. Verfahren; daneben gelten aber §§ 40, 42. „Jagdgerät": Zur Verwendung bei der Jagd bestimmte (nicht bloß geeignete) Gerätschaften: vgl. § 293.

Fischen u. Krebsen zur Nachtzeit usw.

§ 296. Wer zur Nachtzeit, bei Fackellicht oder unter Anwendung schädlicher oder explodierender Stoffe unberechtigt fischt oder krebst, wird mit Geldstrafe . . . oder mit Gefängnis bis zu sechs Monaten bestraft.

Zuständig: AG. „Fischen" = auf Okkupation von Gegenständen der (landesrechtl.) Fischereiberechtigg. gerichtete vorsätzl. Handlgn. Fischen in Teichen und anderen geschlossenen Gewässern fällt unter §§ 242 f. (BGB. § 960). Vgl. §§ 29 I (Umwandlung der Geldstr. in Gef. oder Haft), 40 (Einziehung), 59 (Bewußtsein der Nichtberechtigung, wie in § 292), 293. Einfacher Fischfrevel: §§ 370 [4], 361 [9]. EG. § 2 II (Fischereipolizeiübertr.).

Küstenfischerei.

§ 296 a. Ausländer, welche in deutschen Küstengewässern unbefugt fischen, werden mit Geldstrafe . . . oder mit Gefängnis bis zu sechs Monaten bestraft.

Neben der Geld- oder Gefängnisstrafe ist auf Einziehung der Fanggeräte, welche der Täter bei dem unbefugten Fischen bei sich geführt hat, ingleichen der in dem Fahrzeuge enthaltenen Fische zu erkennen, ohne Unterschied, ob die Fanggeräte und Fische dem Verurteilten gehören oder nicht.

Zuständig: AR.
Abs. 1: Vgl. §§ 29 I (Umwandl. der Geldstr.), 59 (Bewußtsein der mangelnden Befugnis wie in §§ 292, 296 erforderlich).
Abs. 2: §§ 40, 42, 295.

Schiffskonterbande.

§ 297. Ein Reisender oder Schiffsmann, welcher ohne Vorwissen des Schiffers, ingleichen ein Schiffer, welcher ohne Vorwissen des Reeders Gegenstände an Bord nimmt, welche das Schiff oder die Ladung gefährden, indem sie die Beschlagnahme oder Einziehung des Schiffes oder der Ladung veranlassen können, wird mit Geldstrafe . . . oder mit Gefängnis bis zu zwei Jahren bestraft.

Zuständig: SchöffG. od. AR. § 29 I (Umwandl. der Geldstr.). „Schiffer": Kapitän. Vorsatz, Bewußtsein der Gefährdung erforderlich.

Bruch des Heuervertrags.

§ 298. Ein Schiffsmann, welcher mit der Heuer entläuft, oder sich verborgen hält, um sich dem übernommenen Dienste zu entziehen, wird, ohne Unterschied, ob das Vergehen im Inlande oder im Auslande begangen worden ist, mit Gefängnis bis zu einem Jahre bestraft.

Zuständig: SchöffG. od. AR. „Im Inland oder im Auslande" (§ 8): Ausn. von § 4. § 298 ist gegenstandslos, soweit SeemannsO. v. 2. Juni 1902 §§ 93, 121 anwendbar.

Verletzung des Briefgeheimnisses.

§ 299. Wer einen verschlossenen Brief oder eine andere verschlossene Urkunde, die nicht zu seiner Kenntnisnahme bestimmt ist, vorsätzlich und unbefugterweise eröffnet, wird mit Geldstrafe . . . oder mit Gefängnis bis zu drei Monaten bestraft.

Die Verfolgung tritt nur auf Antrag ein.

Zuständig: AR. Privatkl. (StPO. § 374). „Unbefugterweise": im Bewußtsein der Nichtberechtigung (§ 59). Vgl. §§ 29 I, 61; StPO. §§ 99 f., 110 (Beschlagnahme und Durchsicht von Briefen usw. im Strafverfahren). Mittäterschaft und Beihilfe von Post- und Telegraphen-Beamten: §§ 354 f., 358.

Verletzung des Berufsgeheimnisses.

§ 300. Rechtsanwälte, Advokaten, Notare, Verteidiger in Strafsachen, Ärzte, Wundärzte, Hebammen, Apotheker, sowie die Gehilfen dieser Personen werden, wenn sie unbefugt Privatgeheimnisse offenbaren, die ihnen kraft ihres Amtes, Standes oder Gewerbes anvertraut sind, mit Geldstrafe . . . oder mit Gefängnis bis zu drei Monaten bestraft.

Die Verfolgung tritt nur auf Antrag ein.

Zuständig: AR. Offenbarung ist nicht „unbefugt" (§ 299 Anm.), wenn sie z. B. auf Grund (auch nur irrtümlich angenommener) Zeugnis- oder Anzeigepflicht (§ 139, SeuchenG. §§ 1 ff., 45 usw.) geschieht, selbst bei Verzicht auf ein Zeugnisverweigerungsrecht (StPO. § 53, ZPO. § 383). Vgl. §§ 29 I, 61; UnlWettbewG. §§ 17, 18, 20 (Antragsdelikte),*) RVersO. §§ 141 ff., AngestVersG. §§ 345 ff., RAbgO. § 376, BetriebsrG. v. 4. Febr. 1920 § 100, V. v. 3. Mai

---

*) Gesetz gegen den unlauteren Wettbewerb vom 7. Juni 1909:

§ 17. Mit Gefängnis bis zu einem Jahre und mit Geldstrafe . . . oder mit einer dieser Strafen wird bestraft, wer als Angestellter, Arbeiter oder Lehrling eines Geschäftsbetriebs Geschäfts- oder Betriebsgeheimnisse, die ihm vermöge des Dienstverhältnisses anvertraut oder sonst zugänglich geworden sind, während der Geltungsdauer des Dienstverhältnisses unbefugt an andere zu Zwecken des Wettbewerbes oder in der Absicht, dem Inhaber des Geschäftsbetriebs Schaden zuzufügen, mitteilt.

Gleiche Strafe trifft denjenigen, welcher Geschäfts- oder Betriebsgeheimnisse, deren Kenntnis er durch eine der im Abs. 1 bezeichneten Mitteilungen oder durch eine gegen das Gesetz oder die guten Sitten verstoßende eigene Handlung erlangt hat, zu Zwecken des Wettbewerbes unbefugt verwertet oder an andere mitteilt.

§ 18. Mit Gefängnis bis zu einem Jahre und mit Geldstrafe . . . oder mit einer dieser Strafen wird bestraft, wer die ihm im geschäftlichen Verkehr anvertrauten Vorlagen oder Vorschriften technischer Art, insbesondere Zeichnungen, Modelle, Schablonen, Schnitte, Rezepte, zu Zwecken des Wettbewerbes unbefugt verwertet oder an andere mitteilt.

§ 20. Wer zu Zwecken des Wettbewerbes es unternimmt, einen anderen zu einer Zuwiderhandlung gegen die Vorschriften des § 17 Abs. 1, § 18 zu bestimmen, wird mit Gefängnis bis zu neun Monaten und mit Geldstrafe . . . oder mit einer dieser Strafen bestraft.

§ 22 (Ges. v. 21. März 1925, RGBl. II 115, 237): Antrag erforderl. und zurücknehmbar.

1917/12. Febr. 1920 geg. Bestechung und Geheimnisverrat nichtbeamt. Personen (RGBl. S. 393 bzw. 230).

Ausbeutung Minderjähriger.

§ 301. Wer in gewinnsüchtiger Absicht und unter Benutzung des Leichtsinns oder der Unerfahrenheit eines Minderjährigen sich von demselben Schuldscheine, Wechsel, Empfangsbekenntnisse, Bürgschaftsinstrumente oder eine andere, eine Verpflichtung enthaltende Urkunde ausstellen oder auch nur mündlich ein Zahlungsversprechen erteilen läßt, wird mit Gefängnis bis zu sechs Monaten oder mit Geldstrafe . . . bestraft.

Die Verfolgung tritt nur auf Antrag ein.

Zuständig: AR. §§ 27 ff., 61 ff., 302 (Strafschärfung).

Erschwerte Ausbeutung Minderjähriger.

§ 302. Wer in gewinnsüchtiger Absicht und unter Benutzung des Leichtsinns oder der Unerfahrenheit eines Minderjährigen sich von demselben unter Verpfändung der Ehre, auf Ehrenwort, eidlich oder unter ähnlichen Versicherungen oder Beteuerungen die Zahlung einer Geldsumme oder die Erfüllung einer anderen, auf Gewährung geldwerter Sachen gerichteten Verpflichtung aus einem Rechtsgeschäfte versprechen läßt, wird mit Gefängnis bis zu einem Jahre oder mit Geldstrafe . . . bestraft.

Neben der Gefängnisstrafe kann auf Verlust der bürgerlichen Ehrenrechte erkannt werden.

Dieselbe Strafe trifft denjenigen, welcher sich eine Forderung, von der er weiß, daß deren Berichtigung ein Minderjähriger in der vorbezeichneten Weise versprochen hat, abtreten läßt.

Die Verfolgung tritt nur auf Antrag ein.

Zuständig: SchöffG. od. AR. Straferhöh. Umst. zu § 301. Vgl. §§ 32, 35, 61.

(Einfacher) Kreditwucher.

§ 302 a. Wer unter Ausbeutung der Notlage, des Leichtsinns oder der Unerfahrenheit eines anderen mit Bezug auf ein Darlehen oder auf die Stundung einer Geldforderung oder auf ein anderes zweiseitiges Rechtsgeschäft, welches denselben wirtschaftlichen Zwecken dienen soll, sich oder einem Dritten Vermögensvorteile versprechen oder gewähren läßt, welche den üblichen Zinsfuß dergestalt überschreiten, daß nach den Umständen des Falles die Vermögensvorteile in auffälligem Mißverhältnis zu der Leistung stehen, wird wegen Wuchers mit Gefängnis bis zu sechs Monaten und zugleich mit Geldstrafe . . . bestraft. Auch kann auf Verlust der bürgerlichen Ehrenrechte erkannt werden.

Zuständig: AR. Vgl. §§ 32, 35, 302 b ff. (Strafschärfung), 360[12]; BGB. § 138 (Nichtigkeit des wucherischen Rechtsgeschäfts).

Erschwerter Kreditwucher.

§ 302 b. Wer sich oder einem Dritten die wucherlichen Vermögensvorteile (§ 302 a) verschleiert oder wechselmäßig oder unter Verpfändung der Ehre, auf Ehrenwort, eidlich oder unter ähnlichen Versicherungen oder Beteuerungen versprechen läßt, wird mit Gefängnis bis zu einem Jahre und zugleich mit Geldstrafe . . . bestraft. Auch kann auf Verlust der bürgerlichen Ehrenrechte erkannt werden.

Zuständig: SchöffG. od. AR. Straferhöh. Umst. zu § 302 a. Verschleierung erfordert nicht Täuschung des Bewucherten. z. B. Darlehen gegen gleichzeitige Abnahme von Waren. Vgl. §§ 32, 35.

Mit- oder Nachwucher.

§ 302 c. Dieselben Strafen (§ 302 a, § 302 b) treffen denjenigen, welcher mit Kenntnis des Sachverhalts eine Forderung der vorbezeichneten Art erwirbt und entweder dieselbe weiter veräußert oder die wucherlichen Vermögensvorteile geltend macht.

„Erwirbt“: auch ohne Zutun des Täters, z. B. von Todes wegen. Erwerb der Wucherforderung ohne Kenntnis des Sachverhalts bewirkt auch nach Kenntniserlangung Straflosigkeit der Weiterveräußerung oder Geltendmachung.

Gewerbs- oder gewohnheitsmäß. Wucher.

§ 302 d. Wer den Wucher (§§ 302 a bis 302 c) gewerbs- oder gewohnheitsmäßig betreibt, wird mit Gefängnis nicht unter drei Monaten und zugleich mit Geldstrafe . . . bestraft. Auch ist auf Verlust der bürgerlichen Ehrenrechte zu erkennen.

Zuständig: SchöffG. od. AR. Persönlicher Straferhöhungsgrund (§ 50) zu §§ 302 a—c. Obligator. Ehrverlust auf 1—5 Jahre: § 32.

Sachwucher.

§ 302 e. Dieselbe Strafe (§ 302 d) trifft denjenigen, welcher mit Bezug auf ein Rechtsgeschäft anderer als der im § 302 a bezeichneten Art gewerbs- oder gewohnheitsmäßig unter Ausbeutung der Notlage, des Leichtsinns oder der Unerfahrenheit eines anderen sich oder einem Dritten Vermögensvorteile versprechen oder gewähren läßt, welche den Wert der Leistung dergestalt überschreiten, daß nach den Umständen des Falles die Vermögensvorteile in auffälligem Mißverhältnis zu der Leistung stehen.

Zuständig: SchöffG. od. AR. Gewerbs- od. Gewohnheitsmäßigkeit wirkt hier strafbegründend. Vgl. MieterschutzG. § 49 a.

Sechsundzwanzigster Abschnitt.

Sachbeschädigung.

Einfache Sachbeschädigung.

§ 303. Wer vorsätzlich und rechtswidrig eine fremde Sache beschädigt oder zerstört, wird mit Geldstrafe . . . oder mit Gefängnis bis zu zwei Jahren bestraft.

Der Versuch ist strafbar.

Die Verfolgung tritt nur auf Antrag ein.

Ist das Vergehen gegen einen Angehörigen verübt, so ist die Zurücknahme des Antrages zulässig.

Zuständig: SchöffG. od. AR. Privatklage: StPO. § 374[6]. — „Rechtswidrig": Täter muß sich der Rechtswidrigkeit bewußt sein (§ 59); Rechtswidrigkeit ausgeschlossen: BGB. §§ 228 ff., 904 u. a. „Fremde (hier bewegliche oder unbewegliche) Sache": § 242. „Nachträgliche Vernichtung gestohlener oder unterschlagener Sachen durch den Dieb usw. ist keine selbständige Straftat. Vgl. §§ 29 I (Umwandl. der Geldstr. in Gef. oder Haft), 52 II („Angehörige"), 61 ff. (Antrag; antragsberechtigt sind die unmittelbar Verletzten oder Geschädigten, nicht bloß Eigentümer).

Besondere Fälle: Beschädigung von Hoheitszeichen: §§ 103 a, 135, Urkunden: §§ 133 f., 274, Gräbern: 168, Grab- oder anderen Denkmälern usw.: § 304, Zerstörung von Bauwerken: § 305, mit explod. Stoffen: § 311, Beschädigung von Eisenbahn-, Telegraphen- und Fernsprechanlagen: §§ 315 ff., Wasserbauten: § 321, Schiffahrtszeichen: § 322, Betreten bestellter Felder: § 368[9], Grundstücksverringerung: § 370[1]; ElektrG. v. 9. April 1900 § 2 (abgedruckt bei § 242 N.*).

Gemeinschädliche Sachbeschädigung.

§ 304. Wer vorsätzlich und rechtswidrig Gegenstände der Verehrung einer im Staate bestehenden Religionsgesellschaft, oder Sachen, die dem Gottesdienste gewidmet sind, oder Grabmäler, öffentliche Denkmäler, Gegenstände der Kunst, der Wissenschaft oder des Gewerbes, welche in öffentlichen Sammlungen aufbewahrt werden oder öffentlich aufgestellt sind, oder Gegenstände, welche zum öffentlichen Nutzen oder zur Verschönerung öffentlicher Wege, Plätze oder Anlagen dienen, beschädigt oder zerstört, wird mit Gefängnis bis zu drei Jahren oder mit Geldstrafe . . . bestraft.

Neben der Gefängnisstrafe kann auf Verlust der bürgerlichen Ehrenrechte erkannt werden.

Der Versuch ist strafbar.

Zuständig: SchöffG. od. AR. „Sachen": hier nicht notw. fremde. Strafantrag nicht erforderlich. Vgl. §§ 303 Anm., 32, 35, 166—168, 243 [1], 317 (Gesetzeskonk.).

Zerstörung fremder Bauwerke.

§ 305. Wer vorsätzlich und rechtswidrig ein Gebäude, ein Schiff, eine Brücke, einen Damm, eine gebaute Straße, eine Eisenbahn oder ein anderes Bauwerk, welche fremdes Eigentum sind, ganz oder teilweise zerstört, wird mit Gefängnis nicht unter einem Monat bestraft.

Der Versuch ist strafbar.

Zuständig: SchöffG. od. AR. Vgl. §§ 303 Anm., 311.

Siebenundzwanzigster Abschnitt.

Gemeingefährliche Verbrechen und Vergehen.

Vorsätzliche Brandstiftung.

§ 306. Wegen Brandstiftung wird mit Zuchthaus bestraft, wer vorsätzlich in Brand setzt:

1. ein zu gottesdienstlichen Versammlungen bestimmtes Gebäude,
2. ein Gebäude, ein Schiff oder eine Hütte, welche zur Wohnung von Menschen dienen, oder
3. eine Räumlichkeit, welche zeitweise zum Aufenthalt von Menschen dient, und zwar zu einer Zeit, während welcher Menschen in derselben sich aufzuhalten pflegen.

Zuständig: Schwurger. „In Brand setzt": Das Feuer muß das Gebäude bereits ergriffen haben und selbständig (auch nach Entfernung des Zündstoffs) weiterbrennen können; zur Vollendung ist Brennen mit heller Flamme nicht notwendig, es genügt Glühen und Glimmen, wenn dieses das Fortbrennen ermöglicht. Anwesenheit von Menschen, als konkrete Gefahr für solche nicht erforderlich. Idealkonk. mit §§ 211 f. (vgl. § 307 1, 2), 265, 303 ff. möglich. Vgl. §§ 32, 38, 325 (Polizei-Aufsicht), 139 (Anzeigepflicht), 307 (Strafschärfungsgründe), 310 (Strafaufhebungsgrund). Keine mild. Umst.

§ 307. Die Brandstiftung (§ 306) wird mit Zuchthaus nicht unter zehn Jahren oder mit lebenslänglichem Zuchthaus bestraft, wenn

1. der Brand den Tod eines Menschen dadurch verursacht hat, daß dieser zur Zeit der Tat in einer der in Brand gesetzten Räumlichkeiten sich befand,
2. die Brandstiftung in der Absicht begangen worden ist, um unter Begünstigung derselben Mord oder Raub zu begehen oder einen Aufruhr zu erregen, oder
3. der Brandstifter, um das Löschen des Feuers zu verhindern oder zu erschweren, Löschgerätschaften entfernt oder unbrauchbar gemacht hat.

Zuständig: SchwurgG. Straferhöh. Umstände zu § 306. Vgl. §§ 32, 38, 325.
Nr. 1: War der Tod vom Täter unmittelbar verschuldet, vorsätzl. oder fahrläss. verursacht, besteht Idealkonk. mit §§ 211—222.
Nr. 2: Mord: § 211, Raub: §§ 249—251, nicht 252, 255, Aufruhr: § 115.

§ 308. Wegen Brandstiftung wird mit Zuchthaus bis zu zehn Jahren bestraft, wer vorsätzlich Gebäude, Schiffe, Hütten, Bergwerke, Magazine, Warenvorräte, welche auf dazu bestimmten öffentlichen Plätzen lagern, Vorräte von landwirtschaftlichen Erzeugnissen oder von Bau- oder Brennmaterialien, Früchte auf dem Felde, Waldungen oder Torfmoore in Brand setzt, wenn diese Gegenstände entweder fremdes Eigentum sind, oder zwar dem Brandstifter eigentümlich gehören, jedoch ihrer Beschaffenheit und Lage nach geeignet sind, das Feuer einer der im § 306 Nr. 1 bis 3 bezeichneten Räumlichkeiten oder einem der vorstehend bezeichneten fremden Gegenstände mitzuteilen.

Sind mildernde Umstände vorhanden, so tritt Gefängnisstrafe nicht unter sechs Monaten ein.

Zuständig: SchöffG. War eine Brandstiftung nach §§ 306 f. beabsichtigt, so kommen im zweiten Falle des § 308 §§ 306 f., 43 (73) zur Anwendung. „Geeignet ... mitzuteilen": Täter muß dies wissen (§ 59). Vgl. §§ 32, 38, 325, 310, 139, 265 (Idealkonk.).

Fahrlässige Brandstiftung.

§ 309. Wer durch Fahrlässigkeit einen Brand der in den §§ 306 und 308 bezeichneten Art herbeiführt, wird mit Gefängnis bis zu einem Jahre oder mit Geldstrafe ... und, wenn durch den Brand der Tod eines Menschen verursacht worden ist, mit Gefängnis von einem Monat bis zu drei Jahren bestraft.

Zuständig: SchöffG. od. AR. Strafaufhebungsgrund: § 310. „Tod" (straferhöh. Umst.) braucht selbst nicht auf Fahrlässigkeit des Täters zu beruhen (z. B. Tod eines Feuerwehrmannes beim Löschen usw.); andernfalls Idealkonk. mit § 222. Verwahrlosung von Feuer: §§ 367^{4-6}, 368^{5-8}, 369^{3}.

Straflosigkeit bei tätiger Reue.

§ 310. Hat der Täter den Brand, bevor derselbe entdeckt und ein weiterer als der durch die bloße Inbrandsetzung bewirkte Schaden entstanden war, wieder gelöscht, so tritt Straflosigkeit ein.

Strafaufhebungsgrund i. S. StPO. §§ 263, 267 bei vollendeter Brandstiftung (§§ 306—309), bei Versuch f. § 46^{2}. „Straflosigkeit" schlechthin, also auch nicht Bestrafung aus §§ 303—305.

Zerstörung durch Explosion.

§ 311. Die gänzliche oder teilweise Zerstörung einer Sache durch Gebrauch von Pulver oder anderen explodierenden Stoffen ist der Inbrandsetzung der Sache gleich zu achten.

„Zerstörung": nicht bloß Beschädigung; es muß mindestens teilweise Unbrauchbarkeit der Sache für ihren Zweck eingetreten sein. „Inbrandsetzung" i. S. §§ 306—310, nicht § 265; dieser ist hier nur anwendbar, wenn durch die Explosion Brand verursacht war. Vgl. §§ 139, 325, SprengstG.*)

---

*) Ges. geg. d. verbrecherischen u. gemeingefährl. Gebrauch v. Sprengstoffen v. 9. Juni 1884 (RGBl. S. 61): **§ 5.** Wer vorsätzlich durch Anwendung von Sprengstoffen Gefahr für das Eigentum, die Gesundheit oder das Leben eines anderen herbeiführt, wird mit Zuchthaus bestraft.

Ist durch die Handlung eine schwere Körperverletzung verursacht worden, so tritt Zuchthausstrafe nicht unter fünf Jahren, und wenn der Tod eines Menschen verursacht worden ist, Zuchthausstrafe nicht unter zehn Jahren oder lebenslängliche Zuchthausstrafe ein.

Ist durch die Handlung der Tod eines Menschen herbeigeführt worden und hat der Täter einen solchen Erfolg voraussehen können, so ist auf Todesstrafe zu erkennen.

Vorsätzl. Überschwemmg. mit Gefahr für Menschenleben.

§ 312. Wer mit gemeiner Gefahr für Menschenleben vorsätzlich eine Überschwemmung herbeiführt, wird mit Zuchthaus nicht unter drei Jahren und, wenn durch die Überschwemmung der Tod eines Menschen verursacht worden ist, mit Zuchthaus nicht unter zehn Jahren oder mit lebenslänglichem Zuchthaus bestraft.

Zuständig: Schwurger. „Gemeine Gefahr" (Tatbestandsmerkmal): Konkrete Gefährdung in unbestimmter Ausdehnung; auch hierauf bezieht sich „vorsätzl." (§ 59). Vgl. §§ 32, 38, 325, 139, 211 (Idealkonkurrenz möglich).

---

§ 6. Haben mehrere die Ausführung einer oder mehrerer nach § 5 zu ahnender strafbarer Handlungen verabredet oder sich zur fortgesetzten Begehung derartiger, wenn auch im einzelnen noch nicht bestimmter Handlungen verbunden, so werden dieselben, auch ohne daß der Entschluß der Verübung des Verbrechens durch Handlungen, welche einen Anfang der Ausführung enthalten, betätigt worden ist, mit Zuchthaus nicht unter fünf Jahren bestraft.

Vgl. § 43 StGB.

§ 7. Wer Sprengstoffe herstellt, anschafft, bestellt, oder in seinem Besitze hat, in der Absicht, durch Anwendung derselben Gefahr für das Eigentum, die Gesundheit oder das Leben eines anderen entweder selbst herbeizuführen oder andere Personen zur Begehung dieses Verbrechens in den Stand zu setzen, wird mit Zuchthaus bis zu zehn Jahren bestraft.

Der gleichen Strafe verfällt, wer Sprengstoffe, wissend, daß dieselben zur Begehung eines in dem § 5 vorgesehenen Verbrechens bestimmt sind, an andere Personen überläßt.

§ 8. Wer Sprengstoffe herstellt, anschafft, bestellt, wissentlich in seinem Besitze hat oder an andere Personen überläßt unter Umständen, welche nicht erweisen, daß dies zu einem erlaubten Zweck geschieht, wird mit Zuchthausstrafe bis zu fünf Jahren oder mit Gefängnis nicht unter einem Jahre bestraft. Diese Bestimmung findet auf die gemäß § 1 Absatz 3 vom Bundesrat bezeichneten Stoffe nicht Anwendung.

§ 9. Wer der Vorschrift in dem ersten Absatz des § 1 zuwider es unternimmt, ohne polizeiliche Ermächtigung Sprengstoffe herzustellen, vom Auslande einzuführen, feilzuhalten, zu verkaufen oder sonst an andere zu überlassen, oder wer im Besitze derartiger Stoffe betroffen wird, ohne polizeiliche Erlaubnis hierzu nachweisen zu können, ist mit Gefängnis von drei Monaten bis zu zwei Jahren zu bestrafen.

Gleicher Strafe verfällt, wer die Vorschriften des § 1 Absatz 2, die von den Zentralbehörden in Gemäßheit des § 2 getroffenen Anordnungen oder die bereits bestehenden oder noch zu erlassenden sonstigen polizeilichen Bestimmungen über den Verkehr mit Sprengstoffen, auf welche § 1 Absatz 1 Anwendung findet, übertritt.

Vgl. § 367[5] StGB.

§ 10. Wer öffentlich vor einer Menschenmenge oder wer durch Verbreitung oder öffentlichen Anschlag oder öffentliche Ausstellung

Vorsätzl. Überschwemmg. mit Gef. f. fremdes Eigentum.

§ 313. Wer mit gemeiner Gefahr für das Eigentum vorsätzlich eine Überschwemmung herbeiführt, wird mit Zuchthaus bestraft.

Ist jedoch die Absicht des Täters nur auf Schutz seines Eigentums gerichtet gewesen, so ist auf Gefängnis nicht unter einem Jahre zu erkennen.

Zuständig: Abs. 1: Schwurger., Abs. 2: SchöffG. od. AR.
Abs. 1: §§ 312 Anm., 325.
Abs. 2: Eigentumsnotstand, Strafmilderungsgrund.

Fahrläss. Überschwemmung.

§ 314. Wer eine Überschwemmung mit gemeiner Gefahr für Leben oder Eigentum durch Fahrlässigkeit herbeiführt, wird mit Gefängnis bis zu einem Jahre und, wenn durch die Überschwemmung der Tod eines Menschen verursacht worden ist, mit Gefängnis von einem Monat bis zu drei Jahren bestraft.

Zuständig: SchöffG. od. AR. Vgl. §§ 309, 312 f. Todesfolge ist straferhöh. Umst.

---

von Schriften oder anderen Darstellungen, oder wer in Schriften oder anderen Darstellungen zur Begehung einer der in den §§ 5 und 6 bezeichneten strafbaren Handlungen oder zur Teilnahme an denselben auffordert, wird mit Zuchthaus bestraft.

Gleiche Strafe trifft denjenigen, welcher auf die vorbezeichnete Weise zur Begehung der im Absatz 1 gedachten strafbaren Handlungen insbesondere dadurch anreizt oder verleitet, daß er dieselben anpreist oder als etwas Rühmliches darstellt.

§ 11. In den Fällen der §§ 5, 6, 7, 8 und 10 kann auf Zulässigkeit von Polizeiaufsicht erkannt werden. In den Fällen der §§ 5, 6, 7, 8 und in dem Falle einer Anwendung der Strafvorschriften des § 9 ist auf Einziehung der zur Zubereitung der Sprengstoffe gebrauchten oder bestimmten Gegenstände, sowie der im Besitze des Verurteilten vorgefundenen Vorräte von Sprengstoffen zu erkennen, ohne Unterschied, ob dieselben dem Verurteilten gehören oder nicht.

§ 12. Die Bestimmungen im § 4 Absatz 2 Nr. 1 des Strafgesetzbuchs für das Deutsche Reich finden auch auf die in den §§ 5, 6, 7, 8 und 10 dieses Gesetzes vorgesehenen Verbrechen Anwendung.

§ 13. Der in dem § 139 des Strafgesetzbuchs für das Deutsche Reich angedrohten Strafe verfällt, wer von dem Vorhaben eines im § 5 vorgesehenen Verbrechens oder von einer im § 6 vorgesehenen Verabredung oder von dem Tatbestande eines im § 7 des gegenwärtigen Gesetzes unter Strafe gestellten Verbrechens in glaubhafter Weise Kenntnis erhält und es unterläßt, der durch das Verbrechen bedrohten Person oder der Behörde rechtzeitig Anzeige zu machen.
Strafe: Gef. bis zu 5 Jahren.

Vorsätzl. Eisenbahn-Transportgefährdung.

§ 315. Wer vorsätzlich Eisenbahnanlagen, Beförderungsmittel oder sonstiges Zubehör derselben dergestalt beschädigt, oder auf der Fahrbahn durch falsche Zeichen oder Signale oder auf andere Weise solche Hindernisse bereitet, daß dadurch der Transport in Gefahr gesetzt wird, wird mit Zuchthaus bis zu zehn Jahren bestraft.

Ist durch die Handlung eine schwere Körperverletzung verursacht worden, so tritt Zuchthausstrafe nicht unter fünf Jahren und, wenn der Tod eines Menschen verursacht worden ist, Zuchthausstrafe nicht unter zehn Jahren oder lebenslängliche Zuchthausstrafe ein.

Zuständig: Abs. 1: SchöffG., Abs. 2: Schwurger. §§ 315 f. werden auf Pferdebahnen nicht bezogen, wohl aber auf elektrische und Dampfstraßenbahnen. Vorsatz umfaßt auch die Gefährdung (§ 59). Idealkonkurrenz mit §§ 305, 306 [3], 317 möglich. Vgl. §§ 32, 33, 319 f., 325, 139.*)

Abs. 2: Strafschärfungsgründe zu Abs. 1. Vgl. §§ 224 (schwere Körperverl.), 307 [1], 312.

Fahrläss. Eisenbahn-Transportgefährdung.

§ 316. Wer fahrlässigerweise durch eine der vorbezeichneten Handlungen den Transport auf einer Eisenbahn in Gefahr setzt, wird mit Gefängnis bis zu einem Jahre oder mit Geldstrafe . . . und, wenn durch die Handlung der Tod eines Menschen verursacht worden ist, mit Gefängnis von einem Monat bis zu drei Jahren bestraft.

Gleiche Strafe trifft die zur Leitung der Eisenbahn-

---

*) LuftverkehrsG. v. 1. Aug. 1922 (RGBl. I S. 681):

§ 33. Wer Menschenleben dadurch gefährdet, daß er vorsätzlich ein Luftfahrzeug beschädigt, zerstört oder sonst unbrauchbar oder unzuverlässig macht oder vorsätzlich die Fahrt eines Luftfahrzeugs durch falsche Zeichen oder sonst stört, wird mit Gefängnis nicht unter drei Monaten bestraft.

Der Versuch ist strafbar.

Ist infolge der Handlung eine schwere Körperverletzung (§ 224 des Reichsstrafgesetzbuchs) oder der Tod eines Menschen eingetreten, so ist die Strafe Zuchthaus, bei mildernden Umständen Gefängnis nicht unter sechs Monaten.

Ist eine dieser Handlungen fahrlässig begangen, so ist die Strafe Gefängnis bis zu sechs Monaten und Geldstrafe . . . oder eine dieser Strafen, und wenn infolge der Handlung der Tod eines Menschen eingetreten ist, Gefängnis nicht unter einem Monat.

fahrten und zur Aufsicht über die Bahn und den Beförderungsbetrieb angestellten Personen, wenn sie durch Vernachlässigung der ihnen obliegenden Pflichten einen Transport in Gefahr setzen.

Zuständig: SchöffG. od. AR. Die die fahrläss. Transportgefährdung verursachende Handlung oder Pflichtvernachlässigung erfordert schuldhaftes Verhalten; dieses kann vorsätzlich oder fahrlässig sein. Vgl. §§ 315 Anm., 222 und 230 (Idealkonk. mögl.).
Abs. 2: Vgl. § 319; dieser ist aber bei Idealkonk. mit §§ 222 II, 230 II unanwendbar.

Vorsätzl. Telegraphengefährdung.

§ 317. Wer vorsätzlich und rechtswidrig den Betrieb einer zu öffentlichen Zwecken dienenden Telegraphenanlage dadurch verhindert oder gefährdet, daß er Teile oder Zubehörungen derselben beschädigt oder Veränderungen daran vornimmt, wird mit Gefängnis von einem Monat bis zu drei Jahren bestraft.

Zuständig: SchöffG. od. AR. § 317 enthält gegenüber § 304 den spezielleren Tatbestand, deshalb Gesetzeskonk. Vgl. §§ 318a, 319 f. Beschädigung unterseeischer Telegraphen-Kabel: TelKabG. v. 21. Nov. 1887.

Fahrläss. Telegraphengefährdung.

§ 318. Wer fahrlässigerweise durch eine der vorbezeichneten Handlungen den Betrieb einer zu öffentlichen Zwecken dienenden Telegraphenanlage verhindert oder gefährdet, wird mit Gefängnis bis zu einem Jahre oder mit Geldstrafe . . . bestraft.

Gleiche Strafe trifft die zur Beaufsichtigung und Bedienung der Telegraphenanlagen und ihrer Zubehörungen angestellten Personen, wenn sie durch Vernachlässigung der ihnen obliegenden Pflichten den Betrieb verhindern oder gefährden.

Zuständig: SchöffG. od. AR. Vgl. §§ 316 f., 318a, 319 f.

Rohrpost- u. Fernsprechanlagen.

§ 318a. Die Vorschriften in den §§ 317 und 318 finden gleichmäßig Anwendung auf die Verhinderung oder Gefährdung des Betriebes der zu öffentlichen Zwecken dienenden Rohrpostanlagen.

Unter Telegraphenanlagen im Sinne der §§ 317 und 318 sind Fernsprechanlagen mitbegriffen.

Verurteilg. v. Eisenbahn- u. Telegraphenangestellten; Dienstunfähigkeit.

§ 319. Wird einer der in den §§ 316 und 318 erwähnten Angestellten wegen einer der in den §§ 315 bis 318 bezeichneten Handlungen verurteilt, so kann derselbe zugleich für unfähig zu einer Beschäftigung im Eisenbahn- oder Telegraphendienste oder in bestimmten Zweigen dieser Dienste erklärt werden.

Vgl. § 320.

Nichtentlassung od. Wiederanstellung Verurteilter.

§ 320. Die Vorsteher einer Eisenbahngesellschaft, sowie die Vorsteher einer zu öffentlichen Zwecken dienenden Telegraphenanstalt, welche nicht sofort nach Mitteilung des rechtskräftigen Erkenntnisses die Entfernung des Verurteilten bewirken, werden mit Geldstrafe . . . oder mit Gefängnis bis zu drei Monaten bestraft.

Gleiche Strafe trifft denjenigen, welcher für unfähig zum Eisenbahn- oder Telegraphendienste erklärt worden ist, wenn er sich nachher bei einer Eisenbahn oder Telegraphenanstalt wieder anstellen läßt, sowie diejenigen, welche ihn wieder angestellt haben, obgleich ihnen die erfolgte Unfähigkeitserklärung bekannt war.

Zuständig: AR. § 29 I (Geldstrafumwandlung).

Vorsätzl. Beschädigung v. Wasserbauten usw.

§ 321. Wer vorsätzlich Wasserleitungen, Schleusen, Wehre, Deiche, Dämme oder andere Wasserbauten, oder Brücken, Fähren, Wege oder Schutzwehre, oder dem Bergwerksbetriebe dienende Vorrichtungen zur Wasserhaltung, zur Wetterführung oder zum Ein- und Ausfahren der Arbeiter zerstört oder beschädigt, oder in schiffbaren Strömen, Flüssen oder Kanälen das Fahrwasser stört und durch eine dieser Handlungen Gefahr für das Leben oder die Gesundheit anderer herbeiführt, wird mit Gefängnis nicht unter drei Monaten bestraft.

Ist durch eine dieser Handlungen eine schwere Körperverletzung verursacht worden, so tritt Zuchthausstrafe bis zu fünf Jahren und, wenn der Tod eines Menschen verursacht worden ist, Zuchthausstrafe nicht unter fünf Jahren ein.

Zuständig: Abs. 1: SchöffG. od. AR., Abs. 2 Fall 1 (schw. KV.): SchöffG., Fall 2 (Tötung): Schwurger.
Abs. 1: „Zerstört oder beschädigt": §§ 303 f. Versuch (§ 43 II) ist nur aus §§ 303 ff. strafbar. Fahrläss. Beschädigung usw.: § 326. Abs. 2 enthält Strafschärfungsgründe zu Abs. 1. Vgl. §§ 224 (schwere Körperverl.), 315 II, 32, 38, 325, 139 (Anzeigepflicht).

Vorsätzl. Schiffahrtsgefährdung: Zerstörung v. Schiffahrtszeichen usw.

§ 322. Wer vorsätzlich ein zur Sicherung der Schiffahrt bestimmtes Feuerzeichen oder ein anderes zu diesem Zwecke aufgestelltes Zeichen zerstört, wegschafft oder unbrauchbar macht, oder ein solches Feuerzeichen auslöscht oder seiner Dienstpflicht zuwider nicht aufstellt, oder ein falsches Zeichen, welches geeignet ist, die Schiffahrt unsicher zu machen, aufstellt, insbesondere zur Nachtzeit auf der Strandhöhe Feuer anzündet, welches die Schiffahrt zu gefährden geeignet ist, wird mit Zuchthaus bis zu zehn Jahren bestraft.

Ist durch die Handlung die Strandung eines Schiffes verursacht worden, so tritt Zuchthausstrafe nicht unter fünf Jahren und, wenn der Tod eines Menschen verursacht worden ist, Zuchthausstrafe nicht unter zehn Jahren oder lebenslängliche Zuchthausstrafe ein.

Zuständig: Abs. 1: SchöffG., Abs. 2: Schwurger. Vgl. §§ 32, 38, 325 f., 139, StrandgsO. v. 17. Mai 1874.
Abs. 2 enthält straferhöh. Umst. zu Abs. 1.

Strandung.

§ 323. Wer vorsätzlich die Strandung oder das Sinken eines Schiffes bewirkt und dadurch Gefahr für das Leben eines anderen herbeiführt, wird mit Zuchthaus nicht unter fünf Jahren und, wenn durch die Handlung der Tod eines Menschen verursacht worden ist, mit Zuchthaus nicht unter zehn Jahren oder mit lebenslänglichem Zuchthaus bestraft.

Zuständig: Schwurger. „Sinken": nicht notw. völliges Untertauchen oder Versinken. Idealkonk. mit § 265 mögl. Vgl. §§ 32, 38, 325 f., 139.

Vorsätzl. Vergiftung v. Brunnen, Gebrauchs- od. Verbrauchsgegenständen.

§ 324. Wer vorsätzlich Brunnen- oder Wasserbehälter, welche zum Gebrauche anderer dienen, oder Gegenstände, welche zum öffentlichen Verkaufe oder Verbrauche bestimmt sind, vergiftet oder denselben Stoffe beimischt, von denen ihm bekannt ist, daß sie die menschliche Gesundheit zu zerstören geeignet sind, ingleichen wer solche vergiftete oder mit gefährlichen Stoffen vermischte Sachen wissentlich und mit Verschweigung dieser Eigenschaft verkauft, feilhält oder sonst in Verkehr bringt, wird mit Zuchthaus bis zu zehn Jahren und, wenn durch die Handlung der Tod eines Menschen verursacht worden ist, mit Zuchthaus nicht unter zehn Jahren oder mit lebenslänglichem Zuchthaus bestraft.

Zuständig: SchöffG. bzw. Schwurger. Vgl. §§ 32, 38, 40, 325 f., 367⁷, NahrungsmittelG. §§ 12 ff.,*) BleiG. v. 25. Juni 1887 / 22. März 1888, FarbenG. v. 5. Juli 1887; FuttermittelG. v. 22. Dez. 1926 (RGBl. I, 525) §§ 12 f.

*) Ges., betr. d. Verkehr mit Nahrungsmitteln usw., v. 14. Mai 1879 (RGBl. S. 145):

§ 12. Mit Gefängnis, neben welchem auf Verlust der bürgerlichen Ehrenrechte erkannt werden kann, wird bestraft:

1. wer vorsätzlich Gegenstände, welche bestimmt sind, anderen als Nahrungs- oder Genußmittel zu dienen, derart herstellt, daß der Genuß derselben die menschliche Gesundheit zu beschädigen geeignet ist, ingleichen wer wissentlich Gegenstände, deren Genuß die menschliche Gesundheit zu beschädigen geeignet ist, als Nahrungs- oder Genußmittel verkauft, feilhält oder sonst in Verkehr bringt;
2. wer vorsätzlich Bekleidungsgegenstände, Spielwaren, Tapeten, Eß-, Trink- oder Kochgeschirr oder Petroleum derart herstellt, daß der bestimmungsgemäße oder vorauszusehende Gebrauch dieser Gegenstände die menschliche Gesundheit zu beschädigen geeignet ist, ingleichen wer wissentlich solche Gegenstände verkauft, feilhält oder sonst in Verkehr bringt.

Der Versuch ist strafbar.

Ist durch die Handlung eine schwere Körperverletzung oder der Tod eines Menschen verursacht worden, so tritt Zuchthausstrafe bis zu fünf Jahren ein.

§ 13. War in den Fällen des § 12 der Genuß oder Gebrauch des Gegenstandes die menschliche Gesundheit zu zerstören geeignet und war diese Eigenschaft dem Täter bekannt, so tritt Zuchthausstrafe bis zu zehn Jahren, und wenn durch die Handlung der Tod eines Menschen verursacht worden ist, Zuchthausstrafe nicht unter zehn Jahren oder lebenslängliche Zuchthausstrafe ein.

Neben der Strafe kann auf Zulässigkeit von Polizeiaufsicht erkannt werden.

§ 14. Ist eine der in den §§ 12, 13 bezeichneten Handlungen aus Fahrlässigkeit begangen worden, so ist auf Geldstrafe ... oder Gefängnisstrafe bis zu sechs Monaten und, wenn durch die Handlung ein Schaden an der Gesundheit eines Menschen verursacht worden ist, auf Gefängnisstrafe bis zu einem Jahre, wenn aber der Tod eines

Polizeiaufsicht.

§ 325. Neben der nach den Vorschriften der §§ 306 bis 308, 311 bis 313, 315, 321 bis 324 erkannten Zuchthausstrafe kann auf Zulässigkeit von Polizei-Aufsicht erkannt werden.

Vgl. §§ 38 f.

Fahrlässigkeit.

§ 326. Ist eine der in den §§ 321 bis 324 bezeichneten Handlungen aus Fahrlässigkeit begangen worden, so ist, wenn durch die Handlung ein Schaden verursacht worden ist, auf Gefängnis bis zu einem Jahre und, wenn der Tod eines Menschen verursacht worden ist, auf Gefängnis von einem Monat bis zu drei Jahren zu erkennen.

Zuständig: SchöffG. od. AK. Der verursachte Schaden ist objektive Bedingung der Strafbarkeit; die Schuld (Fahrlässigkeit) braucht sich hierauf nicht zu beziehen.

Vorsätzl. Verletzg. v. Absperrungs-, Vorsichtsmaßregeln gegen ansteckende Krankheiten.

§ 327. Wer die Absperrungs- oder Aufsichts-Maßregeln oder Einfuhrverbote, welche von der zuständigen Behörde zur Verhütung des Einführens oder Verbreitens einer ansteckenden Krankheit angeordnet worden sind, wissentlich verletzt, wird mit Gefängnis bis zu zwei Jahren oder mit Geldstrafe . . . bestraft.

Ist infolge dieser Verletzung ein Mensch von der ansteckenden Krankheit ergriffen worden, so tritt Gefängnisstrafe von drei Monaten bis zu drei Jahren ein.

Zuständig: SchöffG. od. AK. § 327 betrifft Krankheiten der Menschen, Tierkrankheiten nur, soweit sie auf Menschen übertragbar sind; Viehseuchen: § 328. Ergänzt wird § 327 durch SeuchenG. §§ 44 bis 46,*) von denen §§ 44, 45 ihn ausschließen und § 46 auf fahrläss. (nicht wissentliche) Verletzungen anwendbar ist.

Abs. 2: Strafschärfungsgrund zu Abs. 1.

Menschen verursacht worden ist, auf Gefängnisstrafe von einem Monat bis zu drei Jahren zu erkennen.

§ 15 betrifft die Einziehung, § 16 die öffentliche Bekanntmachung der Verurteilung bzw. Freisprechung.

*) Ges., betr. die Bekämpfung gemeingefährl. Krankheiten, v. 30. Juni 1900 (RGBl. S. 306):

§ 44. Mit Gefängnis bis zu drei Jahren wird bestraft:

1. wer wissentlich bewegliche Gegenstände, für welche eine Desinfektion polizeilich angeordnet war, vor Ausführung der an-

Vorsätzl. Verletzg. v. Maßregeln gegen Viehseuchen.

§ 328. Wer die Absperrungs- oder Aufsichts-Maßregeln oder Einfuhrverbote, welche von der zuständigen Behörde zur Verhütung des Einführens oder Verbreitens von Viehseuchen angeordnet worden sind, wissentlich verletzt, wird mit Gefängnis bis zu einem Jahre oder mit Geldstrafe . . . bestraft.

Ist infolge dieser Verletzung Vieh von der Seuche ergriffen worden, so tritt Gefängnisstrafe von einem Monat bis zu zwei Jahren ein.

Zuständig: SchöffG. od. AR. „Absperrungs- usw. Maßregeln": BG. v. 7. April 1869, betr. Maßregeln gegen die Rinderpest (Instrukt. v. 9. Juni 1873, RGBl. S. 147), 25. Febr. 1876, betr. die Beseitigung von Ansteckungsstoffen bei Viehbeförderungen auf Eisenbahnen (§ 5 bedroht fahrläss. Verletzung), 21. Mai 1878, betr. Zuwiderhandlungen gegen die zur Abwehr der Rinderpest erlass. Vieh-Einfuhrverbote (bezüglich lebender Wiederkäuer): Lex specialis schließt den § 328 aus und bedroht in §§ 1, 2 vorsätzliche, in § 3 fahrlässige Zuwiderhandlung. Das ViehseuchenG. v. 26. Juni 1909, das seit 1. Mai 1912 (VO. v. 29. März 1912, RGBl. S. 229) das ViehseuchenG. v. $\frac{\text{23. Juni 1880}}{\text{1. Mai 1894}}$ ersetzt hat, die GewO. §§ 56 b III, 148 [7a] aber nicht berührt, regelt die Bekämpfung übertragbarer Viehseuchen mit Ausnahme der Rinderpest und enthält in §§ 74—77 Strafbestimmungen, die § 328 ausschließen. Gleichzeitig ist das Ges., betr. die Beseitigung von Tierkadavern, v. 17. Juni 1911 (RGBl. S. 248) in Kraft getreten, das in § 5 Zuwiderhandlungen mit Geldstr. bis 150 RM. oder Haft bedroht.

Nichterfüllung v. Kriegs- u. Notstandslieferungen.

§ 329. Wer die mit einer Behörde geschlossenen Lieferungsverträge über Bedürfnisse des Heeres oder der

---

geordneten Desinfektion in Gebrauch nimmt, an andere überläßt oder sonst in Verkehr bringt;

2. wer wissentlich Kleidungsstücke, Leibwäsche, Bettzeug oder sonstige bewegliche Gegenstände, welche von Personen, die an einer gemeingefährlichen Krankheit litten, während der Erkrankung gebraucht oder bei deren Behandlung oder Pflege benutzt worden sind, in Gebrauch nimmt, an andere überläßt oder sonst in Verkehr bringt, bevor sie den auf Grund des § 22 vom Bundesrate beschlossenen Bestimmungen entsprechend desinfiziert worden sind;
3. wer wissentlich Fahrzeuge oder sonstige Gerätschaften, welche zur Beförderung von Kranken oder Verstorbenen der in Nr. 2 bezeichneten Art gedient haben, vor Ausführung der polizeilich angeordneten Desinfektion benutzt oder anderen zur Benutzung überläßt.

Sind mildernde Umstände vorhanden, so kann auf Geldstrafe . . . erkannt werden.

Marine zur Zeit eines Krieges, oder über Lebensmittel zur Abwendung oder Beseitigung eines Notstandes vorsätzlich entweder nicht zur bestimmten Zeit oder nicht in der vorbedungenen Weise erfüllt, wird mit Gefängnis nicht unter sechs Monaten bestraft; auch kann auf Verlust der bürgerlichen Ehrenrechte erkannt werden.

Liegt der Nichterfüllung des Vertrages Fahrlässigkeit zugrunde, so ist, wenn durch die Handlung ein Schaden verursacht worden ist, auf Gefängnis bis zu zwei Jahren zu erkennen.

Dieselben Strafen finden auch gegen die Unterlieferanten, Vermittler und Bevollmächtigten des Lieferanten Anwendung, welche mit Kenntnis des Zweckes der Lieferung die Nichterfüllung derselben vorsätzlich oder aus Fahrlässigkeit verursachen.

Zuständig: SchöffG. od. AR.
Abs. 1: Vgl. §§ 32, 35.
Abs. 2: „Handlung" = Unterlassung.

Regelwidr., gefährl. Bauführung.

§ 330. Wer bei der Leitung oder Ausführung eines Baues wider die allgemein anerkannten Regeln der Baukunst dergestalt handelt, daß hieraus für andere Gefahr entsteht, wird mit Geldstrafe . . . oder mit Gefängnis bis zu einem Jahre bestraft.

Zuständig: SchöffG. od. AR. „Bau": nicht bloß Hochbau, auch Straßen-, Wasser-, Kanal-, Bergbau, Abbruch eines vorhandenen Gebäudes usw. Auch fahrlässige Zuwiderhandlung ist strafbar. „Andere": auch die beim Bau beschäftigten Personen (außer dem Täter, Leiter oder Ausführer des Baues). Vgl. §§ 29 I (Umwandl. der Geldstr. in Gef. od. Haft), 222, 230 (Idealkonk. möglich), 367 13—15, 368 3, 4.

Achtundzwanzigster Abschnitt.

Verbrechen und Vergehen im Amte.

Einfache passive Bestechung.

§ 331. Ein Beamter, welcher für eine in sein Amt einschlagende, an sich nicht pflichtwidrige Handlung Geschenke oder andere Vorteile annimmt, fordert oder sich versprechen läßt, wird mit Geldstrafe . . . oder mit Gefängnis bis zu sechs Monaten bestraft.

Zuständig: AR. „Für eine (konkrete, auch vergangene Amts-) Handlung", auch Unterlassung. Wer die Geschenke usw. gibt oder verspricht, ist straflos (nicht Teilnehmer); anders §§ 333, 334 II. Vgl. §§ 29 I (Umwandl. der Geldstr. auch in Haft), 332, 335 (Einziehung), 358 (Unfähigkeit zur Bekleidung öffentl. Ämter), 359 („Beamter"); V. v. 3. Mai 1917/12. Febr. 1920 gegen Bestechung usw. nichtbeamt. Personen (s. § 300 Anm.).

Erschwerte passive Bestechung.

§ 332. Ein Beamter, welcher für eine Handlung, die eine Verletzung einer Amts- oder Dienstpflicht enthält, Geschenke oder andere Vorteile annimmt, fordert oder sich versprechen läßt, wird wegen Bestechung mit Zuchthaus bis zu fünf Jahren bestraft.

Sind mildernde Umstände vorhanden, so tritt Gefängnisstrafe ein.

Zuständig: SchöffG. Vgl. §§ 32, 331, 333 (Bestrafung des Geschenkgebers), 335, 359; UnlWettbewG. § 12.

Aktive Bestechung.

§ 333. Wer einem Beamten oder einem Mitgliede der bewaffneten Macht Geschenke oder andere Vorteile anbietet, verspricht oder gewährt, um ihn zu einer Handlung, die eine Verletzung einer Amts- oder Dienstpflicht enthält, zu bestimmen, wird wegen Bestechung mit Gefängnis bestraft; auch kann auf Verlust der bürgerlichen Ehrenrechte erkannt werden.

Sind mildernde Umstände vorhanden, so kann auf Geldstrafe . . . erkannt werden.

Zuständig: SchöffG. od. AR.
Abs. 1: Der Täter nach § 333 ist nicht auch Teilnehmer nach § 332, aber zugleich (§ 73) Anstifter, wenn der Beamte infolge der Bestechung eine strafb. Handlung begeht. Vgl. §§ 32, 35, 335, 359.
Abs. 2: §§ 27 ff.

Richterbestechung.

§ 334. Ein Richter, Schiedsrichter, Beisitzer einer Arbeitsgerichtsbehörde, Geschworener oder Schöffe, welcher Geschenke oder andere Vorteile fordert, annimmt oder sich versprechen läßt, um eine Rechtssache, deren Leitung oder Entscheidung ihm obliegt, zugunsten oder zum Nachteile eines Beteiligten zu leiten oder zu entscheiden, wird mit Zuchthaus bestraft.

Derjenige, welcher einem Richter, Schiedsrichter, Beisitzer einer Arbeitsgerichtsbehörde, Geschworenen oder Schöffen zu dem vorbezeichneten Zwecke Geschenke oder andere Vorteile anbietet, verspricht oder gewährt, wird mit Zuchthaus bestraft. Sind mildernde Umstände vorhanden, so tritt Gefängnisstrafe ein.

Fassung gem. ArbGerG. v. 23. Dez. 1926 § 113.
Zuständig: Schwurger. „Schiedsrichter": ZPO. §§ 1025 ff. „Rechtssache": Rechtsprechung i. e. S. Vgl. §§ 32, 335.

Verfallerklärung.

§ 335. In den Fällen der §§ 331 bis 334 ist im Urteile das Empfangene oder der Wert desselben für dem Staate verfallen zu erklären.

„Im Urteile": § 42 hier unanwendbar; im übrigen bleibt die Anwendbarkeit der §§ 40, 42 unberührt. Nur das als Bestechungsmittel „Empfangene" ist für verf. zu erklären, nicht bloß Angebotenes.

Rechtsbeugung.

§ 336. Ein Beamter oder Schiedsrichter, welcher sich bei der Leitung oder Entscheidung einer Rechtssache vorsätzlich zugunsten oder zum Nachteile einer Partei einer Beugung des Rechtes schuldig macht, wird mit Zuchthaus bis zu fünf Jahren bestraft.

Zuständig: SchöffG. Rechtsbeugung = Verletzung materieller oder prozessualer Bestimmungen. Vgl. §§ 32, 334 Anm.

Gesetzwidr. Trauung.

§ 337 ist ersetzt durch § 67 PersonenstandsG. vom $\frac{\text{6. Februar 1875}}{\text{18. August 1896}}$, der lautet:

Ein Geistlicher oder anderer Religionsdiener, welcher zu den religiösen Feierlichkeiten einer Eheschließung schreitet, bevor ihm nachgewiesen worden ist, daß die Ehe vor dem Standesbeamten geschlossen sei, wird mit Geldstrafe ... oder mit Gefängnis bis zu drei Monaten bestraft.

Eine strafbare Handlung ist nicht vorhanden, wenn der Geistliche oder der Religionsdiener im Falle einer lebensgefährlichen, einen Aufschub nicht gestattenden Erkrankung eines der Verlobten zu den religiösen Feierlichkeiten der Eheschließung schreitet.*)
Zuständig: AR.

Bigamische Trauung.

§ 338. Ein Religionsdiener oder Personenstandsbeamter, welcher, wissend, daß eine Person verheiratet ist,

*) § 69 PersStandsG.: Ein Standesbeamter, welcher unter Außerachtlassung der in diesem Gesetze und in dem Bürgerlichen Gesetzbuche gegebenen Vorschriften eine Eheschließung vollzieht, wird mit Geldstrafe ... bestraft.
BGB. §§ 1303 ff.

eine neue Ehe derselben schließt, wird mit Zuchthaus bis zu fünf Jahren bestraft.

Zuständig: SchöffG. Vgl. §§ 32, 171, 337 und N. *)

Nötigung durch Amtsmißbrauch.

§ 339. Ein Beamter, welcher durch Mißbrauch seiner Amtsgewalt oder durch Androhung eines bestimmten Mißbrauchs derselben jemand zu einer Handlung, Duldung oder Unterlassung widerrechtlich nötigt, wird mit Gefängnis bestraft.

Der Versuch ist strafbar.

In den Fällen der §§ 106, 107, 167 und 253 tritt die daselbst angedrohte Strafe ein, wenn die Handlung von einem Beamten, wenn auch ohne Gewalt oder Drohung, aber durch Mißbrauch seiner Amtsgewalt oder Androhung eines bestimmten Mißbrauchs derselben begangen ist.

Zuständig: Abs. 1, 2: SchöffG. od. AK. Vgl. §§ 50, 240 (Nötigung), 343, 358 f.

Körperverletzung im Amt.

§ 340. Ein Beamter, welcher in Ausübung oder in Veranlassung der Ausübung seines Amtes vorsätzlich eine Körperverletzung begeht oder begehen läßt, wird mit Gefängnis nicht unter drei Monaten bestraft. Sind mildernde Umstände vorhanden, so kann die Strafe bis auf einen Tag Gefängnis ermäßigt oder auf Geldstrafe . . . erkannt werden.

Ist die Körperverletzung eine schwere, so ist auf Zuchthaus nicht unter zwei Jahren zu erkennen. Sind mildernde Umstände vorhanden, so tritt Gefängnisstrafe nicht unter drei Monaten ein.

Zuständig: Abs. 1: SchöffG. od. AK., Abs. 2: SchöffG. Vgl. §§ 358 f., 231 (Buße).

Abs. 1: §§ 223 f. Der Beamte muß bei Verübung der KV. in amtl. Eigenschaft aufgetreten sein. Beamteter Lehrer bei wissentl. Überschreitung seines Züchtigungsrechts aus § 340 strafbar. Kein Strafantrag erforderlich.

Abs. 2: §§ 224, 32.

Freiheitsberaubung.

§ 341. Ein Beamter, welcher vorsätzlich, ohne hierzu berechtigt zu sein, eine Verhaftung oder vorläufige Ergreifung und Festnahme oder Zwangsgestellung vornimmt oder vornehmen läßt, oder die Dauer einer Freiheitsentziehung verlängert, wird nach Vorschrift des § 239, jedoch mindestens mit Gefängnis von drei Monaten bestraft.

Zuständig: wie § 239. Beamteneigenschaft ist straferhöh. Umst. zu § 239 (§ 50). Vgl. §§ 32, 59 (Irrtum über Berechtigung zur Verhaftung usw.), 358 f., StPO. §§ 51, 70, 77, 112 ff., 127 ff., 230 usw., ZPO. §§ 380, 390, 890, 901 ff., KO. §§ 101, 106.

Hausfriedensbruch.

§ 342. Ein Beamter, der in Ausübung oder in Veranlassung der Ausübung seines Amtes einen Hausfriedensbruch (§ 123) begeht, wird mit Gefängnis bis zu einem Jahre oder mit Geldstrafe .... bestraft.

Zuständig: SchöffG. od. AR. Straferhöh. Umst. zu § 123. Vgl. §§ 50 (Strafbarkeit der Teilnahme von Nichtbeamten), 359, StPO. §§ 102 ff., VZollG. § 126, NahrMittelG. §§ 2 ff. (zuläss. Haussuchungen).

Geständniserpressung.

§ 343. Ein Beamter, welcher in einer Untersuchung Zwangsmittel anwendet oder anwenden läßt, um Geständnisse oder Aussagen zu erpressen, wird mit Zuchthaus bis zu fünf Jahren bestraft.

Zuständig: SchöffG. § 32.

Verfolgung Unschuldiger.

§ 344. Ein Beamter, welcher vorsätzlich zum Nachteile einer Person, deren Unschuld ihm bekannt ist, die Eröffnung oder Fortsetzung einer Untersuchung beantragt oder beschließt, wird mit Zuchthaus bestraft.

Zuständig: Schwurger. § 32.

Widerrechtl. Strafvollstreckung.

§ 345. Gleiche Strafe trifft den Beamten, welcher vorsätzlich eine Strafe vollstrecken läßt, von der er weiß, daß sie überhaupt nicht oder nicht der Art oder dem Maße nach vollstreckt werden darf.

Ist die Handlung aus Fahrlässigkeit begangen, so tritt Gefängnisstrafe oder Festungshaft bis zu einem Jahre oder Geldstrafe ... ein.

Zuständig: Abs. 1: Schwurger., Abs. 2: SchöffG. od. AR. Abs. 1: § 32.

Begünstigung strafb. Handlungen.

§ 346. Ein Beamter, welcher vermöge seines Amtes bei Ausübung der Strafgewalt oder bei Vollstreckung der Strafe mitzuwirken hat, wird mit Zuchthaus bis zu fünf Jahren bestraft, wenn er in der Absicht, jemand der gesetzlichen Strafe rechtswidrig zu entziehen, die Verfolgung einer strafbaren Handlung unterläßt, oder eine Handlung begeht, welche geeignet ist, eine Freisprechung oder eine dem Gesetze nicht entsprechende Bestrafung zu bewirken, oder die Vollstreckung der ausgesprochenen Strafe nicht betreibt, oder eine gelindere als die erkannte Strafe zur Vollstreckung bringt.

Sind mildernde Umstände vorhanden, so tritt Gefängnisstrafe nicht unter einem Monat ein.

Zuständig: SchöffG. Hierunter fällt auch die Nichtanzeige kriminell strafbarer Handlungen seitens Polizeibeamter. Vgl. §§ 32, 359.

Gefangenenbefreiung.

§ 347. Ein Beamter, welcher einen Gefangenen, dessen Beaufsichtigung, Begleitung oder Bewachung ihm anvertraut ist, vorsätzlich entweichen läßt oder dessen Befreiung vorsätzlich bewirkt oder befördert, wird mit Zuchthaus bis zu fünf Jahren bestraft. Sind mildernde Umstände vorhanden, so tritt Gefängnisstrafe nicht unter einem Monat ein.

Ist die Entweichung durch Fahrlässigkeit befördert oder erleichtert worden, so tritt Gefängnisstrafe bis zu sechs Monaten oder Geldstrafe . . . ein.

Zuständig: Abs. 1: SchöffG., Abs. 2: AR. Beamteneigenschaft ist straferhöh. Umstand zu §§ 120, 121. Vgl. §§ 50, 359. Abs. 1: § 32. „Anvertraut": Auch bei Verhaftung durch den Beamten selbst.

Falschbeurkundung u. Urkundenbeseitigung.

§ 348. Ein Beamter, welcher, zur Aufnahme öffentlicher Urkunden befugt, innerhalb seiner Zuständigkeit vorsätzlich eine rechtlich erhebliche Tatsache falsch beurkundet oder in öffentliche Register oder Bücher falsch einträgt, wird mit Gefängnis nicht unter einem Monat bestraft.

Dieselbe Strafe trifft einen Beamten, welcher eine ihm amtlich anvertraute oder zugängliche Urkunde vorsätzlich vernichtet, beiseite schafft, beschädigt oder verfälscht.

Zuständig: SchöffG. od. AK. Vgl. §§ 349 (Strafschärfung), 359. Abs. 1: „Öffentliche Urkunde“: § 267. Vgl. §§ 271 f. Abs. 2: Beamteneigenschaft ist straferhöh. Umstand zu § 133 (Gesetzeskonk.); vgl. §§ 50, 354 (teils Gesetzesk., teils Idealkonk. mögl.). „Urkunde“: nicht bloß öffentl.

§ 349. Wird eine der im § 348 bezeichneten Handlungen in der Absicht begangen, sich oder einem anderen einen Vermögensvorteil zu verschaffen oder einem anderen Schaden zuzufügen, so ist auf Zuchthaus bis zu zehn Jahren und zugleich auf Geldstrafe . . . zu erkennen.

Zuständig: SchöffG. Straferhöh. Umst. zu § 348. Vgl. §§ 27 ff., 32, 272, 133 II.

(Einfache) Amtsunterschlagung.

§ 350. Ein Beamter, welcher Gelder oder andere Sachen, die er in amtlicher Eigenschaft empfangen oder in Gewahrsam hat, unterschlägt, wird mit Gefängnis nicht unter drei Monaten bestraft; auch kann auf Verlust der bürgerlichen Ehrenrechte erkannt werden.

Der Versuch ist strafbar.

Zuständig: SchöffG. od. AK. „In amtl. Eigenschaft“: Nicht notwendig ist Zuständigkeit des Beamten zum Empfang. „Unterschlägt“: § 246. Vgl. §§ 32, 35, 50 (Teilnahme von Nichtbeamten aus § 246 oder §§ 248 a, 370 [5] strafbar), 351 (Strafschärfung), 359.

Erschwerte Amtsunterschlagung.

§ 351. Hat der Beamte in Beziehung auf die Unterschlagung die zur Eintragung oder Kontrolle der Einnahmen oder Ausgaben bestimmten Rechnungen, Register oder Bücher unrichtig geführt, verfälscht oder unterdrückt, oder unrichtige Abschlüsse oder Auszüge aus diesen Rechnungen, Registern oder Büchern, oder unrichtige Belege zu denselben vorgelegt, oder ist in Beziehung auf die Unterschlagung auf Fässern, Beuteln oder Paketen der Geldinhalt fälschlich bezeichnet, so ist auf Zuchthaus bis zu zehn Jahren zu erkennen.

Sind mildernde Umstände vorhanden, so tritt Gefängnisstrafe nicht unter sechs Monaten ein.

Zuständig: SchöffG. Straferhöh. Umstände zu § 350, keine besond. Straftat. Vgl. § 32.

Gebührenüberhebung bei Gebühren zu eigen. Vorteil (übermäß. Sportulieren).

§ 352. Ein Beamter, Advokat, Anwalt oder sonstiger Rechtsbeistand, welcher Gebühren oder andere Vergütungen für amtliche Verrichtungen zu seinem Vorteile zu erheben hat, wird, wenn er Gebühren oder Vergütungen erhebt, von denen er weiß, daß der Zahlende sie überhaupt nicht oder nur in geringerem Betrage verschuldet, mit Geldstrafe . . . oder mit Gefängnis bis zu einem Jahre bestraft.

Der Versuch ist strafbar.

Zuständig: SchöffG. od. AK.
Abs. 1: Als „sonstige Rechtsbeistände" gelten nicht Geschäftsagenten u. dgl., deren Gewerbeausübung keine „amtl. Verrichtung" ist. „Zu seinem Vorteile": Also nicht bei zu hoher Kostenerstattungsforderung des Anwalts gegenüber dem unterlegenen Gegner, wenn sie nur zum Vorteile des Mandanten geschieht. Vgl. §§ 29 I (Umwandl. der Geldstr. auch in Haft), 263 (Idealkonk. möglich), 358 f.
Abs. 2: z. B. Aufforderung zur Zahlung.

Gebührenüberhebung bei öffentl. Abgaben.

§ 353. Ein Beamter, welcher Steuern, Gebühren oder andere Abgaben für eine öffentliche Kasse zu erheben hat, wird, wenn er Abgaben, von denen er weiß, daß der Zahlende sie überhaupt nicht oder nur in geringerem Betrage verschuldet, erhebt, und das rechtswidrig Erhobene ganz oder zum Teil nicht zur Kasse bringt, mit Gefängnis nicht unter drei Monaten bestraft.

Gleiche Strafe trifft den Beamten, welcher bei amtlichen Ausgaben an Geld oder Naturalien dem Empfänger vorsätzlich und rechtswidrig Abzüge macht und die Ausgaben als vollständig geleistet in Rechnung stellt.

Zuständig: SchöffG. od. AK. Idealkonk. mit §§ 263, 350 mögl. Vgl. §§ 358 f.

Verletzg. des Amtsgeheimn. im diplomat. Dienst usw. (Arnim-Paragr.).

§ 353 a. Ein Beamter im Dienste des Auswärtigen Amtes des Deutschen Reichs, welcher die Amtsverschwiegenheit dadurch verletzt, daß er ihm amtlich anvertraute oder zugängliche Schriftstücke oder eine ihm von seinem Vorgesetzten erteilte Anweisung oder deren Inhalt anderen widerrechtlich mitteilt, wird, sofern nicht nach anderen Bestimmungen eine schwerere Strafe verwirkt ist, mit Gefängnis oder mit Geldstrafe . . . bestraft.

Gleiche Strafe trifft einen mit einer auswärtigen Mission betrauten oder bei einer solchen beschäftigten Beamten, welcher den ihm durch seinen Vorgesetzten amtlich erteilten Anweisungen vorsätzlich zuwiderhandelt, oder welcher in der Absicht, seinen Vorgesetzten in dessen amtlichen Handlungen irre zu leiten, demselben erdichtete oder entstellte Tatsachen berichtet.

Zuständig: SchöffG. od. AK. Vgl. §§ 358 f.
Abs. 1: „Schwerere Strafe": z. B. §§ 92, 133, 348 II, 349.
Abs. 2: „Auswärtige Mission" = Mission im Ausland (§ 8).

Verletzung des Briefgeheimnisses.

§ 354. Ein Postbeamter, welcher die der Post anvertrauten Briefe oder Pakete in anderen, als den im Gesetze vorgesehenen Fällen eröffnet oder unterdrückt, oder einem anderen wissentlich eine solche Handlung gestattet, oder ihm dabei wissentlich Hilfe leistet, wird mit Gefängnis nicht unter drei Monaten bestraft.

Zuständig: SchöffG. od. AK. RV. Art. 117, 34 III. PostG. vom 28. Okt. 1871 § 5: Das Briefgeheimnis ist unverletzlich. Die bei strafgerichtlichen Untersuchungen und in Konkurs- und zivilprozessualen Fällen notwend. Ausnahmen sind durch ein Reichsges. festzustellen. Brief-Beschlagnahme: StPO. §§ 99 bis 101, 110; KO. § 121. „Der Post anvertraut": schon mit Einwerfen in den amtlichen Briefkasten. „Briefe": auch Postkarten, -anweisungen. „Unterdrücken" = vorsätzl. dem Postverkehr oder der Bestellung entziehen, zurückhalten, beseitigen (vgl. §§ 169, 274 [1]). §§ 299 (50), 348 II, 358 f.

Verletzung d. Telegr.- u. Telephon-Geheimnisses.

§ 355. Telegraphenbeamte oder andere mit der Beaufsichtigung und Bedienung einer zu öffentlichen Zwecken dienenden Telegraphenanstalt betraute Personen, welche die einer Telegraphenanstalt anvertrauten Depeschen verfälschen oder in anderen, als in den im Gesetze vorgesehenen Fällen eröffnen oder unterdrücken, oder von ihrem Inhalt Dritte rechtswidrig benachrichtigen, oder einem anderen wissentlich eine solche Handlung gestatten oder ihm dabei wissentlich Hilfe leisten, werden mit Gefängnis bestraft.

Den einer Telegraphenanstalt anvertrauten Depeschen werden Nachrichten gleichgeachtet, die durch eine zu öffentlichen Zwecken dienende Fernsprechanlage vermittelt werden.

Zuständig: SchöffG. od. AR. Vgl. §§ 354 Anm., 358 f., TelG. v. 6. April 1892 / 17. März 1908 § 8.
Abs. 2: Verletzung des Telephongeheimn. war vor der Nov. v. 1912 nur disziplinär strafbar. Vgl. § 318 a II.

Parteiverrat (Prävarikation).

§ 356. Ein Advokat, Anwalt oder ein anderer Rechtsbeistand, welcher bei den ihm vermöge seiner amtlichen Eigenschaft anvertrauten Angelegenheiten in derselben Rechtssache beiden Parteien durch Rat oder Beistand pflichtwidrig dient, wird mit Gefängnis nicht unter drei Monaten bestraft.

Handelt derselbe im Einverständnisse mit der Gegenpartei zum Nachteile seiner Partei, so tritt Zuchthausstrafe bis zu fünf Jahren ein.

Zuständig: SchöffG., Abs. 1 auch AR.
Abs. 1: „Rechtsbeistand": § 352 I Anm. „Dieselbe (materielle) Rechtssache" oder Rechtsangelegenheit: nicht bloß Rechtsstreit oder Prozeß in dieser formellen Beschränkung. Vgl. RAO. §§ 28, 31, 65.
Abs. 2: § 32.

Verleitung Untergebener; Konnivenz.

§ 357. Ein Amtsvorgesetzter, welcher seine Untergebenen zu einer strafbaren Handlung im Amte vorsätzlich verleitet oder zu verleiten unternimmt, oder eine solche strafbare Handlung seiner Untergebenen wissentlich geschehen läßt, hat die auf diese strafbare Handlung angedrohte Strafe verwirkt.

Dieselbe Bestimmung findet auf einen Beamten Anwendung, welchem eine Aufsicht oder Kontrolle über die Amtsgeschäfte eines anderen Beamten übertragen ist, sofern die von diesem letzteren Beamten begangene strafbare Handlung die zur Aufsicht oder Kontrolle gehörenden Geschäfte betrifft.

Vgl. §§ 358 f.

Unfähigkeit zu öff. Ämtern.

§ 358. Neben der nach Vorschrift der §§ 331, 339 bis 341, 352 bis 355 und 357 erkannten Gefängnisstrafe kann auf Verlust der Fähigkeit zur Bekleidung öffentlicher Ämter auf die Dauer von Einem bis zu fünf Jahren erkannt werden.

„Neben der (d. h. jeder) ... Gefängnisstr.": Mindest. 3 Mon. Gef. (§§ 32, 35) hier nicht erforderlich. § 358 ist bei Versuch oder Beihilfe nicht anwendbar (vgl. §§ 45, 49 II).

„Beamte."

§ 359. Unter Beamten im Sinne dieses Strafgesetzes sind zu verstehen alle im Dienste des Reichs oder in unmittelbarem oder mittelbarem Dienste eines Bundesstaats auf Lebenszeit, auf Zeit oder nur vorläufig angestellte Personen, ohne Unterschied, ob sie einen Diensteid geleistet haben oder nicht, ingleichen Notare, nicht aber Advokaten und Anwälte.

Beamtendelikt setzt Beamteneigenschaft des Täters und dessen Kenntnis hiervon (§ 59) z. Zt. der Deliktsbegehung voraus. Nur bei reinen Beamtendelikten (bei denen die Beamteneigenschaft die Strafbarkeit begründet, nicht erhöht) wird dem Teilnehmer die (ihm bekannte) Beamteneigenschaft des Täters zugerechnet (§ 50). Kommunalbeamte stehen im mittelb. Dienste des Staates. Landesgesetzlich geregelte Voraussetzungen für die Verfolgung von Beamten: EG. z. GVG. § 11. Nach RAbgO. § 10 II, III „gelten als Beamte i. S. des StGB." auch „Personen, die ehrenamtlich für die Finanzverwaltung tätig werden", sowie „Sachverständige und andere Personen, die von Finanzbehörden oder Finanzgerichten zugezogen werden".

Neunundzwanzigster Abschnitt.

Übertretungen.

Für alle Übertretungen (§ 1 III) ist Amtsrichter als EinzelR. zuständig (GVG. § 25 [1]). Versuch, Beihilfe und Begünstigung sind bei Übertretungen straflos (§§ 43, 49, 257); keine Gesamtstrafe bei Haft (§ 77). StPO. §§ 100 (keine Brief-Beschlagnahme durch Staatsanw.), 113 (Verhaftung), 232 f. (Verhandlung gegen Ausgebliebene), 407 ff., 413 ff. (gerichtl. und polizeil. Mandatsverfahren). Die Geldstr. beträgt jetzt bei allen Übertr. 1—150 Reichsmark (§ 27); Umwandlung nur in Haft von mindest. 1 Tag (§§ 29, 18 I).

§ 360. Mit Geldstrafe bis zu einhundertfünfzig Reichsmark oder mit Haft wird bestraft:

1. (aufgehoben durch SpionG. vom 3. Juni 1914 § 19);
2. wer außerhalb seines Gewerbebetriebes heimlich oder wider das Verbot der Behörde Vorräte von Waffen oder Schießbedarf aufsammelt;
3. (gegenstandslos);

4. wer ohne schriftlichen Auftrag einer Behörde Stempel, Siegel, Stiche, Platten oder andere Formen, welche zur Anfertigung von Metall- oder Papiergeld, oder von solchen Papieren, welche nach § 149 dem Papiergelde gleich geachtet werden, oder von Stempelpapier, Stempelmarken, Stempelblanketten, Stempelabdrücken, Post- oder Telegraphenwertzeichen, öffentlichen Bescheinigungen oder Beglaubigungen dienen können, anfertigt oder an einen anderen als die Behörde verabfolgt;
5. wer ohne schriftlichen Auftrag einer Behörde den Abdruck der in Nr. 4 genannten Stempel, Siegel, Stiche, Platten oder Formen, oder einen Druck von Formularen zu den daselbst bezeichneten öffentlichen Papieren, Beglaubigungen oder Bescheinigungen unternimmt, oder Abdrücke an einen anderen als die Behörde verabfolgt;
6. wer Waren-Empfehlungskarten, Ankündigungen oder andere Drucksachen oder Abbildungen, welche in der Form oder Verzierung dem Papiergelde oder den dem Papiergelde nach § 149 gleich geachteten Papieren ähnlich sind, anfertigt oder verbreitet, oder wer Stempel, Stiche, Platten oder andere Formen, welche zur Anfertigung von solchen Drucksachen oder Abbildungen dienen können, anfertigt;
7. wer unbefugt die Abbildung des [Kaiserlichen, jetzt: Reichs-]Wappens .... oder von Landeswappen gebraucht;
8. wer unbefugt eine Uniform, eine Amtskleidung, ein Amtszeichen, einen Orden oder ein Ehrenzeichen trägt, oder Titel, Würden oder Adelsprädikate annimmt, ingleichen wer sich eines ihm nicht zukommenden Namens einem zuständigen Beamten gegenüber bedient;
9. wer gesetzlichen Bestimmungen zuwider ohne Genehmigung der Staatsbehörde Aussteuer-, Sterbe- oder Witwenkassen, Versicherungsanstalten oder andere dergleichen Gesellschaften oder Anstalten errichtet, welche bestimmt sind, gegen Zahlung eines Einkaufsgeldes oder gegen Leistung von Geldbei-

trägen beim Eintritte gewisser Bedingungen oder Fristen, Zahlungen an Kapital oder Rente zu leisten;

10. wer bei Unglücksfällen oder gemeiner Gefahr oder Not von der Polizeibehörde oder deren Stellvertreter zur Hilfe aufgefordert, keine Folge leistet, obgleich er der Aufforderung ohne erhebliche eigene Gefahr genügen konnte;

11. wer ungebührlicherweise ruhestörenden Lärm erregt oder wer groben Unfug verübt;

12. wer als Pfandleiher oder Rückkaufshändler bei Ausübung seines Gewerbes den darüber erlassenen Anordnungen zuwiderhandelt, insbesondere den durch Landesgesetz oder Anordnung der zuständigen Behörde bestimmten Zinsfuß überschreitet;

13. wer öffentlich oder in Ärgernis erregender Weise Tiere boshaft quält oder roh mißhandelt.

In den Fällen der Nummern 2, 4, 5, 6 kann neben der Geldstrafe oder der Haft auf Einziehung der Vorräte von Waffen oder Schießbedarf, der Stempel, Siegel, Stiche, Platten oder anderen Formen, der Abdrücke oder Abbildungen erkannt werden, ohne Unterschied, ob sie dem Verurteilten gehören oder nicht.

Abs. 1: Vgl. §§ 18 (Haft von 1 Tag bis 6 Wochen), 27 ff. (Geldstr.).
Nr. 2: § 127; V. v. 13. Jan. 1919 über Waffenbesitz (RGBl. S. 31); RepSchutzG. § 7 5, 6.
Nr. 4: Vgl. §§ 151, 275 f., 364, RVersO. §§ 1496 ff., insbes. 1499, AngestVersG. § 353.
Nr. 5: RVersO. § 1499.
Nr. 7: Über den Strafschutz des Reichswappens s. Jur. Rundsch. 1925, 433; DJZ. 1926, 74.
Nr. 8: „Namen": Vor- und Zunamen. „Zuständiger Beamter": Nicht Briefträger. SpionG. (abgedruckt zu § 89) § 7 schließt als Spezialges. die Nr. 8 aus; RV. Art. 109, 175.*)

---

*) Ges., betr. den Schutz von Berufstrachten und Berufsabzeichen für Betätigung in der Krankenpflege, v. 7. Sept. 1915 (RGBl. S. 561):
§ 1. Wer Trachten oder Abzeichen, die im Deutschen Reiche als Berufstrachten oder Berufsabzeichen für die Betätigung in der Krankenpflege staatlich anerkannt sind, unbefugt trägt, wird mit Geldstrafe bis zu einhundertfünfzig Reichsmark oder mit Haft bestraft.
§ 2. Die Anwendung der Vorschrift des § 1 wird durch Abweichungen in der Tracht oder in dem Abzeichen nicht ausgeschlossen, sofern ungeachtet dieser Abweichungen die Gefahr einer Verwechslung vorliegt.

Nr. 9 ist durch PrivVersUntG. v. 12. Mai 1901 § 108 III aufgehoben, „soweit sie sich auf Versicherungsunternehmungen i. S. dieses Ges. bezieht".
Nr. 10: Vgl. § 368 ^{8}, PostG. § 21, StrandgsO. v. 17. Mai 1874 § 9.
Nr. 11: „Grober Unfug": Nicht jedes grob ungebührl. Verhalten, sondern nur unmittelbare Beunruhigung oder Belästigung des Publikums in seiner unbestimmten Allgemeinheit. Störung oder Gefährdung des äußeren Bestands der öffentlichen Ordnung, unter dieser Voraussetzung auch Angriffe gegen einzelne Personen auf der Straße, ungebührliche Preßäußerungen usw.
Nr. 12: § 290, GewO. §§ 34, 38, 147 ^{1}, 148 ^{4a}.
Nr. 13: Keine „Tierquälerei": Vivisektion zu wissenschaftl. Zwecken, Schächten.
Abs. 2: Einziehung im objekt. Verfahren unzulässig; vgl. §§ 40, 42.

§ 361. Mit Haft wird bestraft:

1. wer, nachdem er unter Polizei-Aufsicht gestellt worden ist, den infolge derselben ihm auferlegten Beschränkungen zuwiderhandelt;
2. wer, nachdem er des Bundesgebietes oder des Gebietes eines Bundesstaats verwiesen ist, ohne Erlaubnis zurückkehrt;
3. wer als Landstreicher umherzieht;
4. wer bettelt oder Kinder zum Betteln anleitet oder ausschickt, oder Personen, welche seiner Gewalt und Aufsicht untergeben sind und zu seiner Hausgenossenschaft gehören, vom Betteln abzuhalten unterläßt;
5. wer sich dem Spiel, Trunk oder Müßiggang dergestalt hingibt, daß er in einen Zustand gerät, in welchem zu seinem Unterhalte oder zum Unterhalte derjenigen, zu deren Ernährung er verpflichtet ist, durch Vermittelung der Behörde fremde Hilfe in Anspruch genommen werden muß;
6. eine Weibsperson, welche wegen gewerbsmäßiger Unzucht einer polizeilichen Aufsicht unterstellt ist, wenn sie den in dieser Hinsicht zur Sicherung der Gesundheit, der öffentlichen Ordnung und des öffentlichen Anstandes erlassenen polizeilichen Vorschriften zuwiderhandelt, oder welche, ohne einer solchen Aufsicht unterstellt zu sein, gewerbsmäßig Unzucht treibt;
7. wer, wenn er aus öffentlichen Armenmitteln eine Unterstützung empfängt, sich aus Arbeitsscheu wei-

gert, die ihm von der Behörde angewiesene, seinen Kräften angemessene Arbeit zu verrichten;

8. wer nach Verlust seines bisherigen Unterkommens binnen der ihm von der zuständigen Behörde bestimmten Frist sich kein anderweitiges Unterkommen verschafft hat und auch nicht nachweisen kann, daß er solches der von ihm angewandten Bemühungen ungeachtet nicht vermocht habe;

9. wer Kinder oder andere unter seiner Gewalt stehende Personen, welche seiner Aufsicht untergeben sind und zu seiner Hausgenossenschaft gehören, von der Begehung von Diebstählen, sowie von der Begehung strafbarer Verletzungen der Zoll- oder Steuergesetze, oder der Gesetze zum Schutze der Forsten, der Feldfrüchte, der Jagd oder der Fischerei abzuhalten unterläßt. Die Vorschriften dieser Gesetze über die Haftbarkeit für die den Täter treffenden Geldstrafen oder anderen Geldleistungen werden hierdurch nicht berührt;

10. wer, obschon er in der Lage ist, diejenigen, zu deren Ernährung er verpflichtet ist, zu unterhalten, sich der Unterhaltspflicht trotz der Aufforderung der zuständigen Behörde derart entzieht, daß durch Vermittelung der Behörde fremde Hilfe in Anspruch genommen werden muß.

[In den Fällen der Nr. 9 und 10 kann statt der Haft auf Geldstrafe bis zu einhundertfünfzig Reichsmark erkannt werden.]

Haft von 1 Tag bis 6 Wochen (§ 18) od. Geldstr. (§ 27 b).
Nr. 1: §§ 38 f.
Nr. 2: §§ 39², 235 a, 362 IV; FreizügG. v. 1. Nov. 1867 § 3 II.
Nr. 3—8: § 362.
Nr. 3: Wohnungs-, mittel- und arbeits- (erwerbszweck-) loses Umherziehen im Lande (von Ort zu Ort).
Nr. 4: Keine Gesetzeskonk. mit §§ 253 ff.
Nr. 5 erfordert Unterhalts*un*fähigkeit, Nr. 10 Unterhaltsfähigkeit des Täters.
Nr. 6: Im Ausdruck „Weibsperson" liegt die Verächtlichkeit ihres Gewerbes; sonst spricht das Ges. von „Frauensperson". „Unzucht": nicht notw. Beischlaf.
Nr. 9 erweitert durch VogelSchG. v. 30. Mai 1908 § 6 II.
Nr. 10 betrifft die gesetzl. Unterhaltspflicht (BGB. §§ 1360 f., 1578 ff., 1601 ff., 1708 ff.). Vgl. Nr. 5.
Abs. 2 infolge § 27 b gegenstandslos.

Geschärfte Haft (Arbeitszwang); **Überweisung an die Landespolizeibehörde; korrektionelle Nachhaft.**

§ 362. Die nach Vorschrift des § 361 Nr. 3 bis 8 Verurteilten können zu Arbeiten, welche ihren Fähigkeiten und Verhältnissen angemessen sind, innerhalb und, sofern sie von anderen freien Arbeitern getrennt gehalten werden, auch außerhalb der Strafanstalt angehalten werden.

Bei der Verurteilung zur Haft kann zugleich erkannt werden, daß die verurteilte Person nach verbüßter Strafe der Landespolizeibehörde zu überweisen sei. Im Falle des § 361 Nr. 4 ist dieses jedoch nur dann zulässig, wenn der Verurteilte in den letzten drei Jahren wegen dieser Übertretung mehrmals rechtskräftig verurteilt worden ist, oder wenn derselbe unter Drohungen oder mit Waffen gebettelt hat.

Durch die Überweisung erhält die Landespolizeibehörde die Befugnis, die verurteilte Person bis zu zwei Jahren entweder in ein Arbeitshaus unterzubringen oder zu gemeinnützigen Arbeiten zu verwenden. Im Falle des § 361 Nr. 6 kann die Landespolizeibehörde die verurteilte Person statt in ein Arbeitshaus in eine Besserungs- oder Erziehungsanstalt oder in ein Asyl unterbringen; die Unterbringung in ein Arbeitshaus ist unzulässig, falls die verurteilte Person zur Zeit der Verurteilung das achtzehnte Lebensjahr noch nicht vollendet hat.

Ist gegen einen Ausländer auf Überweisung an die Landespolizeibehörde erkannt, so kann neben oder an Stelle der Unterbringung Verweisung aus dem Bundesgebiet eintreten.

Abs. 1: Vgl. §§ 16 II, III, 18 II.
Abs. 2: Überweisung nicht durch Strafbefehl (StPO. § 407 III) u. nicht gegen Jugendl. (JugGG. § 9 V). Rückfall ist straferhöh. Umstand zu § 361^{4}. „Mehrmals“ (mindestens zweimal) „verurteilt“: auch durch Strafbefehl oder Strafverfügung. Gebrauchmachen von der „Waffe“ nicht erforderlich.
Abs. 3: Sog. korrektionelle Nachhaft. „Landespolizeibehörde“ (= höhere Polizeibehörde, nicht Lokal-Polizeibeh.) des Einzelstaats, in dem die Verurteilung erfolgte. Satz 2 Halbs. 2 ist nach JugGG. § 9 V gegenstandslos.
Abs. 3 u. 4: §§ 181 a III, 285 a I.
Abs. 4: §§ 361^{2}, 39^{2}.

Fälschung von Ausweispapieren, Zeugnissen.

§ 363. Wer, um Behörden oder Privatpersonen zum Zwecke seines besseren Fortkommens oder des besseren Fortkommens eines anderen zu täuschen, Pässe, Militärabschiede, Wanderbücher oder sonstige Legitimationspapiere, Dienst- oder Arbeitsbücher oder sonstige auf Grund besonderer Vorschriften auszustellende Zeugnisse, sowie Führungs- oder Fähigkeitszeugnisse falsch anfertigt oder verfälscht, oder wissentlich von einer solchen falschen oder verfälschten Urkunde Gebrauch macht, wird mit Haft oder mit Geldstrafe bis zu einhundertfünfzig Reichsmark bestraft.

Gleiche Strafe trifft denjenigen, welcher zu demselben Zwecke von solchen für einen anderen ausgestellten echten Urkunden, als ob sie für ihn ausgestellt seien, Gebrauch macht, oder welcher solche für ihn ausgestellte Urkunden einem anderen zu dem gedachten Zwecke überläßt.

§ 363 schält aus der Urkundenfälschung (§§ 267 ff., s. § 267 Anm.) — nicht dem Betrug — einen speziellen Tatbestand heraus, also Gesetzeskonk. §§ 18, 27 ff. Arbeitsbücher usw.: GewO. §§ 107 ff., 150.

Veräußerung entwerteter Stempelmarken usw. zwecks Wiederverwendung.

§ 364. Mit Geldstrafe bis zu einhundertfünfzig Reichsmark wird bestraft, wer wissentlich schon einmal verwendetes Stempelpapier nach gänzlicher oder teilweiser Entfernung der darauf gesetzten Schriftzeichen, oder schon einmal verwendete Stempelmarken, Stempelblankette oder ausgeschnittene oder sonst abgetrennte Stempelabdrücke der im § 276 bezeichneten Art veräußert oder feilhält.

Gleiche Strafe trifft denjenigen, welcher wissentlich schon einmal verwendete Post- oder Telegraphenwertzeichen nach gänzlicher oder teilweiser Entfernung des Entwertungszeichens veräußert oder feilhält.

§§ 27 ff., 275, 276 (Wiederverwendung); StPO. §§ 232, 276 ff. (Verfahren gegen Abwesende); RVersO. §§ 1497 f.

Polizeistundübertretung.

§ 365. Wer in einer Schankstube oder an einem öffentlichen Vergnügungsorte über die gebotene Polizeistunde hinaus verweilt, ungeachtet der Wirt, sein Vertreter oder ein Polizeibeamter ihn zum Fortgehen aufgefordert hat, wird mit Geldstrafe bis zu einhundertfünfzig Reichsmark bestraft.

Der Wirt, welcher das Verweilen seiner Gäste über die gebotene Polizeistunde hinaus duldet, wird mit Geldstrafe bis zu einhundertfünfzig Reichsmark oder mit Haft bis zu vierzehn Tagen bestraft.

Abs. 1: StPO. §§ 232, 276 ff. (Verfahren gegen Abwesende).

§ 366. Mit Geldstrafe bis zu einhundertfünfzig Reichsmark oder mit Haft bis zu vierzehn Tagen wird bestraft:

1. wer den gegen die Störung der Feier der Sonn- und Festtage erlassenen Anordnungen zuwiderhandelt;
2. wer in Städten oder in Dörfern übermäßig schnell fährt oder reitet, oder auf öffentlichen Straßen oder Plätzen der Städte oder Dörfer mit gemeiner Gefahr Pferde einfährt oder zureitet;
3. wer auf öffentlichen Wegen, Straßen, Plätzen oder Wasserstraßen das Vorbeifahren anderer mutwillig verhindert;
4. wer in Städten mit Schlitten ohne feste Deichsel oder ohne Geläute oder Schelle fährt;
5. wer Tiere in Städten oder Dörfern, auf öffentlichen Wegen, Straßen oder Plätzen, oder an anderen Orten, wo sie durch Ausreißen, Schlagen oder auf andere Weise Schaden anrichten können, mit Vernachlässigung der erforderlichen Sicherheitsmaßregeln stehen läßt oder führt;
6. wer Hunde auf Menschen hetzt;
7. wer Steine oder andere harte Körper oder Unrat auf Menschen, auf Pferde oder andere Zug- oder Lasttiere, gegen fremde Häuser, Gebäude oder Einschließungen, oder in Gärten oder eingeschlossene Räume wirft;
8. wer nach einer öffentlichen Straße oder Wasserstraße, oder nach Orten hinaus, wo Menschen zu verkehren pflegen, Sachen, durch deren Umstürzen oder Herabfallen jemand beschädigt werden kann, ohne gehörige Befestigung aufstellt oder aufhängt,

oder Sachen auf eine Weise ausgießt oder auswirft, daß dadurch jemand beschädigt oder verunreinigt werden kann;

9. wer auf öffentlichen Wegen, Straßen, Plätzen oder Wasserstraßen Gegenstände, durch welche der freie Verkehr gehindert wird, aufstellt, hinlegt oder liegen läßt;

10. wer die zur Erhaltung der Sicherheit, Bequemlichkeit, Reinlichkeit und Ruhe auf den öffentlichen Wegen, Straßen, Plätzen oder Wasserstraßen erlassenen Polizei-Verordnungen übertritt.

Nr. 1: Vgl. GewO. §§ 41 a, 55 a, 105 a ff., 146 a; 136 IV, 146 [2].
Nr. 6 u. 7 erfordern Vorsatz.
Nr. 7: „Auf Menschen" usw. = nach Menschen usw., ohne zu verletzen oder zu treffen, sonst Körperverletzung (§§ 223 ff.) bzw. Sachbeschädigung (§§ 303 ff.) oder Tierquälerei (360 [13]) in Idealkonk. mit verbot. Werfen. „Gegen" (oder an) fr. Häuser, ohne sie zu beschädigen (§§ 303 ff.).
Nr. 10: „übertritt": vorsätzl. oder fahrlässig. Sonderbestimmungen enthält AutomobilG. §§ 21 ff.*)

---

*) Ges. über den Verkehr mit Kraftfahrzeugen v. 3. Mai 1909 (in Kraft 1. April 1910):

§ 21. Wer den zur Erhaltung der Ordnung und Sicherheit auf den öffentlichen Wegen oder Plätzen erlassenen polizeilichen Anordnungen über den Verkehr mit Kraftfahrzeugen zuwiderhandelt, wird mit Geldstrafe bis zu einhundertfünfzig Reichsmark oder mit Haft bestraft.

§ 22. Der Führer eines Kraftfahrzeugs, der nach einem Unfalle (§ 7) es unternimmt, sich der Feststellung des Fahrzeugs und seiner Person durch die Flucht zu entziehen, wird mit Geldstrafe . . . oder mit Gefängnis bis zu zwei Monaten bestraft. Er bleibt jedoch straflos, wenn er spätestens am nächstfolgenden Tage nach dem Unfall Anzeige bei einer inländischen Polizeibehörde erstattet und die Feststellung des Fahrzeugs und seiner Person bewirkt.

Verläßt der Führer des Kraftfahrzeugs eine bei dem Unfalle verletzte Person vorsätzlich in hilfloser Lage, so wird er mit Gefängnis bis zu sechs Monaten bestraft. Sind mildernde Umstände vorhanden, so kann auf Geldstrafe . . . erkannt werden.

§ 23. Mit Geldstrafe . . . oder mit Gefängnis bis zu zwei Monaten wird bestraft, wer auf öffentlichen Wegen oder Plätzen ein Kraftfahrzeug führt, das nicht von der zuständigen Behörde zum Verkehre zugelassen ist.

Die gleiche Strafe trifft den Halter eines nicht zum Verkehre zugelassenen Kraftfahrzeugs, wenn er vorsätzlich oder fahrlässig dessen Gebrauch auf öffentlichen Wegen oder Plätzen gestattet.

§ 24. Mit Geldstrafe . . . oder mit Gefängnis bis zu zwei Monaten wird bestraft:

1. wer ein Kraftfahrzeug führt, ohne einen Führerschein zu besitzen;

Uferschutz.

§ 366 a. Wer die zum Schutze der Dünen und der Fluß- und Meeresufer, sowie der auf denselben vorhandenen Anpflanzungen und Anlagen erlassenen Polizei-Verordnungen übertritt, wird mit Geldstrafe bis zu einhundertfünfzig Reichsmark oder mit Haft bestraft.

§§ 18, 27 ff. Fahrlässigkeit genügt.

§ 367. Mit Geldstrafe bis zu einhundertfünfzig Reichsmark oder mit Haft wird bestraft:

1. wer ohne Vorwissen der Behörde einen Leichnam beerdigt oder beiseite schafft, oder wer unbefugt einen Teil einer Leiche aus dem Gewahrsam der dazu berechtigten Personen wegnimmt;
2. wer den polizeilichen Anordnungen über vorzeitige Beerdigungen entgegenhandelt;
3. wer ohne polizeiliche Erlaubnis Gift oder Arzeneien, soweit der Handel mit denselben nicht frei-

---

2. wer ein Kraftfahrzeug führt, obwohl ihm die Fahrerlaubnis entzogen ist;
3. wer nicht seinen Führerschein der Behörde, die ihm die Fahrerlaubnis entzogen hat, auf ihr Verlangen abliefert.

Die gleiche Strafe trifft den Halter des Kraftfahrzeugs, wenn er vorsätzlich oder fahrlässig eine Person zur Führung des Fahrzeugs bestellt oder ermächtigt, die sich nicht durch einen Führerschein ausweisen kann oder der die Fahrerlaubnis entzogen ist.

§ 25. Wer in rechtswidriger Absicht

1. ein Kraftfahrzeug, für welches von der Polizeibehörde ein Kennzeichen nicht ausgegeben oder zugelassen worden ist, mit einem Zeichen versieht, welches geeignet ist, den Anschein der polizeilich angeordneten oder zugelassenen Kennzeichnung hervorzurufen,
2. ein Kraftfahrzeug mit einer anderen als der polizeilich für das Fahrzeug ausgegebenen oder zugelassenen Kennzeichnung versieht,
3. das an einem Kraftfahrzeuge gemäß polizeilicher Anordnung angebrachte Kennzeichen verändert, beseitigt, verdeckt oder sonst in seiner Erkennbarkeit beeinträchtigt,

wird, sofern nicht nach den Vorschriften des Strafgesetzbuchs eine höhere Strafe verwirkt ist, mit Geldstrafe ... oder mit Gefängnis bis zu drei Monaten bestraft.

Die gleiche Strafe trifft Personen, welche auf öffentlichen Wegen oder Plätzen von einem Kraftfahrzeuge Gebrauch machen, von dem sie wissen, daß die Kennzeichnung in der im Abs. 1 unter Nr. 1 bis 3 bezeichneten Art gefälscht, verfälscht oder unterdrückt worden ist.

Ähnl. Vorschriften enthält Luftverkehrs G. v. 1. Aug. 1922 §§ 31 f. Vgl. N. * zu § 315.

gegeben ist, zubereitet, feilhält, verkauft oder sonst an andere überläßt;

4. wer ohne die vorgeschriebene Erlaubnis Schießpulver oder andere explodierende Stoffe oder Feuerwerke zubereitet;

5. wer bei der Aufbewahrung oder bei der Beförderung von Giftwaren, Schießpulver oder Feuerwerken, oder bei der Aufbewahrung, Beförderung, Verausgabung oder Verwendung von Sprengstoffen oder anderen explodierenden Stoffen, oder bei Ausübung der Befugnis zur Zubereitung oder Feilhaltung dieser Gegenstände, sowie der Arzeneien die deshalb ergangenen Verordnungen nicht befolgt;

5a. wer bei Versendung oder Beförderung von leicht entzündlichen oder ätzenden Gegenständen durch die Post die deshalb ergangenen Verordnungen nicht befolgt;

6. wer Waren, Materialien oder andere Vorräte, welche sich leicht von selbst entzünden oder leicht Feuer fangen, an Orten oder in Behältnissen aufbewahrt, wo ihre Entzündung gefährlich werden kann, oder wer Stoffe, die nicht ohne Gefahr einer Entzündung beieinander liegen können, ohne Absonderung aufbewahrt;

7. wer verfälschte oder verdorbene Getränke oder Eßwaren, insbesondere trichinenhaltiges Fleisch feilhält oder verkauft;

8. wer ohne polizeiliche Erlaubnis an bewohnten oder von Menschen besuchten Orten Selbstgeschosse, Schlageisen oder Fußangeln legt, oder an solchen Orten mit Feuergewehr oder anderem Schießwerkzeuge schießt, oder Feuerwerkskörper abbrennt;

9. wer einem gesetzlichen Verbot zuwider Stoß-, Hieb- oder Schußwaffen, welche in Stöcken oder Röhren oder in ähnlicher Weise verborgen sind, feilhält oder mit sich führt;

10. wer bei einer Schlägerei, in welche er nicht ohne sein Verschulden hineingezogen worden ist, oder bei einem Angriff sich einer Waffe, insbesondere eines

Messers oder eines anderen gefährlichen Werkzeuges bedient;

11. wer ohne polizeiliche Erlaubnis gefährliche wilde Tiere hält, oder wilde oder bösartige Tiere frei umherlaufen läßt, oder in Ansehung ihrer die erforderlichen Vorsichtsmaßregeln zur Verhütung von Beschädigungen unterläßt;
12. wer auf öffentlichen Straßen, Wegen oder Plätzen, auf Höfen, in Häusern und überhaupt an Orten, an welchen Menschen verkehren, Brunnen, Keller, Gruben, Öffnungen oder Abhänge dergestalt unverdeckt oder unverwahrt läßt, daß daraus Gefahr für andere entstehen kann;
13. wer trotz der polizeilichen Aufforderung es unterläßt, Gebäude, welche den Einsturz drohen, auszubessern oder niederzureißen;
14. wer Bauten oder Ausbesserungen von Gebäuden, Brunnen, Brücken, Schleusen oder anderen Bauwerken vornimmt, ohne die von der Polizei angeordneten oder sonst erforderlichen Sicherungsmaßregeln zu treffen;
15. wer als Bauherr, Baumeister oder Bauhandwerker einen Bau oder eine Ausbesserung, wozu die polizeiliche Genehmigung erforderlich ist, ohne diese Genehmigung oder mit eigenmächtiger Abweichung von dem durch die Behörde genehmigten Bauplane ausführt oder ausführen läßt;
16. wer den über das Abhalten von öffentlichen Versteigerungen und über das Verabfolgen geistiger Getränke vor und bei öffentlichen Versteigerungen erlassenen polizeilichen Anordnungen zuwiderhandelt.

In den Fällen der Nr. 7 bis 9 kann neben der Geldstrafe oder der Haft auf die Einziehung der verfälschten oder verdorbenen Getränke oder Eßwaren, ingleichen der Selbstgeschosse, Schlageisen oder Fußangeln, sowie der verbotenen Waffen erkannt werden, ohne Unterschied, ob sie dem Verurteilten gehören oder nicht.

Abs. 1: §§ 18, 27 ff.
Nr. 1: Vorsatz erforderlich. Vgl. § 168, PerfStG. § 60.
Nr. 3: GewO. §§ 6, 29, 34, 147 [1], 56 [9], 148 [7a]; V., betr. den

Verkehr mit Arzneimitteln, v. 22. Okt. 1901 (RGBl. S. 380) mit späteren Änderungen.
Nr. 4: GewO. §§ 16, 147², SprengstG. §§ 1, 9 (N. * zu § 311).
Nr. 5: SprengstG. §§ 1, 9, Eisenbahn-VerkehrsO. v. 23. Dez. 1908 (RGBl. 1909 S. 93) §§ 29, 54, PostO. v. 22. Dez. 1921 (RGBl. S. 1609) §§ 4 f., 58.
Nr. 5a: PostO. a. a. O.
Nr. 7—9: Abs. 2 (Einziehung).
Nr. 7 ist anwendbar, soweit nicht §§ 10, 11 NahrMittG.*) oder die Sondervorschriften des WeinG. v. 7. April 1909, FleischbeschG. v. 3. Juni 1900 usw. einschlagen. Vgl. §§ 222, 230, 324 Anm.
Nr. 8: § 368⁷.
Nr. 9: Über Einschränkung der Befugnis, Waffen zu tragen, s. § 360² Anm. und die einschläg. Landesgesetzgebung. Nach VereinsG. § 19² wird mit Geldstr. bis 10000 Reichsmark oder Haft bestraft, wer unbef. in einer Versammlung oder einem Aufzuge bewaffnet erscheint (VerG. § 11, RV. Art. 123 I).
Nr. 10: §§ 223a I, 227.
Nr. 13—15: §§ 330, 368³,⁴, 369³.
Nr. 15: Übertretung ist mit der Bauausführung begangen und beendigt, kein Dauerdelikt.
Abs. 2: Einziehung im objekt. Verfahren unzulässig; vgl. §§ 360 II, 40, 42.

§ 368. Mit Geldstrafe bis zu einhundertfünfzig Reichsmark oder mit Haft bis zu vierzehn Tagen wird bestraft:

1. wer den polizeilichen Anordnungen über die Schließung der Weinberge zuwiderhandelt;
2. wer das durch gesetzliche oder polizeiliche Anordnungen gebotene Raupen unterläßt;
3. wer ohne polizeiliche Erlaubnis eine neue Feuerstätte errichtet oder eine bereits vorhandene an einen anderen Ort verlegt;
4. wer es unterläßt, dafür zu sorgen, daß die Feuerstätten in seinem Hause in baulichem und brand-

---

*) Ges., betr. den Verkehr mit Nahrungsmitteln usw., v. 14. Mai 1879:
§ 10. Mit Gefängnis bis zu sechs Monaten und mit Geldstrafe ... oder mit einer dieser Strafen wird bestraft:
1. wer zum Zwecke der Täuschung im Handel und Verkehr Nahrungs- oder Genußmittel nachmacht oder verfälscht;
2. wer wissentlich Nahrungs- oder Genußmittel, welche verdorben oder nachgemacht oder verfälscht sind, unter Verschweigung dieses Umstandes verkauft oder unter einer zur Täuschung geeigneten Bezeichnung feilhält.

§ 11. Ist die im § 10 Nr. 2 bezeichnete Handlung aus Fahrlässigkeit begangen worden, so tritt Geldstrafe bis zu einhundertfünfzig Reichsmark oder Haft ein.

sicherem Zustande unterhalten, oder daß die Schornsteine zur rechten Zeit gereinigt werden;

5. wer Scheunen, Ställe, Böden oder andere Räume, welche zur Aufbewahrung feuerfangender Sachen dienen, mit unverwahrtem Feuer oder Licht betritt, oder sich denselben mit unverwahrtem Feuer oder Licht nähert;

6. wer an gefährlichen Stellen in Wäldern oder Heiden, oder in gefährlicher Nähe von Gebäuden oder feuerfangenden Sachen Feuer anzündet;

7. wer in gefährlicher Nähe von Gebäuden oder feuerfangenden Sachen mit Feuergewehr schießt oder Feuerwerke abbrennt;

8. wer die polizeilich vorgeschriebenen Feuerlöschgerätschaften überhaupt nicht oder nicht in brauchbarem Zustande hält oder andere feuerpolizeiliche Anordnungen nicht befolgt;

9. wer unbefugt über Gärten oder Weinberge, oder vor beendeter Ernte über Wiesen oder bestellte Äcker, oder über solche Äcker, Wiesen, Weiden oder Schonungen, welche mit einer Einfriedigung versehen sind, oder deren Betreten durch Warnungszeichen untersagt ist, oder auf einem durch Warnungszeichen geschlossenen Privatwege geht, fährt, reitet oder Vieh treibt;

10. wer ohne Genehmigung des Jagdberechtigten oder ohne sonstige Befugnis auf einem fremden Jagdgebiete außerhalb des öffentlichen, zum gemeinen Gebrauche bestimmten Weges, wenn auch nicht jagend, doch zur Jagd ausgerüstet, betroffen wird;

11. wer unbefugt Eier oder Junge von jagdbarem Federwild [oder von Singvögeln ausnimmt.

Nr. 3: Mit der Errichtung oder Verlegung beginnt die Verjährung; kein Dauerdelikt.
Nr. 7: § 367 8.
Nr. 9: Vgl. EG. § 2 II. PostG. §§ 17 f.
Nr. 10: §§ 292 ff.
Nr. 11 ist bezügl. der Singvögel durch VogelschutzG. v. 30. Mai 1908 §§ 1 ff., 6 f. ersetzt.

Gewerbepolizeiübertr.

§ 369. Mit Geldstrafe bis zu einhundertfünfzig Reichsmark oder mit Haft bis zu vier Wochen werden bestraft:

1. Personen, welche ohne obrigkeitliche Anweisung oder ohne Genehmigung des Inhabers einer Wohnung Schlüssel zu Zimmern oder Behältnissen in der letzteren anfertigen oder Schlösser an denselben öffnen, ohne Genehmigung des Hausbesitzers oder seines Stellvertreters einen Hausschlüssel anfertigen, oder ohne Erlaubnis der Polizeibehörde Nachschlüssel oder Dietriche verabfolgen;
2. (aufgehoben);
3. Gewerbetreibende, welche in Feuer arbeiten, wenn sie die Vorschriften nicht befolgen, welche von der Polizeibehörde wegen Anlegung und Verwahrung ihrer Feuerstätten, sowie wegen der Art und der Zeit, sich des Feuers zu bedienen, erlassen sind.

Nr. 1: Nov. v. 1912 hat das ursprüngl. Wort „Schlosser" durch „Personen" ersetzt.
Nr. 2 ist durch § 22 Maß- und GewichtsO. ersetzt, die gem. V. v. 24. Mai 1911 (RGBl. S. 244) am 1. April 1912 in Kraft getreten ist.*)

§ 370. Mit Geldstrafe bis zu einhundertfünfzig Reichsmark oder mit Haft wird bestraft:

---

*) Maß- u. Gewichtsordnung v. 30. Mai 1908 (RGBl. S. 349):

§ 22. Wer in Ausübung eines Gewerbes den Vorschriften der §§ 6 bis 9, 11, 13 dieses Gesetzes, den auf Grund des § 12 dieses Gesetzes erlassenen Anordnungen des Bundesrats oder den sonstigen Vorschriften der Maß- und Gewichtspolizei zuwiderhandelt, wird mit Geldstrafe bis zu einhundertfünfzig Reichsmark oder mit Haft bestraft. Der Ausübung eines Gewerbes im Sinne dieser Vorschrift steht der Geschäftsbetrieb von Vereinen auch insoweit gleich, als er sich auf die Mitglieder beschränkt.

Neben der Strafe ist auf die Unbrauchbarmachung oder die Einziehung der vorschriftswidrigen Meßgeräte zu erkennen, auch kann deren Vernichtung ausgesprochen werden. Es macht keinen Unterschied, ob die Geräte dem Verurteilten gehören oder nicht. Ist die Verfolgung oder die Verurteilung einer bestimmten Person nicht ausführbar, so kann auf die Unbrauchbarmachung oder die Einziehung und auf die Vernichtung selbständig erkannt werden.

Vgl. Eichordnung f. d. Deutsche Reich v. 8. Nov. 1911 (RGBl. S. 960, Beil. zu Nr. 62) mit späteren Änderungen, jetzt i. d. F. v. 29. Okt. 1926 (RGBl. I 483), f. Bayern vom 10. Dez. 1911 (GVBl. S. 116[illegible]).

1. wer unbefugt ein fremdes Grundstück, einen öffentlichen oder Privatweg oder einen Grenzrain durch Abgraben oder Abpflügen verringert;
2. wer unbefugt von öffentlichen oder Privatwegen Erde, Steine oder Rasen, oder aus Grundstücken, welche einem anderen gehören, Erde, Lehm, Sand, Grand oder Mergel gräbt, Plaggen oder Bülten haut, Rasen, Steine, Mineralien, zu deren Gewinnung es einer Verleihung, einer Konzession oder einer Erlaubnis der Behörde nicht bedarf, oder ähnliche Gegenstände wegnimmt;
3. wer von einem zum Dienststande gehörenden Unteroffizier oder Gemeinen des Heeres oder der Marine ohne die schriftliche Erlaubnis des vorgesetzten Kommandeurs Montierungs- oder Armaturstücke kauft oder zum Pfande nimmt;
4. wer unberechtigt fischt oder krebst;
5. wer Nahrungs- oder Genußmittel oder andere Gegenstände des hauswirtschaftlichen Verbrauchs in geringer Menge oder von unbedeutendem Werte zum alsbaldigen Verbrauch entwendet oder unterschlägt.

   Wer die Tat gegen einen Verwandten absteigender Linie oder gegen seinen Ehegatten begeht, bleibt straflos;
6. wer Getreide oder andere zur Fütterung des Viehes bestimmte oder geeignete Gegenstände wider Willen des Eigentümers wegnimmt, um dessen Vieh damit zu füttern.

In den Fällen der Nr. 5 und 6 tritt die Verfolgung nur auf Antrag ein. Die Zurücknahme des Antrages ist zulässig.

Abs. 1: Vorsatz erforderlich.

Nr. 1: Idealkonk. mit § 274² möglich. Täter kann Eigentümer (Miteigentümer) des den Rain bildenden Grund und Bodens sein.

Nr. 2: Z. B. ungestochener Torf und dergl. Bodenbestandteile; bei gestoch. Torf: Nr. 5 oder §§ 242, 248a. „Plaggen" = abgeschälte Rasen- oder Heidestreifen; „Bülten" = mit Wurzeln durchwachsene Erdschollen.

Nr. 3: Auch wenn sie dem Verkäufer gehören. Andernfalls kann Hehlerei vorliegen.

Nr. 4: § 296, EG. § 2 II.
Nr. 5 und 6: Abs. 2 (Antrag).
Nr. 5: Sog. Mundraub schließt die §§ 242 f., 246, 248 a, nicht §§ 249, 350 aus. Seit der Novelle v. 19. Juni 1912 gehören auch Brenn- und Beleuchtungsmaterial oder Reinigungsmittel (Seife) hierher, nicht aber Wäschestücke. Diebstahl (§ 242) bei sukzessiver (fortges.) oder gemeinschaftl. (§ 47) Wegnahme einer größeren Gesamtmenge.
Nr. 6: Keine Zueignungsabsicht; anders bei Nr. 5. Nachträgl. Zueignung bedingt realkonkurrierende Unterschlagung.
Abs. 2: §§ 61 ff.

III.

Anhang.

a) Sachliche Zuständigkeit der Strafgerichte in I. Inst.

nach dem Gerichtsverfassungsgesetz in der Fassung der Bek. vom 22. März 1924.

---

1. Amtsgerichte (Schöffengerichte).

§ 24. In Strafsachen sind die Amtsgerichte zuständig für:

1. Übertretungen;
2. Vergehen;
3. folgende Verbrechen:
   a) die Verbrechen, die mit Gefängnis oder Festungshaft oder mit Zuchthaus von höchstens 10 Jahren allein oder in Verbindung mit anderen Strafen oder mit Nebenfolgen bedroht sind, soweit für sie nicht das Reichsgericht zuständig ist; ausgenommen sind die Verbrechen des Meineids in den Fällen der §§ 153—155 des Strafgesetzbuchs. Für die Bestimmung der angedrohten Strafe bleibt der § 53 des Militärstrafgesetzbuchs außer Betracht;
   b) die Verbrechen des Widerstandes im Falle des § 119, der Falschmünzerei in den Fällen der §§ 146, 147, 149, der Notzucht im Falle des § 177, des Rückfalldiebstahls im Falle des § 244, des Raubes in den Fällen der §§ 249, 250, des räuberischen Diebstahls und der räuberischen Erpressung in den Fällen der §§ 252 und 255, wenn die Strafe aus den §§ 249, 250 zu entnehmen ist, der

Rückfallhehlerei im Falle des § 261 Abs. 1 und der schweren Körperverletzung im Amte im Falle des § 340 Abs. 2 des Strafgesetzbuchs;

c) die Verbrechen des militärischen Diebstahls im Falle des § 138 Abs. 2 des Militärstrafgesetzbuchs, des betrügerischen Bankrotts in den Fällen der §§ 239, 244 der Konkursordnung und der Unterschlagung fremder Wertpapiere in den Fällen der §§ 11, 12 Abs. 2 Nr. 2 des Gesetzes, betreffend die Pflichten der Kaufleute bei Aufbewahrung fremder Wertpapiere, vom 5. Juli 1896 (RGBl. S. 183, 194).

Nr. 3: StGB. § 1. Auf milit. Verbr. steht auch Gef. über 5 J. a) Zust. d. RG.: § 134. Meineid ist SchwurgerReat, auch wenn Strafermäßigungsgründe der §§ 157 f. StGB. vorliegen (RG. 59, 23).

§ 25. Der Amtsrichter entscheidet allein:*)

1. bei Übertretungen;
2. bei Vergehen,
   a) wenn sie im Wege der Privatklage verfolgt werden;
   b) wenn die Tat mit keiner höheren Strafe als Gefängnis von höchstens sechs Monaten, allein oder in Verbindung mit anderen Strafen oder mit Nebenfolgen, bedroht ist;
   c) wenn die Staatsanwaltschaft es bei Einreichung der Anklageschrift oder, falls es einer Anklageschrift nicht bedarf, bei der mündlichen Erhebung der Anklage beantragt.

Die Staatsanwaltschaft soll den im Abs. 1 Nr. 2 c bezeichneten Antrag nur stellen, wenn zu erwarten ist, daß auf keine schwerere Strafe als Gefängnis von höchstens einem Jahre, allein oder in Verbindung mit anderen Strafen oder mit Nebenfolgen, erkannt werden wird.

Erhebt bei Zuwiderhandlungen gegen die Vorschriften über die Erhebung öffentlicher Abgaben und

---

*) Nicht in Jugendsachen: JugGG. § 17 I.

Gefälle die Verwaltungsbehörde die öffentliche Klage, so kann sie den Antrag in gleicher Weise stellen wie die Staatsanwaltschaft.

Abs. 1 Nr. 2a: StPO. §§ 374 ff.

Nr. 2b: Hierunter fallen auch alle nur mit Geldstr. bedrohten Vergehen.

Nr. 2c: § 29 II, StPO. § 212; vgl. §§ 407 IV, 422 II.

Abs. 2: Keine Ablehnung des Antrags oder Verweisung an SchöffG., wenn AR. eine schwerere Strafe für angemessen hält. Eine solche kann AR. auch ohne Schöffen aussprechen.

Abs. 3: StPO. § 424, RAbgO. § 437 II.

§ 26. Der Amtsrichter allein entscheidet ferner bei den Verbrechen des schweren Diebstahls und der Hehlerei sowie bei solchen strafbaren Handlungen, die nur wegen Rückfalls Verbrechen sind, wenn die Staatsanwaltschaft es bei Einreichung der Anklageschrift oder, falls es einer Anklageschrift nicht bedarf, bei der mündlichen Erhebung der Anklage beantragt.

Der Beschuldigte kann während der für die Erklärung auf die Anklageschrift gesetzten Frist oder, falls ohne schriftlich erhobene Anklage zur Hauptverhandlung geschritten wird, bis zum Beginne seiner Vernehmung zur Sache widersprechen. Er ist bei der Mitteilung der Anklageschrift oder, falls ohne schriftlich erhobene Anklage zur Hauptverhandlung geschritten wird, vor dem Beginne seiner Vernehmung zur Sache über sein Recht zum Widerspruche zu belehren.

Abs. 1: Verbr. d. schw. Diebst. (auch im Rückfall; falsch OLG. Dresden in JW. 1925, 2811) und d. Hehl.: StGB. §§ 243 f., 258², 260 f., G. über d. Verkehr mit unedlen Metallen v. 23. Juli 1926 § 17, dsgl. mit Edelmetallen usw. v. 29. Juni 1926 § 4. Vgl. § 29 II Anm.

Abs. 2: Wenn Angesch. rechtzeitig widerspricht oder wenn Belehrung und Widerspruch des Angesch. aus Unkenntnis und Heilung des Mangels durch nachträgl. Einverständniserklärung unterbleibt, wird die Sache an SchöffG. verwiesen (vgl. StPO. §§ 6, 270, 328 III). Mitteilung der Anklageschr. an Angesch.: StPO. § 201. Keiner Anklageschrift bedarf es nach StPO. § 212.

Schöffengerichte.

§ 28. (25.) Für die Verhandlung und Entscheidung der zur Zuständigkeit der Amtsgerichte gehörenden Strafsachen werden, soweit nicht der Amtsrichter allein entscheidet (§§ 25, 26), bei den Amtsgerichten Schöffengerichte gebildet.

Wegen Jugendgerichte s. JugGG. § 17.

§ 29. (26.) Die Schöffengerichte bestehen aus dem Amtsrichter als Vorsitzenden und zwei Schöffen. Mindestens ein Schöffe muß ein Mann sein.

Ein zweiter Amtsrichter ist zuzuziehen, falls die Staatsanwaltschaft es bei Einreichung der Anklageschrift beantragt. Die Staatsanwaltschaft soll den Antrag nur stellen, wenn die Zuziehung eines zweiten Amtsrichters nach Umfang und Bedeutung der Sache notwendig erscheint.

§ 25 Abs. 3 findet entsprechende Anwendung.

Abs. 2: Auch nach Einreichung der AnklSchr. darf der Antr. nachgeholt oder zurückgenommen werden, solange die Ankl. selbst zurücknehmbar ist, also bis zur Eröffnung des Hauptverf. (RG. 59, 57 und in GoltdArch. 69, 408); gleiches gilt für Antr. nach §§ 25 Nr. 2c, 26, 134 III. Zuziehung eines 2. Richters ist geboten, wenn einer voraussichtl. nicht gleichzeitig die Verhandlung leiten und ihre Ergebnisse für die Urteilsfindung und -begründung festhalten kann, was StA., nicht Richter, entscheiden soll. RevGer. ist dann RG. (§§ 121 I c, 135), an das auf diese Weise eine Sache auch wegen ihrer rechtl. Bedeutung gebracht werden kann, wenn z. B. Entsch. d. RG. über eine wichtige Rechtsfrage im Interesse der Rechtseinheit erwünscht ist. Die Vorschr. gilt auch für Jugendgerichte (JugGG. §§ 17 I, 18 I; ebenso RG. 58, 331, Hartung, Recht 1924, 195, Hagemann, ZBl. für Vorm. 1924, 200; abw. Sächs. JustMinBl. 1924, 39, Recht 1924, 390), dagegen nicht bei mündl. Ankl. (§ 212).

StPO. § 374. Im Wege der Privatklage können vom Verletzten verfolgt werden, ohne daß es einer vorgängigen Anrufung der Staatsanwaltschaft bedarf,

1. das Vergehen des Hausfriedensbruchs im Falle des § 123 des Strafgesetzbuchs;
2. die Vergehen der Beleidigung in den Fällen der §§ 185 bis 187, 189 des Strafgesetzbuchs, wenn nicht eine der im § 197 bezeichneten politischen Körperschaften beleidigt ist;
3. die Vergehen der Körperverletzung in den Fällen der §§ 223, 223a Abs. 1 und des § 230 des Strafgesetzbuchs, sofern nicht die Körperverletzung mit

Übertretung einer Amts-, Berufs- oder Gewerbspflicht begangen worden ist;
4. das Vergehen der Bedrohung im Falle des § 241 des Strafgesetzbuchs;
5. das Vergehen der Verletzung fremder Geheimnisse im Falle des § 299 des Strafgesetzbuchs;
6. das Vergehen der Sachbeschädigung im Falle des § 303 des Strafgesetzbuchs;
7. alle nach dem Gesetze gegen den unlauteren Wettbewerb strafbaren Vergehen;
8. alle Verletzungen des literarischen, künstlerischen und gewerblichen Urheberrechts, soweit sie als Vergehen strafbar sind.

Die gleiche Befugnis steht denen zu, welchen in den Strafgesetzen das Recht, selbständig auf Bestrafung anzutragen, beigelegt ist.

Hat der Verletzte einen gesetzlichen Vertreter, so wird die Befugnis zur Erhebung der Privatklage durch diesen und, wenn Korporationen, Gesellschaften und andere Personenvereine, welche als solche in bürgerlichen Rechtsstreitigkeiten klagen können, die Verletzten sind, durch dieselben Personen wahrgenommen, durch welche sie in bürgerlichen Rechtsstreitigkeiten vertreten werden.

StPO. § 407. Bei Übertretungen und Vergehen kann die Strafe durch schriftlichen Strafbefehl des Amtsrichters ohne vorgängige Verhandlung festgesetzt werden, wenn die Staatsanwaltschaft schriftlich hierauf anträgt.

Durch einen Strafbefehl darf jedoch keine andere Strafe als Geldstrafe oder Freiheitsstrafe von höchstens drei Monaten sowie eine etwa verwirkte Einziehung oder die Bekanntmachung der Entscheidung festgesetzt werden.

Die Überweisung des Beschuldigten an die Landespolizeibehörde darf in einem Strafbefehle nicht ausgesprochen werden.

Die Staatsanwaltschaft kann bei dem Antrag auf Erlaß des Strafbefehls zugleich den im § 25 Abs. 1 Nr. 2c des Gerichtsverfassungsgesetzes bezeichneten Antrag für den Fall stellen, daß der Amtsrichter die Sache zur Hauptverhandlung bringt oder der Beschuldigte Einspruch erhebt.

2. Schwurgerichte.

GVG. § 80. Die Schwurgerichte sind zuständig für die Verbrechen, welche nicht vor das Reichsgericht oder vor das Amtsgericht gehören.

Vgl. EG. GVG. § 6.

3. Oberlandesgerichte.

(Oberstes Landesgericht München.)

GVG. § 120. Die Oberlandesgerichte sind zur Verhandlung und Entscheidung in erster und letzter Instanz in den Strafsachen zuständig, die gemäß § 134 Abs. 2 von dem Oberreichsanwalt an die Landesstaatsanwaltschaft abgegeben werden, oder in denen das Reichsgericht gemäß § 134 Abs. 3 bei Eröffnung des Hauptverfahrens die Verhandlung und Entscheidung dem Oberlandesgericht überweist. In den von dem Oberreichsanwalt an die Landesstaatsanwaltschaft abgegebenen Sachen trifft das Oberlandesgericht auch die im § 73 Abs. 1 bezeichneten Entscheidungen.

Für den Gerichtsstand gelten in diesen Fällen die allgemeinen Vorschriften. Sind jedoch in einem Lande mehrere Oberlandesgerichte errichtet, so können die im Abs. 1 den Oberlandesgerichten zugewiesenen Aufgaben durch die Landesjustizverwaltung einem oder einigen der Oberlandesgerichte oder dem Obersten Landesgericht übertragen werden. Durch Vereinbarung der beteiligten Landesjustizverwaltungen können diese Aufgaben dem hiernach zuständigen Gericht eines Landes auch für das Gebiet eines anderen Landes übertragen werden.

Abs. 1: Entsch. auch über Beschw. gegen Verfügungen des AR.
Abs. 2: In Preußen sind mehrere OLG., in Bayern das ObLG. bestimmt. Übertragung und Änderung auch während des Geschäftsjahres möglich.

4. Reichsgericht.

GVG. § 134. In Strafsachen ist das Reichsgericht zuständig für die Untersuchung und Entscheidung in erster und letzter Instanz in den Fällen des Hochverrats, des Landesverrats und des Kriegsverrats gegen das Reich sowie der Verbrechen gegen die §§ 1, 3 des Gesetzes gegen den Verrat militärischer Geheimnisse vom 3. Juni

1914 (RGBl. S. 195). In diesen Sachen trifft das Reichsgericht auch die im § 73 Abs. 1 bezeichneten Entscheidungen.

In Landesverratssachen sowie bei Verbrechen gegen die §§ 1, 3 des Gesetzes gegen den Verrat militärischer Geheimnisse kann der Oberreichsanwalt die Strafverfolgung an die Landesstaatsanwaltschaft abgeben. Es sollen nur Strafsachen von minderer Bedeutung abgegeben werden.

Das Reichsgericht kann in den im Abs. 2 bezeichneten Sachen bei der Eröffnung des Hauptverfahrens die Verhandlung und Entscheidung dem Oberlandesgericht überweisen, wenn der Oberreichsanwalt es bei der Einreichung der Anklageschrift beantragt; auf den Antrag findet Abs. 2 Satz 2 entsprechende Anwendung.

b) Aus dem Zoll- und Steuerstrafrecht.

1. Reichsabgabenordnung

vom 13. Dezember 1919 (RGBl. S. 1993) i. d. F. der V. v. 20. Nov. 1925 (RGBl. I S. 389).

§ 355. Das Strafgesetzbuch gilt, soweit die Steuergesetze nichts Abweichendes vorschreiben.

§ 356. Steuerzuwiderhandlungen im Sinne dieses Gesetzes sind strafbare Verletzungen von Pflichten, die die Steuergesetze im Interesse der Besteuerung auferlegen.

Als Steuerzuwiderhandlung gilt auch eine dem Täter oder Teilnehmer gewährte Begünstigung.

§ 357. Wenn in Betrieben von juristischen Personen oder Personenvereinigungen Steuerzuwiderhandlungen begangen werden, kann da, wo das Gesetz die Strafe für verwirkt erklärt, ohne daß ein Verschulden einer natürlichen Person festgestellt zu werden braucht, die Geldstrafe gegen die juristische Person oder Personenvereinigung selber erkannt und diese in die Kosten des Strafverfahrens verurteilt werden.

§ 357 a. Mit Genehmigung des Finanzamts können Betriebsinhaber, die den Betrieb nicht selbst leiten, für die Verbrauchssteuern die strafrechtliche Verantwortlichkeit auf den Betriebsleiter (§ 193) übertragen. Durch die Übertragung wird die im § 381 vorgesehene Haftung des Betriebsinhabers nicht berührt. Das Finanzamt kann die Genehmigung jederzeit widerrufen.*)

§ 358. Straffrei bleibt, wer in unverschuldetem Irrtum über das Bestehen oder die Anwendbarkeit steuerrechtlicher Vorschriften die Tat für erlaubt gehalten hat.

Steuerhinterziehung.

§ 359. Wer zum eigenen Vorteil oder zum Vorteil eines anderen nicht gerechtfertigte Steuervorteile erschleicht oder vorsätzlich bewirkt, daß Steuereinnahmen verkürzt werden, wird wegen Steuerhinterziehung mit Geldstrafe bestraft. Der Höchstbetrag der Geldstrafe ist unbeschränkt. Bei Zöllen und Verbrauchsabgaben ist die Geldstrafe mindestens auf das Vierfache des hinterzogenen Betrags zu bemessen, falls der Betrag der Steuerverkürzung oder des Steuervorteils festgestellt werden kann. Neben der Geldstrafe kann auf Gefängnis bis zu zwei Jahren erkannt werden.

Der Steuerhinterziehung macht sich auch schuldig, wer Sachen, für die ihm Steuerbefreiung oder Steuervorteile gewährt sind, zu einem Zwecke verwendet, der der Steuerbefreiung oder dem Steuervorteile, die er erlangt hat, nicht entspricht, und es zum eigenen Vorteil oder zum Vorteil eines anderen vorsätzlich unterläßt, dies dem Finanzamt vorher rechtzeitig anzuzeigen.

Es genügt, daß infolge der Tat ein geringerer Steuerbetrag festgesetzt oder ein Steuervorteil zu Unrecht gewährt oder belassen ist; ob der Betrag, der sonst festgesetzt wäre, aus anderen Gründen hätte ermäßigt werden müssen oder der Vorteil aus anderen Gründen hätte beansprucht werden können, ist für die Bestrafung ohne Bedeutung.

Eine Steuerumgehung (§ 5) ist nur dann als Steuerhinterziehung strafbar, wenn die Verkürzung der Steuereinnahmen oder die Erzielung der ungerecht-

---

*) Eingefügt durch G. v. 10. Aug. 1925 (RGBl. I S. 251).

fertigten Steuervorteile dadurch bewirkt wird, daß der Täter vorsätzlich Pflichten verletzt, die ihm im Interesse der Ermittlung einer Steuerpflicht obliegen.

Die Vorschriften der Zoll- und Verbrauchsabgabengesetze, nach denen eine Bestrafung wegen Steuerhinterziehung eintritt, ohne daß der Vorsatz der Hinterziehung festgestellt zu werden braucht, bleiben unberührt. Auf Gefängnis darf jedoch nur erkannt werden, wenn der Vorsatz der Hinterziehung festgestellt wird.

§ 360. Der Versuch der Steuerhinterziehung ist strafbar.

Die für die vollendete Tat angedrohte Strafe gilt auch für den Versuch; Geldstrafen, die auf ein Vielfaches des hinterzogenen Betrags zu bestimmen sind, sind nach der Steuerverkürzung oder dem Steuervorteile zu bemessen, die bei Vollendung der Tat eingetreten wären.

§ 361. Die Strafe für die Tat gilt auch für eine Beihilfe oder Begünstigung, die jemand seines Vorteils wegen begeht.

§ 362. (Gestrichen.)

§ 363. Wenn wegen Steuerhinterziehung auf eine Geldstrafe von mehr als fünfhundert Reichsmark oder neben Geldstrafe auf Gefängnis erkannt wird, kann im Straferkenntnis (Urteil, Strafbescheid, Niederschrift über eine Unterwerfungsverhandlung) angeordnet werden, daß die Bestrafung auf Kosten des Verurteilten bekanntzumachen ist.

§ 364. Wird wegen Steuerhinterziehung auf eine Gefängnisstrafe von mindestens drei Monaten erkannt, so kann zugleich auf Verlust der bürgerlichen Ehrenrechte erkannt werden.

§ 365. Bei Verurteilung wegen Steuerhinterziehung (§ 359) ist neben der Geld- oder Freiheitsstrafe auf Einziehung der steuerpflichtigen Erzeugnisse und zollpflichtigen Waren zu erkennen, hinsichtlich derer die Hinterziehung begangen worden ist.

Kann die Einziehung nicht vollzogen werden, so ist auf Erlegung des Wertes der Erzeugnisse oder

Waren und, soweit dieser nicht zu ermitteln ist, auf Zahlung einer Geldsumme bis zu einhunderttausend Reichsmark zu erkennen.

War der Herstellungsbetrieb der Erzeugnisse der Steuerbehörde nicht angemeldet worden (§ 194 Abs. 1), so ist außerdem die Einziehung aller in den Betriebs- und Lagerräumen vorhandenen Vorräte an steuerpflichtigen Erzeugnissen sowie der zur Herstellung dienenden Geräte verwirkt.

§ 366. Wenn jemand in der Absicht der Steuerhinterziehung in seinem Betrieb oder Berufe Bücher oder Aufzeichnungen unrichtig führt, unrichtige Geschäftsabschlüsse vorlegt oder ähnliche arglistige Mittel anwendet, oder jemand bei Betrieben, die der Steueraufsicht unterliegen, wesentliche Aufsichtsvorschriften grob verletzt, kann ihm das Landesfinanzamt, wenn er deshalb wiederholt wegen Steuerhinterziehung bestraft ist und diese Tatsachen in den Straferkenntnissen festgestellt sind, nach Rechtskraft des zweiten oder eines späteren Straferkenntnisses auf Zeit oder Dauer untersagen, seinen Betrieb oder seinen Beruf fortzusetzen oder durch andere zu seinem Vorteil fortsetzen zu lassen.

Liegen die Voraussetzungen des ersten Absatzes bei Vertretern oder Angestellten eines Steuerpflichtigen vor, so kann ihnen das Landesfinanzamt die weitere Tätigkeit in dem Unternehmen verbieten.

Gegen den Beschluß des Landesfinanzamts ist die Beschwerde an den Reichsfinanzhof zulässig. Dieser entscheidet im Beschlußverfahren. Die Beschwerde hat aufschiebende Wirkung.

Das Finanzamt kann die Durchführung des Verbots nach § 202 erzwingen.

Nach Ablauf eines Jahres seit der Rechtskraft des Untersagungsbeschlusses kann das Landesfinanzamt den Beschluß aufheben.

Steuergefährdung.

§ 367. Wer fahrlässig als Steuerpflichtiger oder als Vertreter oder bei Wahrnehmung der Angelegenheiten eines Steuerpflichtigen bewirkt, daß Steuereinnahmen verkürzt oder Steuervorteile zu Unrecht gewährt oder belassen werden (§ 359 Abs. 1, 2), wird wegen Steuergefährdung mit Geldstrafe bis zu einhunderttausend Reichsmark bestraft.

Eine Steuerumgehung (§ 5) ist nur dann als Steuergefährdung zu bestrafen, wenn die Verkürzung der Steuereinnahmen oder die Gewährung der ungerechtfertigten Steuervorteile dadurch bewirkt wird, daß der Täter vorsätzlich oder fahrlässig Pflichten verletzt, die ihm im Interesse der Ermittlung einer Steuerpflicht obliegen.

Steuerhehlerei.

§ 368. Wer seines Vorteils wegen Gegenstände, von denen er weiß oder den Umständen nach annehmen muß, daß Steuern für sie hinterzogen sind (§ 359 Abs. 1, 2), kauft oder sonst an sich bringt, verheimlicht, absetzt oder zu ihrem Absatz mitwirkt, wird wegen Steuerhehlerei mit der für die Steuerhinterziehung angedrohten Strafe bestraft. Die §§ 360—365 gelten entsprechend.

Rückfall.

§ 369. Wer im Inland wegen Steuerhinterziehung oder Steuerhehlerei bestraft worden ist, darauf abermals eine dieser Handlungen begangen hat und wegen derselben bestraft worden ist, wird, wenn er eine Steuerhinterziehung oder eine Steuerhehlerei begeht, mit Gefängnis bis zu fünf Jahren bestraft. Neben der Gefängnisstrafe ist auf Geldstrafe (§ 359 Abs. 1 Sätze 2, 3) zu erkennen. Sind mildernde Umstände vorhanden, so kann ausschließlich auf Geldstrafe (§ 359 Abs. 1 Sätze 2, 3) erkannt werden.

Die Vorschriften des Abs. 1 finden Anwendung, auch wenn die früheren Strafen nur teilweise verbüßt oder ganz oder teilweise erlassen worden sind, bleiben jedoch ausgeschlossen, wenn seit der Verbüßung oder dem Erlasse der letzten Strafe bis zur Begehung der neuen Steuerhinterziehung oder Steuerhehlerei drei Jahre verflossen sind.

Im Falle des § 359 Abs. 5 Satz 1 darf auf Gefängnis nur erkannt werden, wenn der Vorsatz der Hinterziehung festgestellt wird.

§ 369 a. Wer Steuerzeichen in der Absicht, daß sie als echt verwendet werden, fälschlich anfertigt oder verfälscht oder wer sich in dieser Absicht falsche Steuerzeichen dieser Art verschafft, wird mit Gefängnis nicht unter drei Monaten bestraft. Ebenso wird bestraft, wer vorsätzlich falsche Steuerzeichen als echt verwendet, feilhält oder in Verkehr bringt.

Wer vorsätzlich bereits verwendete Steuerzeichen als gültig wiederverwendet oder in der Absicht, daß sie als gültig wiederverwendet werden, sich verschafft, feilhält oder in Verkehr bringt, wird mit Geldstrafe bestraft. Der Höchstbetrag der Geldstrafe ist unbeschränkt. Neben der Geldstrafe kann auf Gefängnis bis zu zwei Jahren erkannt werden.

Wer zum Zwecke der Fälschung von Steuerzeichen

1. Formen oder andere Gerätschaften, die zur Ausführung einer Steuerzeichenfälschung dienen können,
2. Papier, das einer zur Herstellung der Steuerzeichen bestimmten Papierart gleich oder zum verwechseln ähnlich ist,

anfertigt, sich verschafft, feilhält oder einem anderen überläßt, wird mit Gefängnis bis zu zwei Jahren und mit Geldstrafe bis zu einhunderttausend Reichsmark oder mit einer dieser Strafen bestraft. Den Formen oder Gerätschaften stehen die mit solchen Formen oder Gerätschaften hergestellten Abdrucke gleich.

Die falschen, wiederverwendeten oder zur Wiederverwendung bestimmten Steuerzeichen sind einzuziehen, auch wenn sie dem Täter nicht gehören. Das gleiche gilt für Formen, Gerätschaften, Abdrucke und Papier der im Abs. 3 bezeichneten Art.

§ 370. Steuerpflichtige Erzeugnisse, die im Handel nicht vorschriftsmäßig verpackt oder bezeichnet angetroffen werden oder nicht vorschriftsmäßig versteuert worden sind, unterliegen der Einziehung.

§ 371. Wer dem § 165 Abs. 1 zuwiderhandelt, wird mit Geldstrafe bestraft.

Wird die Absicht der Steuerhinterziehung festgestellt, so kann neben der Geldstrafe ganz oder teilweise auf Einziehung der Vermögenswerte erkannt werden, auf die sich die Steuerzuwiderhandlung bezieht.

§ 165 Abs. 1. Niemand darf auf einen falschen oder erdichteten Namen für sich oder einen anderen ein Konto errichten oder Buchungen vornehmen lassen, Wertsachen (Wertpapiere, Geld oder Kostbarkeiten) offen oder verschlossen hinterlegen oder verpfänden oder sich ein Schließfach geben lassen. Das Verbot gilt auch für den eigenen Geschäftsbetrieb. Das Finanzamt kann in einzelnen Fällen Ausnahmen gestatten.

§ 372. Wer vorsätzlich oder fahrlässig dem § 165 Abs. 2, 3 oder den §§ 187, 190 zuwiderhandelt, wird mit Geldstrafe bestraft.

§ 165 Abs. 2 u. 3. Wird die Errichtung eines Kontos, die Annahme von Wertsachen zur Hinterlegung oder Verpfändung oder die Überlassung eines Schließfachs beantragt, so hat sich die Bank, die Sparkasse, der Kaufmann oder wer sonst dem Antrag entsprechen will, über die Person des Verfügungsberechtigten zu vergewissern. Vor- und Zunahme und Wohnung des Verfügungsberechtigten sind einzutragen, bei Frauen auch der Mädchenname. Anträgen, die für Sammlungen oder dergleichen gestellt werden, ist nur zu entsprechen, wenn bestimmte natürliche oder juristische Personen als verfügungsberechtigt bezeichnet werden. Der Reichsminister der Finanzen kann Schuldbuchverwaltungen von der in diesem Absatz auferlegten Verpflichtung befreien, wenn nach den Vorschriften der Schuldbuchordnung Verfügungen des Schuldbuchgläubigers von der Prüfung seiner Persönlichkeit abhängig sind.

Stellt sich später heraus, daß die Vorschrift des ersten Absatzes verletzt ist, so dürfen das Guthaben, die Wertsachen oder der Inhalt des Schließfachs nur mit Zustimmung des Finanzamts an den Antragsteller oder seinen Rechtsnachfolger herausgegeben werden; auch sonstige Verfügungen darüber bedürfen dieser Zustimmung. Wer vorsätzlich oder fahrlässig dieser Vorschrift zuwiderhandelt, haftet, soweit dadurch Steueransprüche oder Verfallerklärungen vereitelt oder beeinträchtigt werden.

§ 187. Zur Ermittlung des Steuerwerts von Aktien ohne Börsenkurs, Kuxen, Anteilen an einer Bergwerksgesellschaft oder an einer Gesellschaft mit beschränkter Haftung haben die Vorstände und Liquidatoren dieser Gesellschaften, wenn die Gesellschaft ihren Sitz oder Vermögen im Inland hat, dem Finanzamt am Sitze ihrer Verwaltung oder dem Finanzamt des Bezirkes, wo sich das Vermögen befindet, auf Verlangen binnen einer Frist von vier Wochen nachzuweisen:

1. die Höhe des Grundkapitals oder der Stammeinlagen,
2. den Betrag der in den letzten drei Jahren jährlich verteilten Gewinne,
3. die tatsächlichen Mitteilungen, die sie zur Schätzung des Wertes der Aktien, Anteile oder Kuxe beizubringen vermögen.

Bei der Nachweisung haben sie zu versichern, daß sie die Angaben nach bestem Wissen und Gewissen gemacht haben.

§ 190. Der Reichsminister der Finanzen kann anordnen, daß, wer Rechte, die auf seinen Namen lauten, oder Wertsachen, die er besitzt, als Treuhänder, Vertreter eines anderen oder Pfandgläubiger hat, dies dem Finanzamt auf öffentliche Aufforderung unter Bezeichnung des Berechtigten mitzuteilen hat.

§ 373. Wer vorsätzlich dem § 97 zuwiderhandelt, wird mit einer Geldstrafe bis zu einhunderttausend Reichsmark bestraft.

§ 97. Wenn nach dem Tode oder Wegfall eines Steuerpflichtigen die Testamentsvollstrecker, Pfleger, Liquidatoren, Verwalter und Erbschaftsbesitzer, welche nicht zugleich Rechtsnachfolger des Steuerpflichtigen sind, erkennen, daß Erklärungen, die der Steuerpflichtige zur Festsetzung oder Veranlagung von Steuern abgegeben hat, unrichtig oder unvollständig sind, oder daß er pflichtwidrig unterlassen hat, solche Erklärungen abzugeben, so haben sie dies binnen Monatsfrist dem Finanzamt anzuzeigen; andernfalls haften sie persönlich für die vorenthaltenen Steuerbeträge.

Das gleiche gilt für die Erwerber von Unternehmen, auf deren Betrieb eine Steuerpflicht gegründet ist, sowie für Sondernachfolger in Grund- oder Betriebsvermögen.

Dasselbe gilt sinngemäß bei einem Wechsel in der Person des gesetzlichen Vertreters, Betriebsleiters oder Bevollmächtigten sowie dann, wenn eine gesetzliche Vertretung angeordnet wird.

Strafaufhebung: Tätige Reue.

§ 374. Wer in den Fällen der §§ 359, 367, 371 bis 373, bevor er angezeigt oder eine Untersuchung gegen ihn eingeleitet ist (§ 406 Abs. 2), unrichtige oder unvollständige Angaben bei der Steuerbehörde, ohne dazu durch eine unmittelbare Gefahr der Entdeckung veranlaßt zu sein, berichtigt oder ergänzt oder unterlassene Angaben nachholt, bleibt insoweit straffrei. Sind in den Fällen der §§ 359, 371 Steuerverkürzungen bereits eingetreten oder Steuervorteile gewährt oder belassen, so tritt die Straffreiheit nur ein, wenn der Täter die Summe, die er schuldet, nach ihrer Festsetzung innerhalb der ihm bestimmten Frist entrichtet; das gleiche gilt im Falle des § 367.

Wird die im § 97 vorgeschriebene Anzeige rechtzeitig und ordnungsgemäß erstattet, so werden diejenigen, welche die dort bezeichneten Erklärungen abzugeben unterlassen oder unrichtig oder unvollständig abgegeben haben, dieserhalb nicht strafrechtlich verfolgt, es sei denn, daß vorher gegen sie Strafanzeige erstattet oder eine Untersuchung eingeleitet worden ist.

§ 375. Wer geschäftsmäßig in Angeboten oder Aufforderungen, die an einen größeren Personenkreis gerichtet sind, darauf hinweist, daß bei Geschäftsabschlüssen in bestimmter Weise außer dem geschäftlichen Zwecke noch Ersparungen oder Vorteile bei der Besteuerung erreicht werden können, wird mit Geldstrafe bestraft.

§ 376. Beamte (§ 10 Abs. 1—4), die Verhältnisse eines Steuerpflichtigen, die sie dienstlich oder bei Wahrnehmung ihrer Obliegenheiten erfahren haben, anderen unbefugt mitteilen oder Betriebs- oder Gewerbegeheimnisse, die sie in gleicher Weise erfahren haben, unbefugt verwerten, wird mit Geldstrafe oder mit Gefängnis bis zu sechs Monaten bestraft.

Ist die Handlung aus Eigennutz oder in der Absicht begangen worden, den Steuerpflichtigen zu schädigen, so kann statt der Geldstrafe oder neben ihr auf Gefängnis sowie auf Unfähigkeit zur Bekleidung öffentlicher Ämter auf die Dauer von einem bis zu fünf Jahren erkannt werden.

Im Falle des ersten Absatzes tritt die Strafverfolgung nur auf Antrag ein. Antragsberechtigt ist das Landesfinanzamt und der Steuerpflichtige, dessen Interesse verletzt ist.

§ 10. Die Amtspflicht sämtlicher Beamten der Finanzverwaltung erstreckt sich darauf, daß sie Verhältnisse eines Steuerpflichtigen, die sie dienstlich erfahren haben, strengstens geheimhalten und Geschäfts- oder Betriebsgeheimnisse, die sie in gleicher Weise erfahren haben, nicht unbefugt verwerten.

Die Vorschrift des Abs. 1 gilt auch für die Beamten der Finanzgerichte (§§ 14, 32) und für Personen, die ehrenamtlich für die Finanzverwaltung tätig werden; die gleiche Pflicht haben Sachverständige und andere Personen, die von Finanzbehörden oder Finanzgerichten zugezogen werden.

Die im Abs. 2 genannten Personen gelten als Beamte im Sinne der Steuergesetze und des Strafgesetzbuchs.

Die in Abs. 1, 2 vorgeschriebenen Pflichten werden durch Ausscheiden aus dem Dienste oder Beendigung der Tätigkeit nicht berührt.

§ 377. Wer den im Interesse der Besteuerung (einschließlich der Vorbereitung, Sicherung und Nachprüfung der Besteuerung) erlassenen Vorschriften der Steuergesetze oder der dazu ergangenen und öffentlich oder den Beteiligten besonders bekanntgemachten Verwaltungsbestimmungen durch andere als die in den Steuergesetzen unter Strafe gestellten Handlungen oder Unterlassungen zuwiderhandelt, wird mit einer Ordnungsstrafe bis zu zehntausend Reichsmark bestraft. Dies gilt nicht für Sollvorschriften. Die Ordnungsstrafe wird nicht verhängt, wenn festgestellt wird, daß Strafausschließungsgründe vorliegen oder die Zuwiderhandlung auf einem unabwendbaren Zufall beruht.

Wenn nach § 202 für den Fall der Nichtbefolgung einer Anordnung ein Zwangsmittel angedroht ist, darf wegen der Nichtbefolgung dieser Anordnung nicht auf eine Ordnungsstrafe erkannt, sondern nur das Zwangsmittel angewandt werden.

Abs. 1: Ordnungsstr. ist nach herrsch. Ansicht KrimStr. (vgl. GoltdArch. 69, 478) und bemißt sich deshalb nach § 27 Nr. 1 StGB.

§ 378. (Aufgehoben.)

Einziehung.

§ 379. Wo die Strafe der Einziehung vorgesehen ist, kann auf Einziehung erkannt werden, gleichviel, wem die Gegenstände gehören und ob gegen eine bestimmte Person ein Strafverfahren eingeleitet wird.

§ 380. Wird auf Einziehung erkannt, so geht das Eigentum an den eingezogenen Sachen mit der Rechtskraft des Erkenntnisses auf das Reich über. Rechte dritter Personen erlöschen. Für einen Rechtserwerb, der nach der Rechtskraft des Erkenntnisses eintritt, gelten die Vorschriften des bürgerlichen Rechtes zugunsten derer, die Rechte von einem Nichtberechtigten herleiten.

Wird im Falle des § 371 Abs. 2 auf Einziehung der Vermögenswerte erkannt, so gehen die Ansprüche aus dem Konto, der Hinterlegung, der Verpfändung oder der Überlassung des Schließfachs und das Eigentum an den Wertsachen mit der Rechtskraft des Erkenntnisses auf das Reich über. Rechte dritter Personen erlöschen, wenn diese Personen den die Einziehung begründenden Sachverhalt bei Erwerb der Rechte gekannt haben. Der letzte Satz des ersten Absatzes gilt entsprechend.

Haftung Dritter.

§ 381. Wenn Vertreter, Verwalter oder Bevollmächtigte im Sinne der §§ 83—88 bei Ausübung ihrer Obliegenheiten Steuerzuwiderhandlungen begehen, so haften die Vertretenen für die Geldstrafen, die diese Personen verwirken, und für die Kosten des Strafverfahrens und der Strafvollstreckung, die ihnen auferlegt werden. Die Vorschrift gilt nicht für die Fälle der Vormundschaft und Pflegschaft.

Das gleiche gilt für die Haftung des Geschäftsherrn oder des Haushaltungsvorstandes, wenn Angestellte oder sonst im Dienste oder Lohne stehende Personen sowie Familien- und Haushaltungsangehörige bei Ausübung von Obliegenheiten, die sie im Interesse des Geschäftsherrn oder Haushaltungsvorstandes wahrnehmen, Steuerzuwiderhandlungen begehen; diese Haftung tritt jedoch nicht ein, wenn festgestellt wird, daß die Zuwiderhandlung ohne Wissen des Geschäftsherrn oder des Haushaltungsvorstandes oder einer zu seiner Vertretung nach außen befugten Person begangen worden ist und die genannten Personen bei der Auswahl oder Beaufsichtigung der Angestellten oder der Beaufsichtigung der Familien- und Haushaltungsmitglieder die erforderliche Sorgfalt aufgewandt haben.

Die im ersten und zweiten Absatz vorgesehene Haftung fällt weg, wenn der Schuldige oder der Haftende stirbt, bevor das Straferkenntnis, das gegen sie ergeht, rechtskräftig geworden ist.

§ 382. Wer neben dem Schuldigen für Geldstrafe und Kosten haftet (§ 381), kann in Anspruch genommen werden, wenn die Geldstrafe und die Kosten aus dem beweglichen Vermögen des Schuldigen nicht beigetrieben werden können.

Die Ersatzfreiheitsstrafen können an dem Schuldigen ganz oder zum Teil vollzogen werden, ohne daß die Person, die für die Geldstrafe haftet, in Anspruch genommen wird.

Deliktskonkurrenz.

§ 383. Ist ein und dieselbe Handlung zugleich als Steuerzuwiderhandlung und nach einem anderen Gesetze strafbar, so ist die Strafe aus dem Steuergesetze zu entnehmen, es sei denn, daß das andere Gesetz eine schwerere Strafe oder bei ungleichen Strafarten eine schwerere Strafart androht (§ 73 des Strafgesetzbuchs). Ist die Strafe aus dem anderen Gesetze zu entnehmen, so ist eine nach dem Steuergesetze verwirkte Geldstrafe besonders zu verhängen. Auch muß auf Haftbarkeit dritter Personen oder auf Einziehung erkannt werden, wenn dies das Steuergesetz vorschreibt, und es kann hierauf, sowie auf sonstige Nebenstrafen erkannt werden, wenn dies das Steuergesetz zuläßt.

Wenn ein und dieselbe Handlung mehrere Strafvorschriften der Steuergesetze über Steuerzuwiderhandlungen verletzt, so ist die Strafe nach § 73 des Strafgesetzbuchs zu bestimmen; jedoch muß auf Haftbarkeit dritter Personen oder auf Einziehung erkannt werden, wenn dies eine der verletzten Vorschriften vorschreibt, und es kann hierauf sowie auf sonstige Nebenstrafen erkannt werden, wenn dies eine der anwendbaren Vorschriften zuläßt.

Hat jemand mehrere selbständige Steuerzuwiderhandlungen begangen, so darf eine nach § 74 des Strafgesetzbuchs zu erkennende Gesamtfreiheitsstrafe fünf Jahre nicht überschreiten. Auf Haftbarkeit dritter Personen, Einziehung und sonstige Nebenstrafen muß oder kann erkannt werden, wenn dies neben einer der verwirkten Einzelstrafen geboten oder zulässig ist.

Abs. 1 Satz 2 berührt nur den § 73 StGB., nicht den Satz „ne bis" (RG. 60, 39).

Verjährung.

§ 384. Die Strafverfolgung von Steuerzuwiderhandlungen verjährt in fünf Jahren, und wenn es sich um Zuwiderhandlungen handelt, die mit Ordnungsstrafen bedroht sind, in einem Jahre.

Die Einleitung der Untersuchung und der Erlaß eines Strafbescheids unterbrechen die Verjährung gegen den, gegen den sie gerichtet sind.

2. Vereinszollgesetz
vom 1. Juli 1869.

XX. Strafbestimmungen.

Begriff und Strafe der Kontrebande.

§ 134. Wer es unternimmt, Gegenstände, deren Ein-, Aus- oder Durchfuhr verboten ist, diesem Verbote zuwider ein-, aus- oder durchzuführen, macht sich einer Kontrebande schuldig und hat die Konfiskation der Gegenstände, in bezug auf welche das Vergehen verübt worden ist, und, insofern nicht in besonderen Gesetzen eine höhere Strafe festgesetzt ist, zugleich eine Geldbuße verwirkt, welche dem doppelten Werte jener Gegenstände, und wenn solcher nicht zehn Taler beträgt, dieser Summe gleichkommen soll.

Begriff und Strafe der Defraudation.

§ 135. Wer es unternimmt, die Ein- oder Ausgangsabgaben (§§ 3 und 5) zu hinterziehen, macht sich einer Defraudation schuldig und hat die Konfiskation der Gegenstände, in bezug auf welche das Vergehen verübt worden ist, und zugleich eine dem vierfachen Betrage der vorenthaltenen Abgaben gleichkommende Geldbuße verwirkt. Die Abgaben sind außerdem zu entrichten.

Strafe des ersten Rückfalls.

§ 140. Im Wiederholungsfalle der Kontrebande oder Defraudation, nach vorhergegangener rechtskräftiger Verurteilung, wird außer der Konfiskation der Gegenstände des Vergehens die nach §§ 134 und 135 eintretende Geldbuße verdoppelt.

Strafe des ferneren Rückfalls.

§ 141. Jeder fernere Rückfall zieht neben der Konfiskation der Gegenstände des Vergehens in der Regel eine Freiheitsstrafe nach sich, welche nach dem Doppelten der im § 140 bestimmten Geldbuße zu bemessen ist (§ 162), jedoch zwei Jahre nicht überschreiten darf.

Doch kann ausnahmsweise nach richterlichem Ermessen mit Berücksichtigung aller Umstände des vorliegenden Vergehens und der vorausgegangenen Fälle auf das Doppelte der im § 140 bestimmten Geldbuße erkannt werden, wenn der Angeklagte das Kontrebandieren oder Defraudieren nicht gewerbsmäßig betreibt.

§ 142. Die Strafen des Rückfalls (§§ 140 und 141) treten ein, ohne Rücksicht darauf, ob die frühere Verurteilung in demselben Zollvereinsstaate, in welchem das neue Vergehen begangen ist, oder in einem anderen Vereinsstaate erfolgt ist.

Bei Beurteilung der Frage, ob ein Rückfall vorliegt, sind die Kontrebande und die Defraudation als gleichartige Vergehen zu betrachten.

Die Straferhöhung wegen Rückfalls findet jedoch nicht statt, wenn seit dem Zeitpunkte, in welchem die Freiheitsstrafe oder Geldbuße des zuletzt begangenen früheren Vergehens abgebüßt oder erlassen worden ist, drei Jahre verflossen sind.

Der rechtskräftigen Verurteilung wird die Erledigung des Straffalles durch freiwillige Unterwerfung gleichgestellt.

Kontrebande oder Zolldefraudation unter erschwerenden Umständen.

§ 144. Die Strafe der Kontrebande oder Defraudation wird um die Hälfte geschärft:

1. wenn die Gegenstände beim Transport in geheimen Behältnissen, oder sonst auf künstliche oder schwer zu entdeckende Art verborgen,
2. wenn unter Zollkontrolle gehende Gegenstände auf dem Transporte vertauscht oder in ihren Bestandteilen verändert worden sind,
3. wenn die Kontrebande oder Defraudation mittels Abnahme, Verletzung oder sonstiger Unbrauchbarmachung eines amtlichen Warenverschlusses verübt wird,

wobei jedoch das im § 162 festgesetzte höchste Maß der Freiheitsstrafe nicht überschritten werden darf.

§ 146. Wenn drei oder mehrere Personen zur gemeinschaftlichen Ausübung einer Kontrebande oder Defraubation sich verbunden haben, so wird die Strafe für die gemeinschaftlich ausgeführten Vergehen gegen den Anführer durch eine drei- bis sechsmonatliche, gegen jeden der übrigen Teilnehmer aber durch ein- bis dreimonatliche Freiheitsstrafe geschärft.

Werden drei oder mehrere Personen zusammen in Ausübung eines Vergehens betroffen, so wird angenommen, daß sie sich zur gemeinschaftlichen Ausübung verbunden haben, wenn sie nicht nachweisen können oder aus den Umständen hervorgeht, daß ihr Zusammentreffen nur ein zufälliges gewesen sei.

Wird das Vergehen nach vorhergegangener rechtskräftiger Verurteilung wiederholt, oder ist eine derartige Verbindung für die Dauer eingegangen worden, so trifft den Anführer ein- bis zweijährige, die übrigen Teilnehmer sechsmonatliche bis einjährige Freiheitsstrafe, neben der verwirkten Defraudations- oder Kontrebandestrafe.

§ 147.

a) Wer Kontrebande oder Defraudation unter dem Schutze einer Versicherung verübt, verfällt neben der auf das Vergehen selbst gesetzten Strafe in eine zwei- bis dreimonatliche Freiheitsstrafe.

b) Wird die Kontrebande oder Defraudation von drei oder mehreren zu diesem Zwecke verbundenen Personen unter dem Schutze einer Versicherung verübt, so ist die nach § 146 verwirkte Strafe gegen den Anführer mit achtmonatlicher bis einjähriger und gegen die übrigen Teilnehmer mit vier- bis sechsmonatlicher Freiheitsstrafe zu schärfen.

c) Der Versichernde, sowie der Vorsteher einer Versicherungsgesellschaft verfällt in den Fällen a und b in eine Freiheitsstrafe von ein und einhalb bis zwei Jahren, der Rechnungsführer der Versicherungsgesellschaft in eine solche von sechs Monaten bis zu zwei Jahren, jedes der übrigen Mitglieder der Gesellschaft in eine solche von sechs Monaten bis zu einem Jahre.

Außerdem unterliegen die zum Zwecke der Versicherung angelegten Fonds der Versicherungsgesellschaft der Konfiskation. Kann die Konfiskation nicht vollstreckt werden, so ist an deren Stelle auf Erlegung einer Geldsumme von fünfhundert bis fünftausend Talern zu erkennen, für welche sämtliche Teilnehmer solidarisch verhaftet sind.

§ 148. Wer bei Verübung einer Kontrebande oder Defraudation Waffen zum Widerstande gegen die zur Wahrnehmung des Zollinteresses verpflichteten Beamten mit sich führt, hat neben der ordentlichen Strafe des Vergehens sechsmonatliche bis einjährige Freiheitsstrafe verwirkt.

Gegen denjenigen, welcher im Grenzbezirke auf Nebenwegen oder zur Nachtzeit bei einer Kontrebande oder Defraudation mit Waffen betroffen wird, wird angenommen, daß er die Waffen zum Widerstande gegen die Beamten mit sich geführt habe, sofern nicht aus den Umständen hervorgeht oder der Beweis geführt wird, daß der Zweck der Führung der Waffen mit dem Vergehen in keinem Zusammenhange stehe.

Hat der Angeschuldigte sich der Waffen zum Widerstande gegen die Beamten wirklich bedient, so treten die nach den Landesgesetzen (jetzt §§ 113 ff., 223 a I StGB.) verwirkten Strafen ein.

Den Waffen stehen andere gleich gefährliche Werkzeuge gleich.

c) Militärstrafgesetzbuch

v. 20. Juni 1872

i. d. Fassung der Bek. v. 16. Juni 1926 (RGBl. I S. 275).*)

Einleitende Bestimmungen.

§ 1. [1] Eine Handlung, welche dieses Gesetz mit dem Tode, mit Zuchthaus oder mit Gefängnis oder Festungshaft von mehr als fünf (5) Jahren bedroht, ist ein militärisches Verbrechen.

[2] Eine Handlung, welche dieses Gesetz mit Freiheitsstrafe (§ 16) bis zu fünf (5) Jahren bedroht, ist ein militärisches Vergehen.

---

*) Eine empfehlenswerte erläuterte Ausgabe von W. Fuhse ist bei Gg. Stilke in Berlin erschienen (2. Aufl. 1926).

§ 2. Diejenigen Bestimmungen, welche nach den Vorschriften des Deutschen Strafgesetzbuchs in Beziehung auf Verbrechen und Vergehen allgemein gelten, finden auf militärische Verbrechen und Vergehen entsprechende Anwendung.

§ 3. Strafbare Handlungen der Militärpersonen, welche nicht militärische Verbrechen oder Vergehen sind, werden nach den allgemeinen Strafgesetzen beurteilt.

§ 4. [1] Unter Militärpersonen sind die Soldaten und die Militärbeamten zu verstehen, die zum Heere oder zur Marine gehören.

[2] Unter Heer ist das Reichsheer, unter Marine die Reichsmarine zu verstehen.

§ 5. Die Klasseneinteilung der Militärpersonen ergibt das diesem Gesetze beigefügte Verzeichnis.

§ 6 (fortgefallen).

§ 7. Strafbare Handlungen, die von Militärpersonen im Ausland, während sie sich dort bei den Truppen oder sonst in dienstlicher Stellung befinden, begangen werden, sind ebenso zu bestrafen, als wenn diese Handlungen von ihnen im Reichsgebiete begangen wären.

§ 8. Militärische Verbrechen oder Vergehen, welche gegen Militärpersonen verbündeter Staaten in gemeinschaftlichen Dienstverhältnissen begangen werden, sind, wenn Gegenseitigkeit verbürgt ist, ebenso zu bestrafen, als wenn diese Handlungen gegen Militärpersonen des Heeres oder der Marine begangen wären.

§ 9. Die in diesem Gesetze für strafbare Handlungen im Felde gegebenen Vorschriften (Kriegsgesetze) gelten:

1. für die Dauer des mobilen Zustandes des Heeres, der Marine oder einzelner ihrer Teile;
2. (fortgefallen);
3. für diejenigen Truppen, denen bei einem Aufruhr, einer Meuterei oder einem kriegerischen Unternehmen der befehligende Offizier dienstlich bekanntgemacht hat, daß die Kriegsgesetze für sie in Kraft treten, für die Dauer dieser Zustände;
4. für diejenigen Kriegsgefangenen, denen der höchste an ihrem Aufenthaltsorte befehligende Offizier dienstlich bekanntgemacht hat, daß die Kriegsgesetze für sie in Kraft treten.

§ 10. Die Militärpersonen sind im Falle des § 9 Nr. 1 vom Tage ihrer Mobilmachung bis zu ihrer Demobilmachung den Kriegsgesetzen unterworfen.

§ 11. Im Sinne dieses Gesetzes ist als vor dem Feinde befindlich jede Truppe zu betrachten, bei welcher in Gewärtigung eines Zusammentreffens mit dem Feinde der Sicherheitsdienst gegen ihn begonnen hat.

§ 12. [1] Eine Handlung ist vor versammelter Mannschaft begangen, wenn außer dem Vorgesetzten und dem einzelnen Beteiligten noch mindestens sieben (7) andere zu militärischem Dienste versammelte Soldaten gegenwärtig gewesen sind.

[2] Eine Handlung ist unter den Waffen begangen, wenn der Täter im Waffendienst unter dem Befehl eines Vorgesetzten gestanden hat. An Bord von Schiffen der Reichsmarine steht dem Waffendienste der Gefechtsdienst und die Ausübung des militärischen, seemännischen oder technischen Wachdienstes gleich.

§ 13. [1] Wo das Gesetz die Strafe mit Rücksicht auf den Rückfall bestimmt, tritt sie ein, wenn der Täter, nachdem er wegen eines militärischen Verbrechens oder Vergehens durch ein deutsches Gericht verurteilt und bestraft worden ist, dasselbe militärische Verbrechen oder Vergehen abermals begeht.

[2] Diese Bestimmung findet Anwendung, auch wenn die frühere Strafe nur teilweise verbüßt oder ganz oder teilweise erlassen ist. Sie bleibt jedoch ausgeschlossen, wenn seit der Verbüßung oder dem Erlasse der Strafe bis zur Begehung der neuen strafbaren Handlung fünf (5) Jahre verflossen sind.

[3] Dasselbe gilt bei wiederholtem Rückfall.

Erster Teil.

Von der Bestrafung im allgemeinen.

Erster Abschnitt.

Strafen gegen Soldaten.

§ 14. Die Todesstrafe ist durch Erschießen zu vollstrecken, wenn sie wegen eines militärischen Verbrechens, im Felde auch dann, wenn sie wegen eines nicht militärischen Verbrechens erkannt worden ist.

§ 15. [1]Soweit die Militärgerichtsbarkeit aufrechterhalten ist (§ 1 Abs. 1 des Gesetzes, betreffend Aufhebung der Militärgerichtsbarkeit, vom 17. August 1920, Reichsgesetzbl. S. 1579), gelten für die Vollstreckung von Freiheitsstrafen gegen Soldaten die Vorschriften der Absätze 2 bis 4.

[2]Hat ein Soldat vor oder nach seinem Eintritt in den Dienst eine Freiheitsstrafe verwirkt, so wird diese von den Militärbehörden vollstreckt.

[3]Ist nach den Vorschriften des deutschen Strafgesetzbuchs eine Beschäftigung des Verurteilten zulässig oder geboten, so findet sie zu militärischen Zwecken und unter militärischer Aufsicht statt. Die zu Gefängnis verurteilten Unteroffiziere und Mannschaften können auch ohne ihre Zustimmung außerhalb der Anstalt beschäftigt werden.

[4]Ist Zuchthaus verwirkt oder wird auf Entfernung aus dem Heere oder der Marine oder auf Dienstentlassung erkannt, oder wird das militärische Dienstverhältnis aus einem anderen Grunde aufgelöst, so geht die Vollstreckung der Strafe auf die bürgerlichen Behörden über.

§ 16. [1]Freiheitsstrafe im Sinne dieses Gesetzes ist Gefängnis, Festungshaft oder Arrest.

[2]Die Freiheitsstrafe ist eine lebenslängliche oder eine zeitige. Der Höchstbetrag der zeitigen Freiheitsstrafe ist fünfzehn (15) Jahre, ihr Mindestbetrag ein (1) Tag.

[3]Wo dieses Gesetz die Freiheitsstrafe nicht ausdrücklich als eine lebenslängliche androht, ist sie eine zeitige.

§ 17. [1]Die Freiheitsstrafe ist, wenn ihre Dauer mehr als sechs (6) Wochen beträgt, Gefängnis oder Festungshaft, bei kürzerer Dauer Arrest.

[2]Ist eine angedrohte Zuchthausstrafe auf eine kürzere als einjährige Dauer zu ermäßigen, so tritt an ihre Stelle Gefängnis von gleicher Dauer.

§ 18 (fortgefallen).

§ 19. Der Arrest zerfällt in Stubenarrest, gelinden Arrest und geschärften Arrest.

§ 20. Der Stubenarrest findet gegen Offiziere und Unteroffiziere mit Portepee, der gelinde Arrest gegen Unteroffiziere und Mannschaften, der geschärfte Arrest gegen Unteroffiziere ohne Portepee und gegen Mannschaften statt.

§ 21. Ist in diesem Gesetze Freiheitsstrafe angedroht, so sind darunter, je nach der Zeitdauer des Strafmaßes, Gefängnis, Festungshaft und Arrest als wahlweise angedroht zu erachten.

§ 22. [1] Ist in diesem Gesetz Arrest angedroht, so kann auf jede der nach dem Militärrang des Täters statthaften Arten des Arrests erkannt werden.

[2] Ist in diesem Gesetz eine bestimmte Arrestart angedroht und diese gegen den Täter nach seinem Militärrang nicht statthaft, so ist auf die nächstfolgende nach seinem Range statthafte Arrestart zu erkennen.

§ 23. Der Stubenarrest wird von dem Verurteilten in seiner Wohnung verbüßt. Der Verurteilte darf während der Dauer des Stubenarrests seine Wohnung nicht verlassen, auch Besuche nicht annehmen. Gegen Hauptleute, Rittmeister, Leutnants und Unteroffiziere mit Portepee kann durch Richterspruch die Strafvollstreckung in einem besonderen Offizierarrestzimmer angeordnet werden (geschärfter Stubenarrest).

§ 24. Der gelinde und der geschärfte Arrest werden in Einzelhaft verbüßt.

§ 25. Der geschärfte Arrest wird in der Art vollstreckt, daß der Verurteilte eine harte Lagerstätte und als Nahrung Wasser und Brot erhält. Diese Schärfungen kommen am vierten und demnächst an jedem dritten Tage in Fortfall.

§ 26 (fortgefallen).

§ 27. Läßt der körperliche Zustand des Verurteilten die Verbüßung des geschärften Arrests nicht zu, so tritt gelinder Arrest ein.

§ 28. Die Abweichungen, die bei Vollstreckung von Arreststrafen dadurch bedingt werden, daß sie während eines Krieges oder auf den in Dienst gestellten Schiffen oder anderen Fahrzeugen der Marine zu vollziehen sind, werden durch Anordnung des Reichspräsidenten bestimmt.

§ 29. Wo die allgemeinen Strafgesetze Geldstrafe und Freiheitsstrafe wahlweise androhen, darf, wenn durch die strafbare Handlung zugleich eine militärische Dienstpflicht verletzt worden ist, auf Geldstrafe nicht erkannt werden.

§ 30. Die besonderen Ehrenstrafen gegen Soldaten sind:
1. Entfernung aus dem Heere oder der Marine;
2. gegen Offiziere: Dienstentlassung;
3. gegen Unteroffiziere und Mannschaften: Dienstentlassung;
4. gegen Unteroffiziere: Degradation.

§ 31. [1] Auf Entfernung aus dem Heere oder der Marine muß gegen Unteroffiziere und Mannschaften neben Zuchthaus stets, neben dem Verlust der bürgerlichen Ehrenrechte dann erkannt werden, wenn die Dauer dieses Verlustes drei (3) Jahre übersteigt.

[2] Gegen Offiziere muß auf diese Entfernung erkannt werden:
1. neben Zuchthaus oder dem Verluste der bürgerlichen Ehrenrechte ohne Rücksicht auf seine Dauer;
2. wo gegen Unteroffiziere oder Mannschaften Dienstentlassung geboten ist.

[3] Auf Entfernung aus dem Heere oder der Marine kann erkannt werden neben Gefängnis von längerer als fünfjähriger Dauer, außerdem gegen Offiziere in allen Fällen, in denen gegen Unteroffiziere oder Mannschaften Dienstentlassung zulässig ist.

§ 32. [1] Die Entfernung aus dem Heere oder der Marine hat
1. den Verlust der Dienststelle und der damit verbundenen Auszeichnungen,
2. den dauernden Verlust der Orden und Ehrenzeichen,
3. die Unfähigkeit zum Wiedereintritt in das Heer und in die Marine

von Rechts wegen zur Folge.

[2] Über den Verlust der durch den Militärdienst er-

worbenen Versorgungsansprüche bestimmen die Versorgungsgesetze.

§ 33. Gegen pensionierte Offiziere ist statt auf Entfernung aus dem Heere oder der Marine auf Verlust des Offiziertitels zu erkennen. Mit diesem Verluste treten zugleich die im § 32 Nr. 2 und 3 bezeichneten Folgen sowie die Verwirkung des Rechtes, die Offizieruniform zu tragen, von Rechts wegen ein.

§ 34. [1]Auf Dienstentlassung muß gegen Offiziere erkannt werden:

1. neben Erkennung auf Unfähigkeit zur Bekleidung öffentlicher Ämter;
2. wo gegen Unteroffiziere Degradation geboten ist.

[2]Auf Dienstentlassung kann gegen Offiziere erkannt werden:

1. neben Festungshaft von längerer als einjähriger Dauer;
2. wo gegen Unteroffiziere Degradation zulässig ist.

§ 35. [1]Die Dienstentlassung gegen Offiziere hat den Verlust der Dienststelle und die Verwirkung des Rechtes, die Offizieruniform zu tragen, von Rechts wegen zur Folge. Der Verlust des Diensttitels ist mit dieser Strafe nicht verbunden.

[2]Über den Verlust der durch den Dienst als Offizier erworbenen Versorgungsansprüche bestimmen die Versorgungsgesetze.

§ 36. Gegen pensionierte Offiziere, welche das Recht zum Tragen der Offizieruniform haben, ist statt auf Dienstentlassung auf Verlust dieses Rechtes zu erkennen.

§ 37. [1]Auf Dienstentlassung muß gegen Unteroffiziere und Mannschaften erkannt werden neben dem Verluste der bürgerlichen Ehrenrechte, wenn die Dauer dieses Verlustes nicht drei (3) Jahre übersteigt.

[2]Auf Dienstentlassung kann gegen Unteroffiziere und Mannschaften erkannt werden:

1. im wiederholten Rückfall;
2. wenn die Verurteilung wegen Diebstahls, Unterschlagung, Raubes, Erpressung, Hehlerei, Betrugs

oder Urkundenfälschung erfolgt, auch wenn der Verlust der bürgerlichen Ehrenrechte nicht eintritt.

§ 38. [1] Unteroffiziere und Mannschaften, die wegen militärischer Vergehen bereits zweimal verurteilt und bestraft worden sind, können, wenn sie zum dritten Male wegen eines militärischen Vergehens verurteilt werden, neben der Freiheitsstrafe mit Dienstentlassung bestraft werden.

[2] Dasselbe kann geschehen, wenn außer einer gerichtlichen Strafe mehrmalige Disziplinarstrafen des höchsten Grades vollstreckt worden sind und zum zweiten Male wegen eines militärischen Vergehens eine Verurteilung erfolgt.

[3] Die Strafschärfung bleibt jedoch ausgeschlossen, wenn seit der zuletzt bestraften Handlung bis zur Begehung des Vergehens sechs (6) Monate verflossen sind.

§ 39. [1] Die Dienstentlassung gegen Unteroffiziere und Mannschaften hat den Verlust der Dienststelle und den dauernden Verlust der Orden und Ehrenzeichen von Rechts wegen zur Folge.

[2] Über den Verlust der durch den Militärdienst erworbenen Versorgungsansprüche bestimmen die Versorgungsgesetze.

§ 40. [1] Auf Degradation muß gegen Unteroffiziere erkannt werden:

1. neben Gefängnis von längerer als einjähriger Dauer;
2. neben Dienstentlassung;
3. neben Aberkennung der Fähigkeit zur Bekleidung öffentlicher Ämter.

[2] Auf Degradation kann gegen Unteroffiziere erkannt werden:

1. neben Gefängnis von einjähriger oder kürzerer Dauer;
2. wegen wiederholten Rückfalls;
3. wegen einer strafbaren Handlung der im § 37 Abs. 2 Nr. 2 bezeichneten Art.

§ 41. [1] Die Degradation hat den Rücktritt in den Stand der Mannschaften von Rechts wegen zur Folge.

[2] Über den Verlust der durch den Dienst als Unteroffizier erworbenen Versorgungsansprüche bestimmen die Versorgungsgesetze.

§ 42 (fortgefallen).

Zweiter Abschnitt.

Strafen gegen Militärbeamte.

§ 43. Auf Amtsverlust kann gegen Militärbeamte erkannt werden:

1. neben Freiheitsstrafe von mehr als einjähriger Dauer;
2. wenn die Verurteilung wegen einer strafbaren Handlung der im § 37 Abs. 2 Nr. 2 bezeichneten Art erfolgt.

§ 44. Der Arrest findet gegen obere Militärbeamte als Stubenarrest, gegen untere Militärbeamte als gelinder Arrest statt.

§ 45. Die Vorschriften der §§ 14 und 15 finden auch auf Militärbeamte Anwendung.

Dritter Abschnitt.

Versuch.

§ 46. Wenn neben der Strafe des vollendeten Verbrechens oder Vergehens militärische Ehrenstrafen (§ 30) zulässig oder geboten sind, so sind sie neben der Versuchsstrafe zulässig.

Vierter Abschnitt.

Teilnahme.

§ 47. Wird durch die Ausführung eines Befehls in Dienstsachen ein Strafgesetz verletzt, so ist dafür der befehlende Vorgesetzte allein verantwortlich. Es trifft jedoch den gehorchenden Untergebenen die Strafe des Teilnehmers:

1. wenn er den ihm erteilten Befehl überschritten hat, oder
2. wenn ihm bekannt gewesen ist, daß der Befehl des Vorgesetzten eine Handlung betraf, welche ein bürgerliches oder militärisches Verbrechen oder Vergehen bezweckte.

Fünfter Abschnitt.

Gründe, welche die Strafe ausschließen, mildern oder erhöhen.

§ 48. Die Strafbarkeit einer Handlung oder Unterlassung ist dadurch nicht ausgeschlossen, daß der Täter nach seinem Gewissen oder den Vorschriften seiner Religion sein Verhalten für geboten erachtet hat.

§ 49. [1] Die Verletzung einer Dienstpflicht aus Furcht vor persönlicher Gefahr ist ebenso zu bestrafen wie die Verletzung der Dienstpflicht aus Vorsatz.

[2] Bei strafbaren Handlungen gegen die Pflichten der militärischen Unterordnung sowie bei allen in Ausübung des Dienstes begangenen strafbaren Handlungen bildet die selbstverschuldete Trunkenheit des Täters keinen Strafmilderungsgrund.

§ 50. Bei Bestrafung militärischer Verbrechen oder Vergehen ist die Erkennung der angedrohten Strafe unabhängig von dem Alter des Täters.

§ 51. Die Verfolgung eines militärischen Verbrechens oder Vergehens ist unabhängig von dem Antrag des Verletzten oder einer anderen zum Antrag berechtigten Person.

§ 52. Bei Berechnung der Verjährungsfrist einer Strafvollstreckung ist der Arrest der Haft gleich zu achten.

§ 53. Wo dieses Gesetz eine erhöhte Freiheitsstrafe androht, kann sie das Doppelte der für das betreffende Verbrechen oder Vergehen angedrohten Freiheitsstrafe erreichen; sie darf jedoch den gesetzlich zulässigen Höchstbetrag der zu verhängenden Strafart nicht übersteigen (§§ 16, 17, 24).

§ 54. [1]Wenn mehrere zeitige Freiheitsstrafen zusammentreffen, so ist auf eine Gesamtstrafe nach den Vorschriften des Deutschen Strafgesetzbuchs zu erkennen. Sie darf in keinem Falle den gesetzlich zulässigen Höchstbetrag der zu verhängenden Strafart übersteigen. Ist die Gesamtstrafe wegen Zusammentreffens militärischer Verbrechen und Vergehen mit bürgerlichen Verbrechen und Vergehen zu erkennen, so ist der Höchstbetrag der Strafe wegen letzterer durch die Vorschriften des Deutschen Strafgesetzbuchs bestimmt.

[2]Bestehen die zusammentreffenden Freiheitsstrafen nur in Arreststrafen, so darf auch die Gesamtstrafe nur in Arrest bestehen. Sind die Arreststrafen ungleichartige, so gilt ein (1) Tag geschärften Arrests gleich zwei (2) Tagen gelinden Arrests, ein (1) Tag gelinden Arrests gleich einem (1) Tag geschärften Stubenarrests, ein (1) Tag gelinden Arrests oder geschärften Stubenarrests gleich zwei (2) Tagen Stubenarrests.

[3]Die Verurteilung zu einer Gesamtstrafe schließt die Verurteilung zu einer Ehrenstrafe nicht aus, wenn diese auch nur neben einer der verwirkten Einzelstrafen zulässig oder geboten ist.

§ 55. Auf erhöhte Strafe (§ 53) ist, sofern in diesem Gesetze nicht besondere Bestimmungen getroffen worden sind, zu erkennen:

1. gegen Vorgesetzte, welche gemeinschaftlich mit Untergebenen eine strafbare Handlung ausführen oder sich sonst an einer strafbaren Handlung Untergebener beteiligen;
2. wenn strafbare Handlungen unter Mißbrauch der Waffen oder der dienstlichen Befugnisse oder während der Ausübung des Dienstes ausgeführt werden;
3. wenn mehrere unter Zusammenrottung oder vor einer Menschenmenge strafbare Handlungen gemeinschaftlich ausführen.

Zweiter Teil.

Von den einzelnen Verbrechen und Vergehen und ihrer Bestrafung.

Erster Titel.

Militärische Verbrechen und Vergehen der Soldaten.

Erster Abschnitt.

Hochverrat, Landesverrat, Kriegsverrat.

§ 56. Auf einen Soldaten, der sich eines Hochverrats oder eines Landesverrats schuldig macht, finden die Vorschriften des Deutschen Strafgesetzbuchs (§§ 80—93) Anwendung.

§ 57. Wer im Felde einen Landesverrat begeht, wird wegen Kriegsverrats mit Zuchthaus nicht unter zehn (10) Jahren oder mit lebenslänglichem Zuchthaus bestraft.

§ 58. [1] Wegen Kriegsverrats (§ 57) wird mit dem Tode bestraft, wer mit dem Vorsatz, einer feindlichen Macht Vorschub zu leisten oder den deutschen oder verbündeten Truppen Nachteil zuzufügen,

1. eine der im § 90 des Deutschen Strafgesetzbuchs bezeichneten strafbaren Handlungen begeht,
2. Wege oder Telegraphenanstalten zerstört oder unbrauchbar macht,
3. das Geheimnis des Postens, das Feldgeschrei oder die Losung verrät,
4. vor dem Feinde Meldungen oder dienstliche Mitteilungen falsch macht oder richtige zu machen unterläßt,
5. dem Feinde als Wegweiser zu einer militärischen Unternehmung gegen deutsche oder verbündete Truppen dient oder als Wegweiser kriegführende deutsche oder verbündete Truppen irreleitet,
6. vor dem Feinde in einer Weise, welche geeignet ist, die Truppen zu beunruhigen oder irrezuleiten, militärische Signale oder andere Zeichen gibt, zur

Flucht auffordert oder das Sammeln zerstreuter Mannschaften verhindert,

7. einen Dienstbefehl ganz oder teilweise unausgeführt läßt oder eigenmächtig abändert,
8. es unternimmt, mit Personen im feindlichen Heere, in der feindlichen Marine oder im feindlichen Lande über Dinge, welche die Kriegführung betreffen, mündlich oder schriftlich Verkehr zu pflegen oder einen solchen Verkehr zu vermitteln,
9. feindliche Aufrufe oder Bekanntmachungen im Heere verbreitet,
10. die pflichtmäßige Fürsorge für die Verpflegung der Truppen unterläßt,
11. feindliche Kriegsgefangene freiläßt oder
12. dem Feinde ein Signalbuch oder einen Auszug aus einem solchen mitteilt.

²In minder schweren Fällen tritt Zuchthaus nicht unter zehn (10) Jahren oder lebenslängliches Zuchthaus ein.

§ 59. Haben mehrere einen Kriegsverrat verabredet, ohne daß es zur Ausführung oder zu einem strafbaren Versuche gekommen ist, so tritt Zuchthaus nicht unter fünf (5) Jahren ein.

§ 60. Wer von dem Vorhaben eines Kriegsverrats (§§ 57 bis 59) zu einer Zeit, in welcher die Verhütung des Verbrechens möglich ist, glaubhafte Kenntnis erhält und es unterläßt, hiervon rechtzeitig Anzeige zu machen, ist, wenn das Verbrechen oder ein strafbarer Versuch begangen worden ist, mit der Strafe des Mittäters zu belegen.

§ 61. Straflosigkeit tritt für den an dem Vorhaben eines Kriegsverrats Beteiligten ein, wenn er von ihm zu einer Zeit, wo die Dienstbehörde nicht schon anderweit davon unterrichtet ist, in einer Weise Anzeige macht, daß die Verhütung des Verbrechens möglich ist.

Zweiter Abschnitt.

Gefährdung der Kriegsmacht im Felde.

§ 62. ¹Wer im Felde eine Dienstpflicht vorsätzlich verletzt und dadurch bewirkt, daß die Unternehmungen des

Feindes befördert werden oder den kriegführenden deutschen oder verbündeten Truppen Gefahr oder Nachteil bereitet wird, ist mit Zuchthaus bis zu zehn (10) Jahren oder mit Gefängnis oder Festungshaft bis zu zehn (10) Jahren zu bestrafen. In minder schweren Fällen oder wenn die Verletzung der Dienstpflicht nicht vorsätzlich geschehen ist, tritt Freiheitsstrafe bis zu drei (3) Jahren ein.

²Auch kann gegen Unteroffiziere und Mannschaften neben Gefängnis auf Dienstentlassung erkannt werden.

§ 63. ¹Mit dem Tode wird bestraft:

1. der Kommandant eines festen Platzes, der ihn dem Feinde übergibt, ohne zuvor alle Mittel zur Verteidigung des Platzes erschöpft zu haben;
2. der Befehlshaber, welcher im Felde mit Vernachlässigung der ihm zu Gebote stehenden Verteidigungsmittel den ihm anvertrauten Posten verläßt oder dem Feinde übergibt;
3. der Befehlshaber, welcher auf freiem Felde kapituliert, wenn dies das Strecken der Waffen für die ihm untergebenen Truppen zur Folge gehabt und er nicht zuvor alles getan hat, was die Pflicht von ihm erfordert;
4. der Befehlshaber eines Schiffes der Marine, der dieses oder seine Bemannung dem Feinde übergibt, ohne zuvor zur Vermeidung dieser Übergabe alles getan zu haben, was die Pflicht von ihm erfordert.

²In minder schweren Fällen der Nummern 2 und 3 tritt Festungshaft nicht unter fünf (5) Jahren oder lebenslängliche Festungshaft ein.

Dritter Abschnitt.

Unerlaubte Entfernung und Fahnenflucht.

§ 64. Wer eigenmächtig seine Truppe oder Dienststelle verläßt oder ihnen fernbleibt, wird, wenn die Abwesenheit durch sein vorsätzliches oder fahrlässiges Verschulden länger als sieben (7), im Felde länger als drei (3) Tage dauert, wegen unerlaubter Entfernung mit Gefängnis oder Festungshaft bis zu zwei (2) Jahren bestraft. In minder schweren Fällen kann die Strafe bis auf vierzehn (14) Tage geschärften Arrests ermäßigt werden.

§ 65. [1] Ebenso (§ 64) wird bestraft, wer im Felde es vorsätzlich oder fahrlässig unterläßt, binnen drei (3) Tagen

1. sich der Truppe, von der er abgekommen ist, oder einer andern Truppe wieder anzuschließen, oder
2. sich nach beendeter Kriegsgefangenschaft bei einem Truppenteile zu melden.

[2] Dasselbe gilt für denjenigen, der außerhalb der deutschen Hoheitsgrenzen von einem Schiffe oder Seetransport abgekommen ist und es vorsätzlich oder fahrlässig unterläßt, sich bei ihnen oder andern deutschen Schiffen oder Seetransporten oder bei einer deutschen Behörde binnen drei (3) Tagen zu melden.

§ 66 (fortgefallen).

§ 67. Freiheitsstrafe von sechs (6) Monaten bis zu fünf (5) Jahren tritt ein, wenn die Abwesenheit im Felde länger als sieben (7) Tage dauert. In minder schweren Fällen kann die Freiheitsstrafe bis auf drei (3) Monate ermäßigt werden.

§ 68 (fortgefallen).

§ 69. [1] Wer in der Absicht, sich der Verpflichtung zum Dienste in der Wehrmacht dauernd zu entziehen oder die Auflösung des Dienstverhältnisses zu erreichen, seine Truppe oder Dienststelle verläßt oder ihnen fernbleibt, wird wegen Fahnenflucht bestraft.

[2] Der Fahnenflucht steht es gleich, wenn der Täter in der Absicht seine Truppe oder Dienststelle verläßt oder ihnen fernbleibt, sich für die Dauer eines Krieges, kriegerischer Unternehmungen oder innerer Unruhen der Verpflichtung zum Dienste in der Wehrmacht überhaupt oder in den mobilen Teilen der Wehrmacht zu entziehen.

§ 70. [1] Die Fahnenflucht wird mit Gefängnis von sechs (6) Monaten bis zu zwei (2) Jahren, im ersten Rückfall mit Gefängnis von einem (1) Jahr bis zu fünf (5)

Jahren, im wiederholten Rückfall mit Zuchthaus von fünf (5) bis zu zehn (10) Jahren bestraft. In minder schweren Fällen kann die Gefängnisstrafe bis auf drei (3) Monate, im Rückfall bis auf sechs (6) Monate ermäßigt werden.

²Der Versuch ist strafbar.

§ 71. ¹Die Fahnenflucht im Felde wird mit Gefängnis von fünf (5) bis zu zehn (10) Jahren bestraft; in minder schweren Fällen kann die Gefängnisstrafe bis auf ein (1) Jahr ermäßigt werden.

²Im Rückfall tritt, wenn die frühere Fahnenflucht nicht im Felde begangen ist, Zuchthaus nicht unter fünf (5) Jahren und, wenn die frühere Fahnenflucht im Felde begangen ist, Todesstrafe oder lebenslängliches Zuchthaus oder Zuchthaus nicht unter zehn (10) Jahren ein.

§ 72. ¹Haben mehrere eine Fahnenflucht verabredet und gemeinschaftlich ausgeführt, so wird die an sich verwirkte Zuchthausstrafe oder Gefängnisstrafe um die Dauer von einem (1) Jahre bis zu fünf (5) Jahren erhöht. In minder schweren Fällen (§ 70 Abs. 1 Satz 2) beträgt die Erhöhung mindestens sechs (6) Monate.

²Ist die Handlung im Felde begangen, so tritt statt des Gefängnisses Zuchthaus von gleicher Dauer, gegen den Rädelsführer und gegen den Anstifter Todesstrafe oder lebenslängliches Zuchthaus oder Zuchthaus nicht unter fünf (5), im Rückfall nicht unter zehn (10) Jahren ein.

§ 73. ¹Die Fahnenflucht vom Posten vor dem Feinde oder aus einer belagerten Festung wird mit dem Tode bestraft.

²Dieselbe Strafe trifft den Fahnenflüchtigen, welcher zum Feinde übergeht.

§ 74. Neben dem wegen Fahnenflucht verwirkten Gefängnis ist gegen Unteroffiziere und Mannschaften auf Dienstentlassung zu erkennen.

§ 75. Stellt sich ein Fahnenflüchtiger innerhalb sechs (6) Wochen, im Felde innerhalb einer (1) Woche nach erfolgter Fahnenflucht, so kann die an sich verwirkte Zuchthausstrafe oder Gefängnisstrafe bis auf die Hälfte ermäßigt, an Stelle der Todesstrafe auf lebenslängliches Zuchthaus oder Zuchthaus nicht unter fünf (5) Jahren erkannt werden. Auch kann, wenn kein Rückfall vorliegt und die Straftat nicht im Felde begangen ist, von der Dienstentlassung (§ 74) abgesehen werden. Gegen Unteroffiziere muß jedoch auf Degradation erkannt werden.

§ 76. Die Verjährung der Strafverfolgung wegen Fahnenflucht beginnt mit dem Tage, an dem der Fahnenflüchtige, wenn er die Handlung nicht begangen hätte, die Verpflichtung zum Dienste erfüllt haben würde.

§ 77. Wer von dem Vorhaben einer Fahnenflucht zu einer Zeit, in der ihre Verhütung möglich ist, glaubhafte Kenntnis erhält und es unterläßt, hiervon seinem Vorgesetzten rechtzeitig Anzeige zu machen, ist, wenn die Fahnenflucht begangen worden ist, mit Freiheitsstrafe bis zu sechs (6) Monaten und, wenn die Fahnenflucht im Felde begangen worden ist, mit Freiheitsstrafe bis zu drei (3) Jahren zu bestrafen.

§ 78. [1] Wer einen andern zur Fahnenflucht vorsätzlich verleitet oder dessen Fahnenflucht vorsätzlich befördert, wird, wenn die Fahnenflucht erfolgt ist, mit Gefängnis von sechs (6) Monaten bis zu zwei (2) Jahren, im Felde mit Gefängnis von fünf (5) bis zu zehn (10) Jahren bestraft; zugleich kann gegen Unteroffiziere und Mannschaften auf Dienstentlassung erkannt werden. In minder schweren Fällen kann die Gefängnisstrafe bis auf drei (3) Monate, im Felde bis auf ein (1) Jahr ermäßigt werden.

[2] Der Versuch ist strafbar.

§ 79 (fortgefallen).

§ 80. [1] Ein Offizier, welcher während der Verbüßung des Stubenarrests eigenmächtig seine Wohnung verläßt, wird mit Freiheitsstrafe bis zu sechs (6) Monaten bestraft; zugleich ist auf Dienstentlassung zu erkennen.

[2] Ein Offizier, welcher während der Verbüßung

des Stubenarrests dem Verbote des § 23 zuwider Besuche annimmt, wird mit Freiheitsstrafe bis zu sechs (6) Monaten bestraft; in schweren Fällen ist zugleich auf Dienstentlassung zu erkennen.

Vierter Abschnitt.

Selbstbeschädigung und Vorschützung von Gebrechen.

§ 81. [1] Wer sich vorsätzlich durch Selbstverstümmelung oder auf andere Weise zur Erfüllung seiner Verpflichtung zum Dienste untauglich macht oder durch einen andern untauglich machen läßt, wird mit Gefängnis von einem (1) Jahre bis zu fünf (5) Jahren bestraft; zugleich ist gegen Unteroffiziere und Mannschaften auf Dienstentlassung zu erkennen.

[2] Wird durch die Handlung die Unfähigkeit zu Arbeiten für militärische Zwecke verursacht, so ist die an sich verwirkte Gefängnisstrafe um die Dauer von drei (3) Monaten bis zu einem (1) Jahre zu erhöhen; zugleich ist auf Entfernung aus dem Heere oder der Marine zu erkennen.

[3] Der Versuch ist strafbar.

§ 82. Dieselben Freiheitsstrafen (§ 81) treffen denjenigen, welcher einen andern auf dessen Verlangen zur Erfüllung seiner Verpflichtung zum Dienste untauglich macht; zugleich kann gegen Unteroffiziere und Mannschaften auf Dienstentlassung erkannt werden.

§ 83. [1] Wer in der Absicht, sich der Erfüllung seiner Verpflichtung zum Dienste ganz oder teilweise zu entziehen, ein auf Täuschung berechnetes Mittel anwendet, wird mit Freiheitsstrafe bis zu fünf (5) Jahren bestraft; zugleich kann gegen Unteroffiziere und Mannschaften auf Dienstentlassung erkannt werden.

[2] Dieselbe Strafvorschrift findet auf den Teilnehmer Anwendung.

Fünfter Abschnitt.

Feigheit.

§ 84. Wer während des Gefechts aus Feigheit die Flucht ergreift und die Kameraden durch Worte oder Zeichen zur Flucht verleitet, wird mit dem Tode bestraft.

§ 85. [1]Mit Zuchthaus bis zu fünf (5) Jahren wird bestraft, wer aus Feigheit

1. bei dem Vormarsch zum Gefechte, während des Gefechts oder auf dem Rückzug von seinem Truppenteil heimlich zurückbleibt, sich von ihm wegschleicht oder sich versteckt hält, die Flucht ergreift, seine Waffen oder Munition wegwirft oder im Stiche läßt, oder sein Pferd oder seine Waffen unbrauchbar macht oder
2. sich durch Vorschützung einer Verwundung oder eines Leidens oder durch absichtlich veranlaßte Trunkenheit dem Gefecht oder vor dem Feinde einer sonstigen mit Gefahr für seine Person verbundenen Dienstleistung zu entziehen sucht.

[2]In minder schweren Fällen ist auf Gefängnis von einem (1) Jahre bis zu fünf (5) Jahren und gegen Unteroffiziere und Mannschaften auf Dienstentlassung zu erkennen.

§ 86. Ist in den Fällen des § 85 durch die Feigheit ein erheblicher Nachteil verursacht worden, so tritt Zuchthaus nicht unter fünf (5) Jahren und wenn der Tod eines Menschen verursacht worden ist, Zuchthaus nicht unter zehn (10) Jahren oder lebenslängliches Zuchthaus ein.

§ 87. Wer in andern als den in den §§ 84 und 85 benannten Fällen aus Besorgnis vor persönlicher Gefahr eine militärische Dienstpflicht verletzt, wird mit Freiheitsstrafe bis zu drei (3) Jahren bestraft; zugleich kann gegen Unteroffiziere und Mannschaften auf Dienstentlassung erkannt werden.

§ 88. Hat der Täter in den Fällen der §§ 85 und 86 nach der Tat hervorragende Beweise von Mut abgelegt, so kann die Strafe unter den Mindestbetrag der angedrohten Freiheitsstrafe ermäßigt und in den Fällen der §§ 85 und 87 von der Bestrafung gänzlich abgesehen werden.

Sechster Abschnitt.

Strafbare Handlungen gegen die Pflichten der militärischen Unterordnung.

§ 89. Wer im Dienste oder in Beziehung auf eine Diensthandlung einen Vorgesetzten mit der Begehung eines Verbrechens oder Vergehens bedroht, wird mit geschärftem Arreste nicht unter vierzehn (14) Tagen oder mit Gefängnis oder Festungshaft bis zu drei (3) Jahren bestraft.

§ 90 (fortgefallen).

§ 91. [1] Wer einen Vorgesetzten oder im Dienstrang Höheren durch üble Nachrede (§ 186 des Strafgesetzbuchs) beleidigt, wird mit Freiheitsstrafe bis zu zwei (2) Jahren und, wenn die Beleidigung im Dienste oder in Beziehung auf eine Diensthandlung begangen worden ist, mit Freiheitsstrafe bis zu drei (3) Jahren bestraft.

[2] Ist die Beleidigung durch Verbreitung von Schriften, Darstellungen oder Abbildungen begangen, so ist auf Gefängnis oder Festungshaft bis zu fünf (5) Jahren zu erkennen.

[3] Ist die Beleidigung eine verleumderische (§ 187 des Strafgesetzbuchs), so tritt Gefängnis bis zu fünf (5) Jahren ein.

§ 92. [1] Wer vorsätzlich einen Befehl in Dienstsachen nicht befolgt und dadurch vorsätzlich oder fahrlässig einen erheblichen Nachteil, eine Gefahr für Menschenleben oder in bedeutendem Umfang für fremdes Eigentum oder eine Gefahr für die Sicherheit des Reichs oder für die Schlagfertigkeit oder Ausbildung der Truppe herbeiführt, wird mit geschärftem Arreste nicht unter einer (1) Woche oder mit Gefängnis oder Festungshaft bis zu zehn (10) Jahren, im Felde bis zu fünfzehn (15) Jahren oder mit lebenslänglicher Freiheitsstrafe bestraft.

[2] Ist die Tat fahrlässig begangen, so tritt Freiheitsstrafe bis zu zwei (2), im Felde bis zu drei (3) Jahren ein.

§ 93 (fortgefallen).

§ 94. Wer den Gehorsam durch Wort oder Tat verweigert oder auf wiederholt erhaltenen Befehl in Dienstsachen im Ungehorsame beharrt und dadurch vorsätzlich oder fahrlässig die im § 92 Abs. 1 angegebenen Folgen herbeiführt, wird mit geschärftem Arreste nicht unter vierzehn (14) Tagen oder mit Gefängnis oder Festungshaft bis zu zehn (10) Jahren, im Felde bis zu fünfzehn (15) Jahren oder mit lebenslänglicher Freiheitsstrafe bestraft.

§ 95. [1] Wer den Gehorsam durch Wort oder Tat verweigert oder auf wiederholt erhaltenen Befehl in Dienstsachen im Ungehorsame beharrt, wird, wenn die Tat begangen wird

1. vor versammelter Mannschaft oder
2. unter den Waffen oder
3. gegen den Befehl, unter die Waffen zu treten oder
4. in der Absicht, sich seiner Verpflichtung zum Dienste ganz oder teilweise zu entziehen oder die Auflösung des Dienstverhältnisses zu erreichen, mit Gefängnis oder Festungshaft bis zu fünf (5) Jahren, im Felde mit Gefängnis oder Festungshaft nicht unter einem (1) Jahre bestraft. In minder schweren Fällen kann die Strafe bis auf vierzehn (14) Tage geschärften Arrests ermäßigt werden.

[2] Führt der Täter durch die Tat vorsätzlich oder fahrlässig die im § 92 Abs. 1 bezeichneten Folgen herbei, so ist auf Gefängnis oder Festungshaft bis zu zehn (10), im Felde von einem (1) bis zu fünfzehn (15) Jahren oder auf lebenslängliche Freiheitsstrafe zu erkennen. In minder schweren Fällen kann die Strafe bis auf drei (3) Wochen geschärften Arrests ermäßigt werden.

[3] Ist eine der im Abs. 1 und 2 bezeichneten Handlungen vor dem Feinde begangen, so tritt in den Fällen des Abs. 1 Freiheitsstrafe nicht unter zehn (10) Jahren, in minder schweren Fällen nicht unter einem (1) Jahre, in den Fällen des Abs. 2 Todesstrafe oder lebenslängliche Freiheitsstrafe oder Freiheitsstrafe nicht unter

zehn (10) Jahren, in minder schweren Fällen Freiheitsstrafe nicht unter einem (1) Jahre ein.

§ 96. [1] Wer es unternimmt, einen Vorgesetzten mittels Gewalt oder Drohung an der Ausführung eines Dienstbefehls zu hindern oder zur Vornahme oder Unterlassung einer Diensthandlung zu nötigen, wird wegen Widersetzung mit Freiheitsstrafe von sechs (6) Monaten bis zu zehn (10) Jahren, in minder schweren Fällen mit Freiheitsstrafe nicht unter drei (3) Monaten, im Felde mit Gefängnis nicht unter zwei (2) Jahren, in minder schweren Fällen nicht unter sechs (6) Monaten bestraft.

[2] Dieselbe Strafe tritt ein, wenn die Handlung gegen die zur Unterstützung des Vorgesetzten befehligten oder zugezogenen Mannschaften begangen wird.

§ 97. [1] Wer sich an einem Vorgesetzten tätlich vergreift oder einen tätlichen Angriff gegen ihn unternimmt, wird mit Freiheitsstrafe nicht unter drei (3) Jahren, in minder schweren Fällen mit Freiheitsstrafe nicht unter sechs (6) Monaten bestraft. Wird die Handlung unter den Waffen oder sonst im Dienste oder vor versammelter Mannschaft oder mit einer Waffe oder mit einem andern gefährlichen Werkzeug ausgeführt, so tritt Freiheitsstrafe nicht unter fünf (5) Jahren, in minder schweren Fällen Freiheitsstrafe nicht unter einem (1) Jahre ein.

[2] Ist die Handlung im Felde begangen, so tritt Todesstrafe, in minder schweren Fällen, oder wenn die Handlung außer dem Dienste begangen ist, lebenslängliche Freiheitsstrafe oder Freiheitsstrafe nicht unter einem (1) Jahre ein.

[3] Hat die Handlung eine schwere Körperverletzung oder den Tod des Vorgesetzten verursacht, so ist in den Fällen des Abs. 1 statt auf Gefängnis oder Festungshaft auf Zuchthaus von gleicher Dauer, in minder schweren Fällen auf Zuchthaus oder Freiheitsstrafe nicht unter einem (1) Jahre zu erkennen; in den Fällen des Abs. 2 tritt Todesstrafe, in minder schweren Fällen lebenslängliche Zuchthaus- oder Freiheitsstrafe oder

Zuchthaus- oder Freiheitsstrafe nicht unter zwei (2) Jahren ein.

4 Gegen Offiziere ist neben Gefängnis oder Festungshaft auf Dienstentlassung zu erkennen.

§ 98. 1 Ist ein Untergebener dadurch, daß der Vorgesetzte ihn vorschriftswidrig behandelt oder die Grenzen seiner Dienstgewalt überschritten hat, gereizt und auf der Stelle zu einer der in den §§ 89 bis 97 bezeichneten strafbaren Handlungen hingerissen worden, so ist, wenn die Handlung mit dem Tode oder mit lebenslänglicher Freiheitsstrafe bedroht ist, auf Freiheitsstrafe nicht unter drei (3) Jahren zu erkennen; ist zeitige Freiheitsstrafe angedroht, so kann die Strafe bis zur Hälfte des Mindestbetrags der angedrohten Freiheitsstrafe und, wenn die Hälfte mehr als ein (1) Jahr beträgt, bis auf die Dauer eines (1) Jahres ermäßigt, gegen Offiziere auch von der Dienstentlassung abgesehen werden.

2 Stellt sich die Handlungsweise des Vorgesetzten als eine Mißhandlung oder sonst herabwürdigende Behandlung des Untergebenen dar, so kann die Strafe, wo die Hälfte des Mindestbetrags der angedrohten Strafe mehr als sechs (6) Monate beträgt, auf die Dauer von sechs (6) Monaten ermäßigt werden; die Strafe darf nicht den dritten Teil des Höchstbetrags der angedrohten Strafe übersteigen.

§ 99. 1 Wer einen Soldaten zur Verweigerung des Gehorsams, zur Widersetzung oder zu einer Tätlichkeit gegen den Vorgesetzten auffordert oder anreizt, ist gleich dem Anstifter zu bestrafen, wenn die Aufforderung oder Anreizung die strafbare Handlung oder einen strafbaren Versuch von ihr zur Folge gehabt hat.

2 Ist die Aufforderung oder Anreizung ohne Erfolg geblieben, so ist auf Freiheitsstrafe bis zu zwei (2) Jahren, im Felde auf geschärften Arrest oder auf Gefängnis oder Festungshaft bis zu fünf (5) Jahren zu erkennen. Die Strafe darf jedoch, der Art oder dem Maße nach, keine schwerere sein als die auf die Handlung selbst angedrohte.

§ 100. 1 Wer mehrere Soldaten auffordert oder anreizt, gemeinschaftlich entweder dem Vorgesetzten den Gehorsam zu verweigern oder sich ihm zu widersetzen oder eine Tätlichkeit gegen ihn zu begehen, wird ohne Rücksicht darauf, ob ein Erfolg eingetreten ist, wegen Aufwiegelung mit Gefängnis nicht unter fünf (5) Jahren bestraft.

²Ist durch die Handlung ein erheblicher Nachteil für den Dienst verursacht worden, so tritt Gefängnis nicht unter zehn (10) Jahren ein; im Felde kann auf lebenslängliches Gefängnis erkannt werden.

§ 101. ¹Wer unbefugt eine Versammlung von Soldaten behufs Beratung über militärische Angelegenheiten oder Einrichtungen veranstaltet oder zu einer gemeinsamen Vorstellung oder Beschwerde über solche Angelegenheiten oder Einrichtungen Unterschriften sammelt, wird mit Freiheitsstrafe bis zu drei (3) Jahren bestraft; zugleich kann gegen Offiziere auf Dienstentlassung erkannt werden.

²Die an einer solchen Versammlung, Vorstellung oder Beschwerde Beteiligten werden mit Freiheitsstrafe bis zu sechs (6) Monaten bestraft.

§ 102. ¹Wer es unternimmt, Mißvergnügen in Beziehung auf den Dienst unter seinen Kameraden zu erregen, wird, wenn dies durch mündliche Äußerungen geschieht, mit Freiheitsstrafe bis zu drei (3) Jahren bestraft.

²Ist die Handlung durch Verbreitung von Schriften, Darstellungen oder Abbildungen oder ist sie im Felde begangen worden, so ist auf geschärften Arrest nicht unter vierzehn (14) Tagen oder auf Gefängnis oder Festungshaft bis zu fünf (5) Jahren zu erkennen.

§ 103. ¹Verabreden mehrere eine gemeinschaftliche Verweigerung des Gehorsams oder eine gemeinschaftliche Widersetzung oder Tätlichkeit gegen den Vorgesetzten, so werden sie wegen Meuterei bestraft. Die Strafe ist nach demjenigen Gesetze festzusetzen, welches auf die Handlung Anwendung findet, deren Begehung verabredet worden ist, und zugleich um die Dauer von drei (3) Monaten bis zu zwei (2) Jahren zu erhöhen.

²Ist infolge der Verabredung die strafbare Hand-

lung begangen worden, so ist die Strafe, mit welcher die Handlung bedroht ist, nach § 53 zu erhöhen, wenn die hiernach zulässige Strafe höher ist als die nach den Bestimmungen des ersten Absatzes verwirkte Strafe.

§ 104. Wer von einer Meuterei zu einer Zeit, in welcher die Verhütung der verabredeten strafbaren Handlung möglich ist, glaubhafte Kenntnis erhält und es unterläßt, hiervon rechtzeitig Anzeige zu machen, wird, wenn die verabredete strafbare Handlung begangen worden ist, mit Freiheitsstrafe bis zu drei (3) Jahren bestraft.

§ 105. Straflosigkeit tritt für den an der Meuterei Beteiligten ein, welcher von der Meuterei zu einer Zeit, wo die Dienstbehörde nicht schon anderweit davon unterrichtet ist, in einer Weise Anzeige macht, daß die Verhütung der verabredeten Handlung möglich ist.

§ 106. Wenn mehrere sich zusammenrotten und mit vereinten Kräften es unternehmen, dem Vorgesetzten den Gehorsam zu verweigern, sich ihm zu widersetzen oder eine Tätlichkeit gegen ihn zu begehen, so wird jeder, welcher an der Zusammenrottung teilnimmt, wegen militärischen Aufruhrs mit Gefängnis nicht unter fünf (5) Jahren, im Felde mit Gefängnis nicht unter zehn (10) Jahren bestraft; zugleich ist gegen Unteroffiziere und Mannschaften auf Dienstentlassung zu erkennen.

§ 107. Die Rädelsführer und Anstifter eines militärischen Aufruhrs sowie diejenigen Aufrührer, welche eine Gewalttätigkeit gegen einen Vorgesetzten begehen, werden mit Zuchthaus nicht unter fünf (5) Jahren oder mit lebenslänglichem Zuchthaus und, wenn der Aufruhr im Felde begangen wird, mit dem Tode bestraft.

§ 108. Wird der militärische Aufruhr vor dem Feinde begangen, so tritt gegen sämtliche Beteiligte die Todesstrafe, in minder schweren Fällen lebenslängliche Zuchthaus- oder Gefängnisstrafe oder Zuchthaus- oder Gefängnisstrafe nicht unter fünf (5) Jahren ein.

§ 109. [1] Die an einem militärischen Aufruhr Beteiligten, welche zur Ordnung zurückkehren, bevor es zu einer Gewalttätigkeit gegen den Vorgesetzten gekommen ist, werden mit Gefängnis oder Festungshaft bis zu zwei (2) Jahren bestraft, wenn sie nicht Anstifter oder Rädelsführer sind.

[2] Ist in einem solchen Falle die Rückkehr zur Ordnung von allen an dem Aufruhr Beteiligten erfolgt, so ist gegen Anstifter und Rädelsführer auf Gefängnis oder Festungshaft von einem (1) bis zu fünf (5) Jahren zu erkennen.

§ 110. Dem Anstifter eines militärischen Aufruhrs gleich zu bestrafen ist derjenige an dem Aufruhr Beteiligte, welcher

1. persönlich von dem Vorgesetzten zum Gehorsam aufgefordert, diesen durch Wort oder Tat verweigert,
2. durch Mißbrauch militärischer Signale oder durch Aufruhrzeichen den Aufruhr befördert oder
3. unter den Aufrührern den höchsten Dienstrang einnimmt.

§ 110a. [1] Liegt in den Fällen der §§ 100, 106, 107, 110 ein minder schwerer Fall vor, so kann die Strafe in den Fällen des § 100 Abs. 1 und des § 106 bis auf sechs (6) Monate, im Felde bis auf ein (1) Jahr Gefängnis, in den Fällen des § 100 Abs. 2, der §§ 107 und 110 bis auf ein (1) Jahr, im Felde bis auf zwei (2) Jahre Gefängnis herabgesetzt werden. Im Felde kann in den Fällen der §§ 107 und 110 statt auf Gefängnis auf Zuchthaus von gleicher Dauer oder auf lebenslängliches Zuchthaus oder Gefängnis erkannt werden.

[2] In den Fällen der §§ 106, 107, 108 und 110 ist gegen Unteroffiziere und Mannschaften neben einer erkannten Gefängnisstrafe Dienstentlassung zulässig.

§ 111. [1] Wer eine militärische Wache im Dienste oder in Beziehung auf eine Diensthandlung mit der Begehung eines Verbrechens oder Vergehens bedroht oder wer sich ihr gegenüber einer Beleidigung, eines Ungehorsams, einer Widersetzung oder einer Tätlichkeit schuldig macht, wird ebenso bestraft, als wenn er die Handlung gegen einen Vorgesetzten begangen hätte.

[2] Als militärische Wache im Sinne dieses Gesetzes sind anzusehen alle zum Wach- oder militärischen Sicherheitsdienste befehligten Soldaten mit Einschluß der Feldgendarmen, welche in Ausübung dieses Dienstes begriffen und als solche äußerlich erkennbar sind.

Abschnitt VIa.

Zweikampf unter Kameraden.

§ 112. Der Zweikampf mit tödlichen Waffen (§ 201 des Strafgesetzbuchs) unter Soldaten wird mit Freiheitsstrafe nicht unter sechs (6) Monaten, die Herausforderung zu einem solchen Zweikampf und die Annahme der Herausforderung mit Freiheitsstrafe von zwei (2) Monaten bis zu einem (1) Jahre bestraft.

§ 112a. [1] Der Zweikampf unter Soldaten (§ 112) aus dienstlicher Veranlassung wird mit Freiheitsstrafe nicht unter einem (1) Jahre, die Herausforderung zu einem solchen Zweikampf und die Annahme der Herausforderung mit Freiheitsstrafe von sechs (6) Monaten bis zu zwei (2) Jahren bestraft.

[2] Ist einer der Soldaten Vorgesetzter des andern oder im Dienstrang höher, so wird ein solcher Zweikampf mit Freiheitsstrafe nicht unter drei (3) Jahren, die Herausforderung zum Zweikampf und die Annahme der Herausforderung mit Freiheitsstrafe nicht unter einem (1) Jahre bestraft. Ist der Vorgesetzte oder im Dienstrang Höhere der Herausfordernde, so wird die Annahme der Herausforderung und der Zweikampf bei dem Annehmenden nach Abs. 1 bestraft.

§ 112b. Ein Vorgesetzter, der es unternimmt, einen Untergebenen zu einer der in den §§ 112 bis 112a bezeichneten strafbaren Handlungen zu bestimmen, wird mit Freiheitsstrafe von zwei (2) Monaten bis zu einem (1) Jahre bestraft.

§ 112c. Wer aus Anlaß einer Einstellung in den Militärdienst oder einer Beförderung den Einzustellenden oder zu Befördernden über seine grundsätzliche Stellung zum Zweikampf befragt, wird mit Freiheitsstrafe von zwei (2) Monaten bis zu einem (1) Jahre bestraft.

§ 112d. Wer andere als in der Reichswehr dienstlich eingerichtete Organe zur Untersuchung oder Begutachtung von Ehrenangelegenheiten, insbesondere Ehrengerichte bei Vereinigungen von Angehörigen des alten Heeres, bei Orden oder sonstigen Genossenschaften anruft oder sich ihnen zur Spruchfällung zur Verfügung stellt oder in ihnen als Ehrenrichter oder in ähnlicher Weise mitwirkt, wird mit Freiheitsstrafe von einem (1) bis zu sechs (6) Monaten bestraft.

§ 112e. Wer ein Unwürdigkeitsverfahren gegen einen Soldaten beantragt oder anordnet, weil er zum Zweikampf nicht herausgefordert oder eine Herausforderung nicht angenommen oder erklärt hat, daß er grundsätzlich die Herausforderung zum Zweikampf oder Annahme einer Herausforderung ablehne, wird mit Freiheitsstrafe von einem (1) bis zu sechs (6) Monaten bestraft. Die gleiche Strafe trifft denjenigen, der in einem solchen Unwürdigkeitsverfahren mitwirkt.

§ 112f. Neben einer nach den Vorschriften der §§ 112, 112a Abs. 1, Abs. 2 Satz 2, §§ 112b bis 112e erkannten Strafe kann auf Lösung des Dienstverhältnisses erkannt werden. In besonders schweren Fällen sowie neben einer nach der Vorschrift des § 112a Abs. 2 Satz 1 erkannten Strafe muß hierauf erkannt werden.

§ 113 (fortgefallen).

Siebenter Abschnitt.

Mißbrauch der Dienstgewalt.

§ 114. [1] Wer seine Dienstgewalt oder dienstliche Stellung gegen Untergebene zu Befehlen, Forderungen oder Zumutungen mißbraucht, die in keiner Beziehung zum Dienste stehen, wird mit Gefängnis oder Festungshaft bis zu zwei (2) Jahren, in minder schweren Fällen mit Arrest bestraft.

[2] In schwereren Fällen, insbesondere im Rückfall, kann zugleich gegen Offiziere auf Dienstentlassung, gegen Unteroffiziere auf Degradation erkannt werden.

§ 115. Wer durch Mißbrauch seiner Dienstgewalt oder seiner dienstlichen Stellung einen Untergebenen zu einer von diesem begangenen, mit Strafe bedrohten Handlung vorsätzlich bestimmt hat, wird als Täter oder als Anstifter mit erhöhter Strafe belegt.

§ 116. Wer es unternimmt, durch Mißbrauch seiner Dienstgewalt oder seiner dienstlichen Stellung einen Untergebenen zur Begehung einer mit Strafe bedrohten Handlung zu bestimmen, wird mit Freiheitsstrafe bis zu einem (1) Jahre bestraft.

§ 117. Ein Vorgesetzter, welcher einen oder mehrere Untergebene mit Androhung nachteiliger Folgen oder durch andere widerrechtliche Mittel von dem Führen oder Verfolgen von Beschwerden abzuhalten sucht oder eine an ihn vorschriftsmäßig gelangte Beschwerde, zu deren Weiterbeförderung oder Untersuchung er verpflichtet ist, unterdrückt oder zu unterdrücken versucht, wird mit Freiheitsstrafe bis zu fünf (5) Jahren bestraft; zugleich kann gegen Offiziere auf Dienstentlassung, gegen Unteroffiziere auf Degradation erkannt werden.

§ 118. Wer vorsätzlich seine Strafbefugnisse überschreitet, insbesondere wer wissentlich unverdiente oder unerlaubte Strafen verhängt, wird mit Gefängnis bis zu fünf (5) Jahren bestraft; zugleich kann gegen Offiziere auf Dienstentlassung erkannt werden.

§ 119. [1] Wer vorsätzlich einen gesetzwidrigen Einfluß auf die Rechtspflege ausübt, wird mit Gefängnis bis zu fünf (5) Jahren bestraft; zugleich kann gegen Offiziere auf Dienstentlassung, gegen Unteroffiziere auf Degradation erkannt werden.

[2] In minder schweren Fällen ist auf Festungshaft bis zu fünf (5) Jahren zu erkennen.

§ 120. Wer unbefugt eine Handlung vornimmt, die nur kraft einer Befehlsbefugnis oder Strafgewalt vorgenommen werden darf, wird mit Freiheitsstrafe bis zu einem (1) Jahre bestraft.

§ 121. [1] Wer einen Untergebenen durch üble Nachrede (§ 186 des Strafgesetzbuchs) oder tätlich beleidigt, wird mit Freiheitsstrafe bis zu zwei (2) Jahren bestraft.

[2] Ist die Beleidigung eine verleumderische (§ 187

des Strafgesetzbuchs), so tritt Gefängnis bis zu fünf (5) Jahren ein.

§ 122. [1] Wer vorsätzlich einen Untergebenen stößt oder schlägt oder auf andere Weise körperlich mißhandelt oder an der Gesundheit beschädigt, wird mit Gefängnis oder Festungshaft bis zu drei (3) Jahren bestraft; in minder schweren Fällen kann die Strafe bis auf eine (1) Woche Arrest ermäßigt werden.

[2] In schwereren Fällen, insbesondere im wiederholten Rückfall, muß neben Gefängnis oder Festungshaft für Offiziere auf Dienstentlassung und für Unteroffiziere auf Degradation erkannt werden.

[3] In andern Fällen kann auf diese Nebenstrafen erkannt werden.

§ 122a. Der Mißhandlung eines Untergebenen (§ 122) steht es gleich, wenn ein Vorgesetzter einen Untergebenen durch unnötige Erschwerung des Dienstes oder auf andere Weise boshaft quält oder solches Quälen oder Mißhandlungen durch andere Soldaten duldet oder fördert.

§ 123. [1] Ist durch die Handlung (§§ 122, 122a) eine schwere Körperverletzung des Untergebenen verursacht worden, so tritt Zuchthaus bis zu fünf (5) Jahren, in minder schweren Fällen Gefängnis oder Festungshaft von sechs (6) Monaten bis zu fünf (5) Jahren ein.

[2] War die schwere Körperverletzung beabsichtigt und eingetreten, so ist auf Zuchthaus von zwei (2) bis zu zehn (10) Jahren zu erkennen.

[3] Ist durch die Handlung (§§ 122, 122a) der Tod des Untergebenen verursacht worden, so tritt Zuchthaus nicht unter drei (3) Jahren, in minder schweren Fällen Gefängnis oder Festungshaft nicht unter einem (1) Jahre ein.

§ 124. [1] Diejenigen Handlungen, welche der Vorgesetzte begeht, um einen tätlichen Angriff des Untergebenen abzuwehren oder um seinen Befehlen im Falle der äußersten Not und dringendsten Gefahr Gehorsam zu verschaffen, sind nicht als Mißbrauch der Dienstgewalt anzusehen.

[2] Dies gilt namentlich auch für den Fall, wenn sich ein Offizier in Ermangelung anderer Mittel, den durch-

aus notwendigen Gehorsam zu erhalten, in der Lage befunden hat, gegen den tätlich sich ihm widersetzenden Untergebenen von der Waffe Gebrauch zu machen.

§ 125. [1] Eine militärische Wache, welche eine der in den §§ 114 bis 116, 118 bis 123 bezeichneten Handlungen begeht, wird ebenso bestraft, als wenn ein Vorgesetzter diese Handlung begangen hätte. Ist die Handlung gegen eine solche Person begangen, die außer dem Dienstverhältnisse der Wache deren Vorgesetzter ist, so tritt erhöhte Strafe ein.

[2] Die in dem § 124 enthaltene Vorschrift findet auch hier Anwendung.

§ 126 (fortgefallen).

Achter Abschnitt.

Widerrechtliche Handlungen im Felde gegen Personen oder Eigentum.

§ 127. Begeht ein Soldat im Felde einen Diebstahl, eine Unterschlagung, eine Körperverletzung oder ein Verbrechen oder Vergehen wider die Sittlichkeit, so ist die Verfolgung der strafbaren Handlung unabhängig von dem Antrag des Verletzten oder einer andern zum Antrag berechtigten Person.

§ 128. [1] Wer im Felde, um Beute zu machen, sich von der Truppe eigenmächtig entfernt oder Sachen, welche an sich dem Beuterecht unterworfen sind, eigenmächtig zur Beute macht, wird mit Freiheitsstrafe bis zu drei (3) Jahren bestraft; zugleich kann gegen Unteroffiziere und Mannschaften auf Dienstentlassung erkannt werden.

[2] Gleiche Strafe trifft denjenigen, welcher sich rechtmäßig von ihm erbeutetes Gut, das er abzuliefern verpflichtet ist, rechtswidrig zueignet.

§ 129. Der Plünderung macht sich schuldig, wer im Felde unter Benutzung des Kriegsschreckens oder unter Mißbrauch seiner militärischen Überlegenheit

1. in der Absicht rechtswidriger Zueignung eine Sache der Landeseinwohner offen wegnimmt oder ihnen abnötigt oder

2. unbefugt Kriegsschatzungen oder Zwangslieferungen erhebt oder das Maß der von ihm vorzunehmenden Requisitionen überschreitet, wenn dies des eigenen Vorteils wegen geschieht.

§ 130. Als eine Plünderung ist es nicht anzusehen, wenn sich die Aneignung nur auf Lebensmittel, Heilmittel, Bekleidungsgegenstände, Feuerungsmittel, Fourage oder Transportmittel erstreckt und nicht außer Verhältnis zu dem vorhandenen Bedürfnis steht.

§ 131. Die Plünderung wird mit Gefängnis bis zu fünf (5) Jahren bestraft. Zugleich ist gegen Unteroffiziere und Mannschaften auf Dienstentlassung zu erkennen.

§ 132. Boshafte oder mutwillige Verheerung oder Verwüstung fremder Sachen im Felde wird mit Freiheitsstrafe bis zu zwei (2) Jahren, in schweren Fällen der Plünderung gleich bestraft.

§ 133. [1] Wird die Plünderung oder eine ihr gleich zu bestrafende Handlung unter Gewalttätigkeit gegen eine Person begangen, so ist auf Zuchthaus bis zu zehn (10) Jahren zu erkennen. Ist durch die Gewalttätigkeit eine schwere Körperverletzung verursacht worden, so tritt Zuchthaus nicht unter zehn (10) Jahren und, wenn der Tod eines Menschen verursacht worden ist, Todesstrafe, in minder schweren Fällen lebenslängliches Zuchthaus ein.

[2] In gleicher Weise werden die Rädelsführer bestraft, wenn die Tat von mehreren begangen wird. Diejenigen, welche sich an einer solchen Tat beteiligen, ohne selbst eine Gewalttätigkeit gegen eine Person zu begehen, trifft Gefängnis bis zu zehn (10) Jahren; zugleich ist gegen Unteroffiziere und Mannschaften auf Dienstentlassung zu erkennen.

§ 134. [1] Wer im Felde in der Absicht rechtswidriger Zueignung einem auf dem Kampfplatz gebliebenen Angehörigen der deutschen oder verbündeten Truppen eine Sache abnimmt oder einem Kranken oder Verwundeten auf dem Kampfplatz, auf dem Marsche, auf dem Transport oder im Lazarett oder einem seinem Schutze anvertrauten Kriegsgefangenen eine Sache wegnimmt oder abnötigt, wird mit Zuchthaus bis zu zehn (10) Jahren bestraft. In minder schweren Fällen ist auf Gefängnis bis zu fünf (5) Jahren, gegen Unteroffiziere und Mannschaften zugleich auf Dienstentlassung zu erkennen.

[2] Verlust der bürgerlichen Ehrenrechte ist zulässig.

§ 135. [1] Wer im Felde als Nachzügler Bedrückungen gegen die Landeseinwohner begeht, wird wegen Marodierens mit Gefängnis von sechs (6) Monaten bis zu fünf (5) Jahren bestraft; zugleich kann gegen Unteroffiziere und Mannschaften auf Dienstentlassung erkannt werden.

[2] Wird die Handlung von mehreren begangen, die sich zur fortgesetzten Bedrückung der Landeseinwohner verbunden haben, oder artet sie in eine Plünderung oder in eine ihr gleich zu bestrafende Handlung aus, so tritt gegen jeden Beteiligten Zuchthaus bis zu zehn (10) Jahren ein.

§ 136. Wird eine nach den §§ 129 bis 133 und 135 strafbare Handlung gegen einen Deutschen oder einen Angehörigen eines verbündeten Staates begangen, so ist auf erhöhte Strafe und, wenn in den allgemeinen Strafgesetzen eine härtere Strafe angedroht ist, auf diese letztere zu erkennen.

Neunter Abschnitt.

Andere widerrechtliche Handlungen gegen das Eigentum.

§ 137. Wer vorsätzlich und rechtswidrig einen Dienstgegenstand beschädigt, zerstört oder preisgibt und dadurch vorsätzlich oder fahrlässig einen erheblichen Nachteil, eine Gefahr für Menschenleben oder in bedeutendem Umfang für fremdes Eigentum oder eine Gefahr für die Sicherheit des Reichs oder für die Schlagfertigkeit oder Ausbildung der Truppe herbeiführt, wird mit Freiheitsstrafe bis zu zwei (2) Jahren bestraft. Zugleich kann gegen Unteroffiziere und Mannschaften auf Dienstentlassung erkannt werden.

§ 138. [1] Wer bei Ausübung des Dienstes oder unter Verletzung eines militärischen Dienstverhältnisses sich eines Diebstahls oder einer Unterschlagung an Sachen schuldig macht, die ihm vermöge des Dienstes oder jenes Verhältnisses zugänglich oder anvertraut sind, wird mit geschärftem Arrest oder mit Gefängnis bis zu fünf (5) Jahren bestraft; zugleich kann auf Verlust der bürgerlichen Ehrenrechte erkannt werden. Gleiche Strafe trifft denjenigen, welcher einen Diebstahl oder eine Unterschlagung gegen einen Vorgesetzten oder einen Kameraden, gegen seinen Quartierwirt oder eine zu dessen Hausstand gehörige Person begeht.

[2] Ist die Handlung ein Verbrechen im Sinne der allgemeinen Strafgesetze, so ist auf die in diesen Gesetzen angedrohte Strafe zu erkennen.

Zehnter Abschnitt.

Verletzung von Dienstpflichten bei Ausführung besonderer Dienstverrichtungen.

§ 139. Wer vorsätzlich ein unrichtiges Dienstzeugnis ausstellt oder eine dienstliche Meldung unrichtig abstattet oder weiterbefördert und dadurch vorsätzlich oder fahrlässig einen erheblichen Nachteil, eine Gefahr für Menschenleben oder in bedeutendem Umfang für fremdes Eigentum oder eine Gefahr für die Sicherheit des Reichs oder für die Schlagfertigkeit oder Ausbildung der Truppe herbeiführt, wird mit Gefängnis von sechs (6) Monaten bis zu drei (3) Jahren bestraft. Zugleich ist gegen Unteroffiziere und Mannschaften auf Dienstentlassung zu erkennen. In minder schweren Fällen tritt geschärfter Arrest oder Gefängnis oder Festungshaft bis zu sechs (6) Monaten ein.

§ 140. Wer für eine Handlung, die eine Verletzung einer Dienstpflicht enthält, Geschenke oder andere Vorteile annimmt, fordert oder sich versprechen läßt, wird wegen Bestechung mit Zuchthaus bis zu fünf (5) Jahren bestraft. In minder schweren Fällen tritt Freiheitsstrafe bis zu drei (3) Jahren ein; gegen Unteroffiziere und

Mannschaften kann neben Gefängnis auf Dienstentlassung erkannt werden.

§ 141. [1] Wer als Befehlshaber einer militärischen Wache, eines Kommandos oder einer Abteilung oder als Wachposten vorsätzlich oder fahrlässig

1. sich außerstand setzt, den ihm obliegenden Dienst zu versehen oder
2. seinen Posten verläßt oder den ihm für diesen Dienst sonst gegebenen Vorschriften zuwiderhandelt

und dadurch einen Nachteil herbeiführt, wird mit geschärftem Arreste nicht unter vierzehn (14) Tagen oder mit Gefängnis oder Festungshaft bis zu zwei (2) Jahren bestraft.

[2] Ist die Handlung im Felde begangen, so tritt Gefängnis oder Festungshaft nicht unter sechs (6) Monaten und, wenn sie vor dem Feinde begangen ist, Todesstrafe, in minder schweren Fällen Freiheitsstrafe nicht unter einem (1) Jahre oder lebenslängliche Freiheitsstrafe ein.

[3] Wird durch die Pflichtverletzung im Felde die Gefahr eines erheblichen Nachteils herbeigeführt, so tritt Freiheitsstrafe nicht unter drei (3) Monaten und, wenn die Pflichtverletzung vor dem Feinde begangen ist, Freiheitsstrafe nicht unter einem (1) Jahre ein.

§ 142. Wer durch Fahrlässigkeit in der Wahrnehmung seines Dienstes eine erhebliche Beschädigung eines Schiffes oder dessen Zubehörs herbeiführt, wird mit Freiheitsstrafe bis zu drei (3) Jahren bestraft; in schwereren Fällen kann gegen Offiziere zugleich auf Dienstentlassung erkannt werden.

§ 143. Wer als Befehlshaber einer militärischen Wache, eines Kommandos oder einer Abteilung oder wer als Wachposten eine strafbare Handlung wissentlich begehen läßt, welche er verhindern konnte und zu verhindern dienstlich verpflichtet war, wird ebenso bestraft, als ob die Handlung von ihm selbst begangen wäre.

§ 144. [1] Wer einen Gefangenen, dessen Beaufsichtigung, Begleitung oder Bewachung ihm anvertraut ist, vorsätzlich entweichen läßt oder dessen Befreiung vorsätzlich bewirkt oder befördert, oder wer eine von seinem Vorgesetzten ihm befohlene oder eine ihm dienstlich obliegende Verhaftung vorsätzlich nicht ausführt, wird mit geschärftem Arreste nicht unter vierzehn (14) Tagen oder mit Gefängnis oder Festungshaft bis zu fünf (5) Jahren bestraft; auch kann gegen Unteroffiziere und Mannschaften neben Gefängnis zugleich auf Dienstentlassung erkannt werden.

[2] Ist die Entweichung des Gefangenen nur durch Fahrlässigkeit befördert oder erleichtert worden oder ist die Verhaftung nur aus Fahrlässigkeit unterblieben, so tritt Freiheitsstrafe bis zu sechs (6) Monaten ein.

§ 145. Ein Soldat, der bei einem ihm übertragenen Geschäfte der Heeres- oder Marineverwaltung eine Handlung begeht, die im Sinne der allgemeinen Strafgesetze ein Verbrechen oder Vergehen im Amte darstellt, ist nach den in jenen Gesetzen für Beamte gegebenen Bestimmungen zu bestrafen.

Elfter Abschnitt.

Sonstige Handlungen gegen die militärische Ordnung.

§ 146 (fortgefallen).

§ 147. [1] Wer die ihm obliegende Beaufsichtigung seiner Untergebenen vorsätzlich oder fahrlässig verabsäumt, wird mit Freiheitsstrafe bis zu sechs (6) Monaten bestraft; gegen Offiziere kann zugleich auf Dienstentlassung erkannt werden.

[2] Die Bestimmung des Abs. 1 gilt nicht bei der Verabsäumung der Beaufsichtigung Untergebener im militärischen Verwaltungsdienste.

§ 147 a. Wer die ihm obliegende Meldung oder Verfolgung strafbarer Handlungen seiner Untergebenen vorsätzlich unterläßt, wird mit Freiheitsstrafe bis zu sechs (6) Monaten bestraft; gegen Offiziere kann zugleich auf Dienstentlassung erkannt werden.

§ 148. Wer durch unvorsichtige Behandlung von Waffen oder Munition einen Menschen körperlich verletzt, wird mit Freiheitsstrafe bis zu drei (3) Jahren und, wenn der Tod eines Menschen verursacht worden ist, mit Gefängnis oder Festungshaft bis zu fünf (5) Jahren bestraft.

§ 149. Wer rechtswidrig von seiner Waffe Gebrauch macht oder einen Untergebenen zum rechtswidrigen Waffengebrauch auffordert, wird vorbehaltlich der verwirkten höheren Strafe mit Gefängnis oder Festungshaft bis zu einem (1) Jahre bestraft.

§ 150. [1] Wer sich ohne die erforderliche dienstliche Genehmigung verheiratet, wird mit Festungshaft bis zu drei (3) Monaten bestraft; zugleich kann gegen Offiziere auf Dienstentlassung erkannt werden.

[2] Auf die Rechtsgültigkeit der geschlossenen Ehe ist der Mangel der dienstlichen Genehmigung ohne Einfluß.

§ 151 (fortgefallen).

§ 152 (fortgefallen).

Zweiter Titel.

Militärische Verbrechen und Vergehen der Militärbeamten.

§ 153. Ein Militärbeamter, welcher sich im Felde einer der in dem ersten bis dritten, dem sechsten und achten Abschnitt des ersten Titels bezeichneten strafbaren Handlungen schuldig macht, wird nach den daselbst für Soldaten gegebenen Bestimmungen bestraft; an die Stelle der gegen Unteroffiziere und Mannschaften angedrohten Dienstentlassung tritt Amtsverlust.

§ 154. Andere Pflichtverletzungen der Militärbeamten sind nach den allgemeinen, für Beamte geltenden Vorschriften zu beurteilen.

Dritter Titel.

Strafbestimmungen für Personen, welche den Militärgesetzen nur in Kriegszeiten unterworfen sind.

§ 155. Während eines gegen das Deutsche Reich ausgebrochenen Krieges sind alle Personen, welche sich in irgendeinem Dienst- oder Vertragsverhältnisse bei dem kriegführenden Heere befinden oder sonst sich bei ihm aufhalten oder ihm folgen, den Strafvorschriften dieses Gesetzes, insbesondere den Kriegsgesetzen, unterworfen.

§ 156. Neben einer jeden Freiheitsstrafe, welche gegen eine Person verhängt wird, die sich zu den Truppen in einem Dienst- oder Vertragsverhältnisse befindet, kann zugleich auf Aufhebung dieses Verhältnisses erkannt werden.

§ 157. [1] Ausländische Offiziere, die zu dem kriegführenden Heere zugelassen sind, werden, wenn der Reichspräsident keine besonderen Bestimmungen getroffen hat, nach den für deutsche Offiziere geltenden Vorschriften beurteilt.

[2] Auf das Gefolge solcher Offiziere findet die Vorschrift des § 155 Anwendung.

§ 158. Auf strafbare Handlungen eines Kriegsgefangenen finden nach Maßgabe seines Militärranges die Vorschriften dieses Gesetzes entsprechende Anwendung.

§ 159. [1] Ein Kriegsgefangener, welcher unter Bruch des gegebenen Ehrenworts entweicht, oder, auf Ehrenwort entlassen, die gegebene Zusage bricht, wird mit dem Tode bestraft.

[2] Dieselbe Strafe trifft denjenigen, welcher den Bedingungen, unter denen er aus der Kriegsgefangenschaft entlassen ist, vor Beendigung des Krieges entgegenhandelt.

§ 160. Ein Ausländer oder Deutscher, welcher während eines gegen das Deutsche Reich ausgebrochenen Krieges auf dem Kriegsschauplatze sich einer der in den §§ 57 bis 59 und 134 vorgesehenen Handlungen schuldig macht, ist nach den in diesen Paragraphen gegebenen Bestimmungen zu bestrafen.

§ 161. Ein Ausländer oder Deutscher, der in einem von deutschen Truppen besetzten ausländischen Gebiete gegen deutsche Truppen oder deren Angehörige oder gegen eine auf Anordnung des Reichspräsidenten eingesetzte Behörde eine nach den Gesetzen des Deutschen Reichs strafbare Handlung begeht, ist ebenso zu bestrafen, als wenn diese Handlung von ihm im Reichsgebiete begangen wäre.

Vierter Titel.

Zusatzbestimmungen für die Marine.

§ 162. Von den in diesem Gesetze den Verhältnissen des Heeres entlehnten Ausdrücken sind für die Marine als gleichbedeutend zu betrachten:

Heer als gleichbedeutend mit Marine oder Flotte;
Truppe als gleichbedeutend mit Schiff;
Befehlshaber einer militärischen Wache als gleichbedeutend mit Offizier der Wache;
Stubenarrest als gleichbedeutend mit Kammerarrest;
Wohnung als gleichbedeutend mit Kammer.

§ 163. Unter Schiff im Sinne dieses Gesetzes ist jedes Fahrzeug der Marine zu verstehen, auf welchem ein militärischer Befehlshaber nebst Besatzung eingeschifft ist.

§ 164. [1] Als mobiler Zustand gilt in der Marine der Kriegszustand eines Schiffes.

[2] Für die am Lande befindlichen Militärpersonen der Marine tritt im Sinne dieses Gesetzes die Mobilmachung unter denselben Voraussetzungen ein wie für die Militärpersonen des Heeres.

§ 165. Als vor dem Feinde befindlich zu betrachten ist ein Schiff, solange in Gewärtigung eines Zusammentreffens mit dem Feinde ein oder mehrere Geschütze des Schiffes scharf geladen sind.

§ 166. [1] Außer den Militärpersonen sind die Angestellten des Schiffes den Militärstrafgesetzen unterworfen.

[2] Andere an Bord des Schiffes dienstlich eingeschiffte Personen unterliegen den Kriegsgesetzen, solange sich das Schiff im Kriegszustande befindet.

Anlage.

Verzeichnis der zum Reichsheer und zur Reichsmarine gehörenden Militärpersonen.

Die zum Reichsheer und zur Reichsmarine gehörenden Militärpersonen bestehen aus Soldaten und aus Militärbeamten.

A. Soldaten sind:

I. Die Offiziere.

Die Offiziere zerfallen in vier Hauptklassen:

im Reichsheer:	in der Reichsmarine:
1. Generale,	1. Flaggoffiziere,
2. Stabsoffiziere,	2. Stabsoffiziere,
3. Hauptleute und Rittmeister,	3. Kapitänleutnants,
4. Leutnants.	4. Leutnants.

II. Die Unteroffiziere

sind eingeteilt im Heere und in der Marine in:

1. solche, welche das Offizierportepee tragen (Portepeeunteroffiziere),
2. solche, welche das Offizierportepee nicht tragen (Unteroffiziere ohne Portepee).

III. Die Mannschaften

mit Einschluß der Gefreiten und Obergefreiten.

B. Militärbeamte

sind alle im Heere und in der Marine für das Bedürfnis des Heeres oder der Marine dauernd oder auf Zeit angestellten, nicht zu den Soldaten gehörenden und unter dem Reichswehrminister als Verwaltungschef stehenden Beamten, die einen Militärrang haben. Es macht dabei keinen Unterschied, ob sie einen Diensteid geleistet haben oder nicht.

Militärbeamte, die im Offizierrang stehen, sind obere Militärbeamte, alle andern Militärbeamten sind untere Militärbeamte.

Sachregister.

Die Zahlen ohne Zusatz bezeichnen die §§ des Strafgesetzbuches, die römischen Ziffern die Absätze und die hochgestellten kleinen Zahlen die Nummern der §§. EG. = Einführungsgesetz zum StGB.; S. = Seite.

A.

B.

C.

D.

E.

F.

G.

K.

L.

T.

U.

W.

Z.

FSC
www.fsc.org
MIX
Papier | Fördert gute Waldnutzung
FSC® C083411

Kolibri 360 GmbH
Ferdinand-Jühlke-Straße 7
99095 Erfurt, Deutschland
produktsicherheit@kolibri360.de

FSC
www.fsc.org
MIX
Papier | Fördert
gute Waldnutzung
FSC® C083411

Kolibri 360 GmbH
Ferdinand-Jühlke-Straße 7
99095 Erfurt, Deutschland
produktsicherheit@kolibri360.de